全面依法治国学习教程

本书编写组　编

中国人民大学出版社
·北京·

出版说明

全面依法治国是“四个全面”战略布局的重要方面，是习近平新时代中国特色社会主义思想的重要内容。习近平法治思想是马克思主义法治理论中国化的最新成果，是全面依法治国的行动指南。《中共中央关于全面推进依法治国若干重大问题的决定》要求党校、行政学院、干部学院把宪法法律列为必修课。《中央宣传部、司法部关于开展法治宣传教育的第八个五年规划（2021—2025年）》将国家工作人员，特别是领导干部这个“关键少数”，列为法治宣传教育的重点，要求突出学习、宣传习近平法治思想，把习近平法治思想作为党委（党组）理论学习中心组学习的重点内容；要求党校（行政学院）和干部学院以之为重点课程，推动领导干部带头学习、模范践行。中共北京市委明确要求把习近平法治思想作为党委（党组）理论学习中心组学习的重要内容和党校培训的重点课程。

为推动习近平法治思想进教材、进课堂、进头脑，帮助党员领导干部完整、系统、准确地领会习近平法治思想的重大意义、丰富内涵、精神实质和实践要求，推进全面依法治国，建设法治中国首善之区，中共北京市委党校组织编写了《全面依法治国学习教程》，供领导干部培训使用。

教材建设是党校（行政学院）教学的基础工程。根据《中国共产党党校（行政学院）工作条例》的要求，党校（行政学院）应当根据教学需要组织编写充分体现马克思主义中国化最新成果、具有党校（行政学院）特点的教学大纲和系列教材，建立与教学布局相适应的党校（行政学院）教材体系。《全面依法治国学习教程》以习近平法治思想的核心要义为重要内容，重点阐释了习近平法治思想的原创性贡献。该教程在结构上分为两大部分：前一部分主要阐述习近平法治思想的思想渊源、理论基础、核心要义和重要意义，以帮助学员深刻掌握习近平法治思想的精神实质；后一部分就全面依法治国的主要方面分别进行阐释，便于学员系统掌握全面依法治国的政治方向、重要地位、总体布局、重点任务和重要保障，为建设法治中国首善之区提供科学指南和行动纲领。

目　录 CONTENTS

第四讲　坚持党对全面依法治国的领导

第五讲　坚持以人民为中心

第六讲　坚持中国特色社会主义法治道路

第七讲　坚持依宪治国、依宪执政

第八讲 坚持在法治轨道上推进国家治理体系和治理能力现代化

第九讲 坚持建设中国特色社会主义法治体系

第十讲 坚持依法治国、依法执政、依法行政共同推进，坚持法治国家、法治政府、法治社会一体建设

第十一讲 坚持全面推进科学立法、严格执法、公正司法、全民守法

第十二讲 坚持统筹推进国内法治和涉外法治

第十三讲 坚持建设德才兼备的高素质法治工作队伍

第十四讲 坚持抓住领导干部这个“关键少数”

第一讲 习近平法治思想的时代背景、形成过程和思想渊源

自党的十八大以来，习近平总书记从坚持和发展中国特色社会主义全局与战略高度定位法治、布局法治、厉行法治，创造性提出全面依法治国的一系列新理念新思想新战略，形成了习近平法治思想。[①] 习近平法治思想是顺应实现中华民族伟大复兴时代要求应运而生的重大理论创新成果，从历史和现实相贯通、国际和国内相关联、理论和实际相结合上，深刻回答了新时代为什么实行全面依法治国、怎样实行全面依法治国等一系列重大问题。习近平法治思想不是偶然形成的，而是经过长期发展而形成的。它是内涵丰富、论述深刻、逻辑严密、系统完备的法治理论体系，是伟大时代孕育出来的，深深植根于新时代全面依法治国伟大实践，有其深厚的时代背景和思想渊源。全面认识习近平法治思想形成的背景、过程和源流，对于深刻学习、领会习近平法治思想的基本精神和核心要义，是一个重要的基础。

一、习近平法治思想产生的时代背景

习近平法治思想是在改革开放，特别是新时代中国特色社会主义建设的时代背景下创立的。中国共产党引领全国各族人民坚持以经济建设为中心，不断解放和发展生产力，将我国建设成为世界第二大经济体，中国人民在富起来、强起来的征程上迈出了决定性步伐。党的十八大以来，以习近平同志为核心的党中央统筹推进“五位一体”总体布局，协调推进

① 陈一新．习近平法治思想是马克思主义中国化最新成果．人民日报，2020-12-30（10）.

"四个全面"战略布局，全面开创党和国家事业的新局面。我们比近代以来任何时候都更接近中华民族伟大复兴这一几代人梦寐以求的奋斗目标。全面推进依法治国，正是着眼于实现中华民族伟大复兴中国梦、实现党和国家长治久安的长远考虑。

（一）人民对美好生活的新向往

经过长期努力，中国特色社会主义进入了新时代，我国社会的主要矛盾已经转化为人民日益增长的美好生活需要和不平衡不充分的发展之间的矛盾。人民对美好生活的需要日益广泛：不仅对物质文化生活提出了更高要求，而且在民主、法治、公平、正义、安全、环境等方面的要求也日益增长。民主、公平、正义，本身是法治建设所蕴含的内容和追求的目标，只有厉行法治，安全、环境才有保障。我们搞法治，就是要积极回应人民群众在民主、法治、公平、正义、安全、环境等方面的需求，从根本上解决人民群众在追求这些美好生活需求的过程中存在的问题，以全面推进依法治国引领、规范和保障人民群众对美好生活的需求。[①] 人民群众对美好生活的向往，就是我们党的奋斗目标。习近平总书记指出："现在，人民群众对美好生活的向往更多向民主、法治、公平、正义、安全、环境等方面延展。人民群众对执法乱作为、不作为以及司法不公的意见比较集中，这要成为我们厉行法治的聚焦点和发力点。"[②] "近年来，司法机关依法纠正了呼格吉勒图案、聂树斌案、念斌案等一批冤假错案，受到广大群众好评。造成冤案的原因很多，其中有司法人员缺乏基本的司法良知和责任担当的问题，更深层次的则是司法职权配置和权力运行机制不科学，侦查权、检察权、审判权、执行权相互制约的体制机制没有真正形成。"[③] 因

① 张永和．法治、人民与美好生活．现代法学，2018（1）.

② 习近平．加强党对全面依法治国的领导．求是，2019（4）.

③ 习近平．加强党对全面依法治国的领导．求是，2019（4）.

此，我们要从司法体制改革着手，解决体制机制问题，让人民群众真正感受到公平正义就在身边。司法体制改革因此成为全面推进依法治国重大战略的突破口。

（二）实现国家治理体系和治理能力现代化的奋斗目标

党的十八届三中全会决定提出，全面深化改革的总目标是完善和发展中国特色社会主义制度，推进国家治理体系和治理能力现代化。法治化是国家治理领域的一场深刻革命，是治理现代化的题中应有之义。法治水平体现国家治理体系与治理能力的现代化水平：一个现代国家，必须是一个法治国家；国家要走向现代化，必须走向法治化。习近平总书记深刻指出："推进国家治理体系和治理能力现代化，就是要适应时代变化，既改革不适应实践发展要求的体制机制、法律法规，又不断构建新的体制机制、法律法规……实现党、国家、社会各项事务治理制度化、规范化、程序化。"[①] 法治是国家治理体系和治理能力的重要依托，法治化是国家治理现代化的主要内容，是衡量国家治理现代化的主要标准，因而法治化是实现国家治理现代化的关键。国家治理现代化的过程本身就是法治化的过程，法治化主要是让法治精神渗透到国家治理之中，让社会变得更加公平正义，让"公平正义"的价值核心外化为管理制度和管理方法，故走向法治等于走向善治。[②] 党的十八届三中全会决定提出，要紧紧围绕坚持党的领导、人民当家作主、依法治国有机统一深化政治体制改革，加快推进社会主义民主政治制度化、规范化、程序化，建设社会主义法治国家。党的十八届四中全会决定提出，全面推进依法治国，总目标是建设中国特色社会主义法治体系，建设社会主义法治国家。其目的是促进国家治理体系和治理能力现代化。

① 习近平谈治国理政. 北京：外文出版社，2014：92.

② 胡建森. 国家治理现代化关键在法治化. 学习时报，2014-07-14（05）.

（三）面临的发展机遇和风险挑战前所未有

在新的历史时代，世情、国情、党情继续发生深刻变化，世界形势风云激荡，当今世界正在经历着百年未有之大变局，全球治理体系正在发生深刻变革，而我国的改革、创新进入深水区和关键期，我们面临的发展机遇和风险挑战前所未有。[①] 习近平总书记指出：我们面对的改革发展稳定任务之重前所未有，矛盾风险挑战之多前所未有，依法治国地位更加突出、作用更加重大。[②] 要以促进社会公平正义、增进人民福祉为出发点和落脚点，加大协调各方面利益关系的力度，推动发展成果更多更公平惠及全体人民。要完善和落实维护群众合法权益的体制机制，完善和落实社会稳定风险评估机制，预防和减少利益冲突。要全面推进依法治国，更好维护人民群众的合法权益。对各类社会矛盾，要引导群众通过法律程序、运用法律手段解决，推动形成办事依法、遇事找法、解决问题用法、化解矛盾靠法的良好环境。[③] "中国走向世界，以负责任大国参与国际事务，必须善于运用法治。在对外斗争中，我们要拿起法律武器，占领法治制高点，敢于向破坏者、搅局者说不。全球治理体系正处于调整变革的关键时期，我们要积极参与国际规则制定，做全球治理变革进程的参与者、推动者、引领者。"[④]

（四）法治建设还不适应社会主义现代化建设的需要

自党的十一届三中全会以来，我们党深刻总结我国社会主义法治建设的成功经验，吸取深刻教训，提出：为了保障人民民主，必须加强法制，必须使民主制度化、法律化，把依法治国确定为党领导人民治理国家的基

① 汪习根．论习近平法治思想的时代精神．中国法学，2021（1）.

② 中共中央召开党外人士座谈会　习近平主持并发表重要讲话．人民日报，2014-10-25（01）.

③ 习近平．切实维护国家安全和社会安定　为实现奋斗目标营造良好社会环境．人民日报，2014-04-27（01）.

④ 习近平．加强党对全面依法治国的领导．求是，2019（4）.

本方略，把依法执政确定为党治国理政的基本方式，积极建设社会主义法治，取得历史性成就。虽然中国特色社会主义法律体系已经形成，法治政府建设稳步推进，司法体制不断完善，全社会的法治观念明显增强，但我们必须清醒看到，同党和国家事业发展要求相比，同人民群众期待相比，同推进国家治理体系和治理能力现代化目标相比，法治建设还存在许多不适应、不符合的问题，例如：对执法、司法状况，人民群众意见还比较多，社会各界反映还比较大，主要是不作为、乱作为，特别是执法不严、司法不公、司法腐败问题比较突出。"群众反映，现在一个案件，无论是民事案件还是刑事案件，不托人情、找关系的是少数。尤其是到了法院审判环节，请客送礼、打招呼、批条子的情况很严重。"[①] 这些问题，不仅严重败坏政法机关的形象，而且严重损害党和政府的形象。包青天的故事在我国民间广为传颂，从一个角度说明了群众对公正司法的企盼。2013 年 2 月 23 日，在中共中央政治局第四次集体学习时，习近平总书记指出：坚持公正司法，需要做的工作很多。我们提出要努力让人民群众在每一个司法案件中都感受到公平正义，所有司法机关都要紧紧围绕这个目标来改进工作，重点解决影响司法公正和制约司法能力的深层次问题。[②]

在法学理论研究上，学者曾对西方法治观念和学说予以借鉴，却发现无法解释中国问题，也无力解决中国问题。我们应该对自己的法治道路与实践有最基本的重视与尊重，中国法学研究必须回归中国本土，中国法治理论必须植根于中国的法治实践。[③] 习近平总书记指出：全面推进依法治国必须走对路。要从中国国情和实际出发，走适合自己的法治道路，决不

---

① 中共中央文献研究室．习近平关于全面依法治国论述摘编．北京：中央文献出版社，2015：68．

② 中共中央文献研究室．习近平关于全面依法治国论述摘编．北京：中央文献出版社，2015：67-68．

③ 支振锋．新时代呼唤中国法治的理论提振．现代法学，2018（1）．

能照搬别国模式和做法，决不能走西方“宪政”“三权鼎立”“司法独立”的路子。[①]“依法独立行使审判权”不等于西方的“司法独立”。要坚决与“三权分立”“司法独立”等西方错误思潮划清界限，决不能落入西方错误思潮的“陷阱”。对借法治否定中国共产党领导、攻击中国特色社会主义制度的错误思潮和言论，要坚决予以批驳，敢于亮剑、坚决斗争。要紧密结合法治实践，加强法治理论研究，不断丰富和发展中国特色社会主义法治理论，推进法治中国建设。

二、习近平法治思想的形成过程

（一）奠定基础（党的十八大至党的十八届四中全会前）

2012 年 12 月 4 日，履新刚 20 天的习近平总书记在首都各界纪念现行宪法公布施行 30 周年大会上的讲话中强调：依法治国，首先是依宪治国；依法执政，关键是依宪执政。坚持人民主体地位，切实保障公民享有权利和履行义务。我们要依法公正对待人民群众的诉求，努力让人民群众在每一个司法案件中都能感受到公平正义，决不能让不公正的审判伤害人民群众感情、损害人民群众权益。[②]

2013 年 2 月 23 日下午，中共中央政治局就全面推进依法治国进行第四次集体学习时，习近平总书记强调，全面推进科学立法、严格执法、公正司法、全民守法，坚持依法治国、依法执政、依法行政共同推进，坚持法治国家、法治政府、法治社会一体建设，不断开创依法治国新局面。习近平再次强调：我们提出要努力让人民群众在每一个司法案件中都感受到公平正义。要坚持依法治国和以德治国相结合，把法治建设和道德建设紧

① 习近平. 加强党对全面依法治国的领导. 求是，2019（4）.

② 习近平. 在首都各界纪念现行宪法公布施行30周年大会上的讲话（2012年12月4日）. 人民日报，2012-12-05（02）.

密结合起来，把他律和自律紧密结合起来，做到法治和德治相辅相成、相互促进。各级领导干部要带头依法办事，带头遵守法律。各级组织部门要把能不能依法办事、遵守法律作为考察识别干部的重要条件。[①]

2014 年 2 月 17 日，在省部级主要领导干部学习贯彻党的十八届三中全会精神全面深化改革专题研讨班开班式上，习近平总书记指出：推进国家治理体系和治理能力现代化，当然要高度重视法治问题，采取有力措施全面推进依法治国，建设社会主义法治国家，建设法治中国。在这点上，我们不会动摇。[②]

2014 年 2 月 28 日下午，习近平在主持召开中央全面深化改革领导小组第二次会议时强调：凡属重大改革都要于法有据。在整个改革过程中，都要高度重视运用法治思维和法治方式，发挥法治的引领和推动作用，加强对相关立法工作的协调，确保在法治轨道上推进改革。[③]我们要让全面深化改革、全面推进依法治国如鸟之两翼、车之双轮，推动全面建成小康社会的目标如期实现。[④]

（二）初步形成（党的十八届四中全会）

《关于〈中共中央关于全面推进依法治国若干重大问题的决定〉的说明》（以下简称《说明》）第一次系统、全面地将习近平法治思想展现在世人面前。《说明》明确了建设社会主义法治国家的方向、道路和抓手。在《说明》中，习近平总书记专门讲了需要说明的几个问题。

第一，党的领导和依法治国的关系。党和法治的关系是法治建设的核心问题。全面推进依法治国这件大事能不能办好，最关键的是方向是不是

① 习近平在中共中央政治局第四次集体学习时强调 依法治国依法执政依法行政共同推进 法治国家法治政府法治社会一体建设. 人民日报，2013-02-25（01）.

② 中共中央文献研究室. 习近平关于全面依法治国论述摘编. 北京：中央文献出版社，2015：3.

③ 习近平. 把抓落实作为推进改革工作的重点 真抓实干蹄疾步稳务求实效. 人民日报，2014-03-01（01）.

④ 国家主席习近平发表二〇一五年新年贺词. 人民日报，2015-01-01（01）.

正确、政治保证是不是坚强有力。党的领导是中国特色社会主义最本质的特征，是社会主义法治最根本的保证。

第二，全面推进依法治国的总目标。党的十八届四中全会决定提出，全面推进依法治国，总目标是建设中国特色社会主义法治体系，建设社会主义法治国家。提出这个总目标，既明确了全面推进依法治国的性质和方向，又突出了全面推进依法治国的总抓手和工作重点：一是向国内外鲜明宣示我们将坚定不移走中国特色社会主义法治道路；二是明确全面推进依法治国的总抓手，这个总抓手就是建设中国特色社会主义法治体系；三是建设中国特色社会主义法治体系、建设社会主义法治国家是实现国家治理体系和治理能力现代化的必然要求，也是全面深化改革的必然要求，有利于在法治轨道上推进国家治理体系和治理能力现代化，有利于在法治轨道上不断深化改革。①

2014 年 10 月 23 日，习近平总书记在党的十八届四中全会第二次全体会议上的讲话中指出：全面推进依法治国，建设一支德才兼备的高素质法治队伍至关重要。我国专门的法治队伍主要包括在人大和政府从事立法工作的人员，在行政机关从事执法工作的人员，在司法机关从事司法工作的人员。全面推进依法治国，首先要把这几支队伍建设好。②

（三）基本形成（党的十八届四中全会后至中央全面依法治国委员会第一次会议）

2015 年 2 月 2 日，习近平总书记在省部级主要领导干部学习贯彻党的十八届四中全会精神全面推进依法治国专题研讨班开班式上发表重要讲话，强调指出，领导干部要做尊法学法守法用法的模范，带动全党全国共

① 中共中央文献研究室．习近平关于全面依法治国论述摘编．北京：中央文献出版社，2015：25-26.

② 习近平．加快建设社会主义法治国家．求是，2015（1）.

同全面推进依法治国。[①]

2018 年 8 月 24 日，习近平在中央全面依法治国委员会第一次会议上的讲话中指出，党的十八大以来，党中央对全面依法治国作出一系列重大决策，提出一系列全面依法治国新理念新思想新战略。这次讲话明确了全面依法治国的指导思想、发展道路、工作布局、重点任务，深刻回答了中国特色社会主义法治建设向哪里走、跟谁走、走什么路、实现什么目标、如何实现目标等一系列重大问题。该讲话全文以《加强党对全面依法治国的领导》为题在《求是》2019 年第 4 期上公开发表，并被收录于《习近平谈治国理政》第三卷。

这个讲话全面概括了全面依法治国新理念新思想新战略，基本形成了习近平法治思想的理论框架，主要有以下十个方面：一是坚持加强党对依法治国的领导。二是坚持人民主体地位。三是坚持中国特色社会主义法治道路。四是坚持建设中国特色社会主义法治体系。五是坚持依法治国、依法执政、依法行政共同推进，法治国家、法治政府、法治社会一体建设。六是坚持依宪治国、依宪执政。七是坚持全面推进科学立法、严格执法、公正司法、全民守法。八是坚持处理好全面依法治国的辩证关系。九是坚持建设德才兼备的高素质法治工作队伍。十是坚持抓住领导干部这个“关键少数”[②]。

这些新理念新思想新战略，是马克思主义法治思想中国化的最新成果，是全面依法治国的根本遵循，必须长期坚持，不断丰富发展。

（四）全面形成（中央全面依法治国委员会第一次会议后至中央全面依法治国工作会议）

2019 年 2 月 25 日，习近平总书记在主持召开中央全面依法治国委员

---

① 习近平．领导干部要做尊法学法守法用法的模范 带动全党全国共同全面推进依法治国．人民日报，2015-02-03（01）.

② 习近平．加强党对全面依法治国的集中统一领导 更好发挥法治固根本稳预期利长远的保障作用．人民日报，2018-08-25（01）.

会第二次会议时明确要求：要加强涉外法治建设，为推进改革发展稳定工作营造良好的法治环境。要加快推进我国法域外适用的法律体系建设，加强涉外法治专业人才培养，积极发展涉外法律服务，强化企业合规意识，保障和服务高水平对外开放。①

2020 年 2 月 5 日，习近平总书记在中央全面依法治国委员会第三次会议上就推进全面依法治国，发挥法治在国家治理体系和治理能力现代化中的积极作用作了重要讲话。习近平总书记指出：我多次说过，坚持全面依法治国，是中国特色社会主义国家制度和国家治理体系的显著优势。中国特色社会主义实践向前推进一步，法治建设就要跟进一步。推进全面依法治国，发挥法治在国家治理体系和治理能力现代化中的积极作用，更好发挥法治对改革发展稳定的引领、规范、保障作用，推动各方面制度更加成熟、更加定型，逐步实现国家治理制度化、程序化、规范化、法治化。坚持顶层设计和法治实践相结合，提升法治促进国家治理体系和治理能力现代化的效能。②这篇重要讲话就法治与国家治理体系和治理能力现代化的关系作了全面、系统的说明，丰富了全面依法治国新理念新思想新战略。

2020 年 11 月 16 日，习近平总书记在中央全面依法治国工作会议上强调，要坚定不移走中国特色社会主义法治道路，为全面建设社会主义现代化国家提供有力法治保障。习近平总书记对在当前和今后一个时期推进全面依法治国要重点抓好的工作提出了十一个方面的要求：要坚持党对全面依法治国的领导；要坚持以人民为中心；要坚持中国特色社会主义法治道路；要坚持依宪治国、依宪执政；要坚持在法治轨道上推进国家治理体

① 习近平．完善法治建设规划提高立法工作质量效率 为推进改革发展稳定工作营造良好法治环境．人民日报，2019-02-26（01）．

② 习近平．推进全面依法治国，发挥法治在国家治理体系和治理能力现代化中的积极作用．求是，2020（22）．

系和治理能力现代化；要坚持建设中国特色社会主义法治体系；要坚持依法治国、依法执政、依法行政共同推进，法治国家、法治政府、法治社会一体建设；要坚持全面推进科学立法、严格执法、公正司法、全民守法；要坚持统筹推进国内法治和涉外法治；要坚持建设德才兼备的高素质法治工作队伍；要坚持抓住领导干部这个"关键少数"。[①] 这"十一个坚持"，既是重大工作部署，又是重大战略思想，正式被确定为习近平法治思想。

相对于全面依法治国新理念新思想新战略的十个方面，习近平法治思想增加了要坚持在法治轨道上推进国家治理体系和治理能力现代化、要坚持统筹推进国内法治和涉外法治两个方面，减少了专门作为一个方面的坚持处理好全面依法治国的辩证关系。至于全面依法治国的重大关系，在关于十一个方面的展开说明中有所体现，如在坚持建设中国特色社会主义法治体系中提出，要坚持依法治国和以德治国相结合，实现法治和德治相辅相成、相得益彰。

在排列结构上，将坚持依宪治国、依宪执政从第六个方面前移到第四个方面，强调坚持依宪治国、依宪执政就包括坚持宪法确定的中国共产党领导地位不动摇，坚持宪法确定的人民民主专政的国体和人民代表大会制度的政体不动摇。

在表述上，将"坚持人民主体地位"表述为"坚持以人民为中心"。共同之处是要把体现人民利益、反映人民愿望、维护人民权益、增进人民福祉落实到依法治国各领域全过程。不同之处是：前者保证人民在党的领导下通过各种途径和形式管理国家事务，管理经济和文化事业，管理社会事务。后者要求积极回应人民群众新要求新期待，系统研究谋划和解决法治领域人民群众反映强烈的突出问题，不断增强人民群众获得感、幸福

① 习近平在中央全面依法治国工作会议上强调 坚定不移走中国特色社会主义法治道路 为全面建设社会主义现代化国家提供有力法治保障. 人民日报，2020-11-18（01）.

感、安全感，用法治保障人民安居乐业。

在内容上，对于法治专门队伍，在正规化、专业化、职业化的基础上，提出了革命化的要求。在“科学立法、严格执法、公正司法、全民守法”新十六字方针之后加上了要推动扫黑除恶常态化，坚决打击黑恶势力及其“保护伞”，让城乡更安宁、群众更安乐。

从形成过程可以看出，习近平法治思想既一以贯之，又不断完善和发展。

三、习近平法治思想的思想渊源

（一）习近平法治思想是对共产党执政规律、社会主义建设规律、人类社会发展规律认识的深化

全面推进依法治国，是我们党在深刻总结我国社会主义法治建设的成功经验和吸取深刻教训的基础上作出的重大抉择。新中国成立后，废除了国民党的“六法全书”。董必武在党的八大上提出：在废除旧的“六法全书”之后……要制定刑法、民法、诉讼法、劳动法、土地使用法等一系列法律。[①] 他强调：无产阶级领导人民夺取政权后，必须迅速创立人民民主的法制，以促进和保障经济建设的发展。[②] 并向全党郑重提出“……一切国家机关，都必须依法办事”：一是必须有法可依，二是有法必依。没有法制就不能成为一个现代国家，法制是治国之良策。他认为依法办事，是我们进一步加强人民民主法制的中心环节。[③] 彭真同志后来总结说：在战争时期，如果要讲法，就不能革命，就是维护三大敌人的统治秩序。新中国成立以后，我们有了全国性的政权，情况不同了，不讲法制怎么行？要

① 董必武传（1886—1975）：下．北京：中央文献出版社，2006：925-927.
② 彭真年谱：第 5 卷．北京：中央文献出版社，2012：356.
③ 董必武传（1886—1975）：下．北京：中央文献出版社，2006：923-924.

从依靠政策办事，逐步过渡到不仅靠政策，还要建立、健全法制，依法办事。一要有法可依，二要依法办事。过去我们曾经对法制建设的重要意义认识不够，强调不够，经过“文化大革命”，大家头脑比较清醒了，认识到像“文化大革命”中那样是要吃苦头的，决不能再让它重演。[①]

粉碎“四人帮”后，邓小平于1980年8月18日在中共中央政治局扩大会议上讲话时指出：“历史经验证明，用大搞群众运动的办法，而不是用透彻说理、从容讨论的办法，去解决群众性的思想教育问题，而不是用扎扎实实、稳步前进的办法，去解决现行制度的改革和新制度的建立问题，从来都是不成功的。”[②]他认为制度问题比思想作风问题更重要：“……制度好可以使坏人无法任意横行，制度不好可以使好人无法充分做好事，甚至会走向反面。”“斯大林严重破坏社会主义法制，毛泽东同志就说过，这样的事件在英、法、美这样的西方国家不可能发生。”[③]为了保障人民民主，必须加强法制。必须使民主制度化、法律化，使这种制度和法律不因领导人的改变而改变，不因领导人的看法和注意力的改变而改变。[④]他反复强调：还是要靠法制，搞法制靠得住些。[⑤]“国要有国法，党要有党规党法。党章是最根本的党规党法。没有党规党法，国法就很难保障。”[⑥]“此外，我们还要大力加强对国际法的研究。”[⑦]

在党的十五大上，江泽民同志提出：发展社会主义民主政治，是我们党始终不渝的奋斗目标。发展民主必须同健全法制紧密结合，加强法制建设，实行依法治国。依法治国，是党领导人民治理国家的基本方略，是发

① 彭真文选（一九四一——一九九〇年）. 北京：人民出版社，1991：492.
② 邓小平文选：第2卷．2版．北京：人民出版社，1994：336.
③ 邓小平文选：第2卷．2版．北京：人民出版社，1994：333.
④ 邓小平文选：第2卷．2版．北京：人民出版社，1994：146.
⑤ 邓小平文选：第3卷．北京：人民出版社，1993：379.
⑥ 邓小平文选：第2卷．2版．北京：人民出版社，1994：147.
⑦ 邓小平文选：第2卷．2版．北京：人民出版社，1994：147.

展社会主义市场经济的客观需要，是社会文明进步的重要标志，是国家长治久安的重要保障。坚持有法可依、有法必依、执法必严、违法必究，是党和国家事业顺利发展的必然要求。党的十五大在我们党历史上首次明确提出“依法治国，建立社会主义法治国家”的目标。党的十五大报告提出：加强法制建设，要加强立法工作，提高立法质量，到 2010 年形成有中国特色社会主义法律体系。推进司法改革，建立冤案、错案责任追究制度。增强全民的法律意识，着重提高领导干部的法制观念和依法办事能力。法制建设同精神文明建设必须紧密结合，同步推进。在 2001 年全国宣传部长会议上，江泽民同志发表重要讲话，指出：我们应始终注意把法制建设与道德建设紧密结合起来，把依法治国与以德治国紧密结合起来。①

党的十六大报告和十七大报告提出，要全面落实依法治国基本方略，加快建设社会主义法治国家。2004 年 4 月 26 日，胡锦涛同志在中共中央政治局第十二次集体学习时强调：坚持依法治国、依法执政，是新形势新任务对我们党领导人民更好地治国理政提出的基本要求，也是提高党的执政能力的重要方面。② 胡锦涛同志强调，依法执政是新的历史条件下马克思主义政党执政的基本方式。③ 依法执政，就是要领导立法，带头守法，保证执法。在首都各界纪念全国人民代表大会成立 50 周年大会上，胡锦涛同志在讲话中指出：依法治国，前提是有法可依，基础是提高全社会的法律意识和法制观念，关键是依法执政、依法行政、依法办事、公正司法。依法治国首先要依宪治国，依法执政首先要依宪执政。④

历史是最好的老师。习近平总书记指出：经验和教训使我们党深刻认

① 全国宣传部长会议在京召开．人民日报，2001-01-11（01）.

② 张金才．中国法治建设 40 年（1978—2018）．北京：人民出版社，2018：280.

③ 科学发展观专题辅导．北京：人民出版社，2008：192.

④ 胡锦涛．在首都各界纪念全国人民代表大会成立 50 周年大会上的讲话（2004 年 9 月 15 日）．北京：人民出版社，2004：11.

识到，法治是治国理政不可或缺的重要手段。法治兴则国家兴，法治衰则国家乱。什么时候重视法治、法治昌明，什么时候就国泰民安；什么时候忽视法治、法治松弛，什么时候就国乱民怨。[①] 2018 年 8 月 24 日，习近平总书记在中央全面依法治国委员会第一次会议上讲话时指出："我们党执政 60 多年来，虽历经坎坷但对法治矢志不渝……我们党越来越深刻认识到，治国理政须臾离不开法治。[②] 全面推进依法治国，是我们党从坚持和发展中国特色社会主义出发，为更好治国理政提出的重大战略任务，是坚持和发展中国特色社会主义的本质要求和重要保障，是实现国家治理体系和治理能力现代化的必然要求，是顺利完成各项目标任务、全面建成小康社会、加快推进社会主义现代化的重要保证。

习近平总书记曾深刻指出：法治和人治问题是人类政治文明史上的一个基本问题，也是各国在实现现代化过程中必须面对和解决的一个重大问题。综观世界近现代史，凡是顺利实现现代化的国家，没有一个不是较好解决了法治和人治问题的。[③] 从我国古代看，盛世都是法制相对健全的时期。例如，商鞅"立木建信"，刘邦"约法三章"，一部《贞观律》成就了"贞观之治"。2014 年 10 月 13 日，习近平总书记在十八届中共中央政治局第十八次集体学习时指出："我国古代主张民惟邦本、政得其民，礼法合治、德主刑辅，为政之要莫先于得人、治国先治吏，为政以德、正己修身，居安思危、改易更化，等等，这些都能给人们以重要启示。"[④] "治国有常，而利民为本。""乐民之乐者，民亦乐其乐；忧民之忧者，民亦忧

---

① 中共中央文献研究室．习近平关于全面依法治国论述摘编．北京：中央文献出版社，2015：8.

② 习近平．加强党对全面依法治国的领导．求是，2019（4）.

③ 中共中央文献研究室．习近平关于全面依法治国论述摘编．北京：中央文献出版社，2015：12.

④ 习近平．牢记历史经验历史教训历史警示 为国家治理能力现代化提供有益借鉴．人民日报，2014-10-14（01）.

其忧。”[①]在新时代，坚持以人民为中心是中国共产党的执政理念，也是全面依法治国所要坚持的重要原则。中华优秀传统法律文化既是习近平法治思想大道为公、天下己任的文化根基，也是其不断发展、枝繁叶茂的思想源泉。习近平法治思想与历史悠久、博大精深的中华优秀传统法律文化具有深刻的内在关联。[②]从世界历史看，国家强盛往往同法治相伴而生。例如，《汉穆拉比法典》推动古巴比伦王国进入上古两河流域的全盛时代。又如，德国耶林在《罗马法的精神》中写道："罗马帝国曾经三次征服世界，第一次以武力，第二次以宗教（天主教），第三次以法律，武力因罗马帝国的灭亡而消失，宗教随着人民思想觉悟的提高、科学的发展而缩小了影响，唯有法律征服世界是最为持久的征服。”人类社会发展的事实证明，依法治理是最可靠、最稳定的治理。相反，一些国家虽然也一度实现快速发展，但并没有顺利迈进现代化的门槛，而是陷入这样或那样的“陷阱”，出现经济社会发展停滞甚至倒退的局面。后一种情况很大程度上与法治不彰有关。[③]

（二）习近平法治思想是马克思主义法学基本原理与中国法治建设具体实际相结合的产物

运用马克思主义法学基本原理来解决中国法治问题，构成了习近平法治思想对既往马克思主义法学中国化历次重大成果继承并不断创新发展的逻辑主线。[④]马克思主义认为：法律以现实物质生活关系为基础。经济并不是按照王室的法令来发展的，法律不能创造或废除经济规律，而只能适应和反映经济规律。马克思说：“法的关系正像国家的形式一样，既不能

---

① 习近平．之江新语．杭州：浙江人民出版社，2007：247．

② 吕廷君．习近平法治思想的历史渊源：中华优秀传统法律文化．前线，2021（2）．

③ 中共中央文献研究室．习近平关于全面依法治国论述摘编．北京：中央文献出版社，2015：12．

④ 朱景文．历史唯物论是习近平法治思想的重要理论基础．光明日报，2020-11-27（11）．

从它们本身来理解，也不能从所谓人类精神的一般发展来理解，相反，它们根源于物质的生活关系……”① 在人类思想发展史上，马克思第一次把物质生活关系和由它所决定的法律、政治、宗教、艺术、哲学，简言之，意识形态的形式区别开来，指出：不是社会意识决定社会存在，而是社会存在决定社会意识，包括法律在内的全部上层建筑都是由一定的物质生活条件，归根结底都是由一定的生产方式所决定的。习近平总书记指出：“社会存在决定社会意识。我们党现阶段提出和实施的理论和路线方针政策，之所以正确，就是因为它们都是以我国现时代的社会存在为基础的。”② 因此，全面推进依法治国，必须从我国实际出发，同推进国家治理体系和治理能力现代化相适应，既不能罔顾国情、超越阶段，也不能因循守旧、墨守成规。

法律是统治阶级共同利益决定的具有国家形式的共同意志的表现。在《共产党宣言》中，马克思恩格斯有关于资产阶级法的本质的论述，即“……你们的法不过是被奉为法律的你们这个阶级的意志……而这种意志的内容是由你们这个阶级的物质生活条件决定的”③。“……市民社会的一切要求（不管当时是哪一个阶级统治着），也一定要通过国家的意志，才能以法律形式取得普遍效力。”④ 实质而言，“法律是一种政治措施，是一种政治”⑤。习近平总书记指出，“法治当中有政治，没有脱离政治的法治”。“每一种法治形态背后都有一套政治理论，每一种法治模式当中都有一种政治逻辑，每一条法治道路底下都有一种政治立场。”⑥ 在人民当家作主的社会

① 马克思恩格斯全集：第 13 卷．北京：人民出版社，1962：8．

② 习近平．推动全党学习和掌握历史唯物主义 更好认识规律更加能动地推进工作．人民日报，2013-12-05（01）.

③ 马克思恩格斯全集．第 42 卷．北京：人民出版社，1979：385．

④ 马克思恩格斯全集．第 28 卷．北京：人民出版社，2018：360．

⑤ 列宁全集：第 28 卷．北京：人民出版社，2017：140．

⑥ 中共中央文献研究室．习近平关于全面依法治国论述摘编．北京：中央文献出版社，2015：34．

主义社会，阶级矛盾已不是社会主要矛盾，法的阶级性本质往往集中表现为法的政治性和人民性。[①] 全面依法治国必须正确处理政治和法治的关系。社会主义法治必须坚持党的领导，党的领导必须依靠社会主义法治：通过法定程序使党的主张成为国家意志、形成法律，通过法律保障党的政策有效实施，确保全面依法治国正确方向。推进全面依法治国，根本目的是依法保障人民权益，要坚持以人民为中心。

（三）习近平法治思想是习近平在长期的治国理政实践中深邃思考的结晶

无论是带领一个县、谋划一个省，还是治理一个有 14 亿多人口的大国，在习近平总书记关于治国理政的深邃思考中，“法治”始终是令人瞩目的关键词。在担任浙江省委书记期间，习近平同志在《浙江日报》“之江新语”专栏发表的文章中有相当篇幅对法治作了深刻论述。他提出，“要牢固树立依法执政、依法行政和依法办事的法治理念”。“市场经济必然是法治经济。”“道德是法治的基石。法律只有以道德为支撑，才有广泛的社会基础而成为维系良治的良法。”在上海工作期间，习近平同志对法治的重视和推进一以贯之。他提出，“不断提高执法水平，充分运用法律手段为发展创造良好、宽松的环境”。“推进社会主义民主的制度化、规范化和程序化，保证人民依法行使民主权利。”[②]

从建设“法治浙江”到建设“法治中国”，习近平关于法治的思想一脉相承，具有内在一致性。“法治浙江”建设突出法治政府建设的关键地位，习近平同志不仅明确提出了“依法行政是法治的核心要素，推进法治政府建设是建设‘法治浙江’的关键所在”[③] 的科学论断，而且一再强调，

① 李林．习近平法治思想的理论渊源．光明日报，2021-01-22（11）.

② 法治中国．北京：人民出版社，学习出版社，2017：6.

③ 习近平．以社会主义法治理念指导“法治浙江”建设．法制时报，2006-06-18（1）.

"只有公职人员特别是领导干部真正成为法律的模范遵守者和执行者，才能真正做到依法执法、依法办事，才能让老百姓服气，才能在全社会形成良好的法治氛围"[①]。这同其在党的十八大以后特别强调领导干部这一"关键少数"在全面推进依法治国中的作用之论述，完全一致。[②]

高度重视法治、大力推进法治，是习近平总书记治国理政的鲜明特点。在长期的治国理政实践中，他深切认识到，法律是治国理政最大、最重要的规矩，推进国家治理体系和治理能力现代化必须厉行法治。自党的十八大以来，习近平总书记高度重视全面依法治国，亲自谋划、亲自部署、亲自推动，从坚持和发展中国特色社会主义全局和战略高度定位法治、布局法治、厉行法治，以深远的战略思维、鲜明的政治导向、强烈的历史担当、真挚的为民情怀，创造性地提出全面依法治国的一系列新理念新思想新战略，形成了内涵丰富、科学系统的习近平法治思想，为建设法治中国指明了前进方向。

① 习近平．提高公民法律素质促进政治文明建设：写在"一二·四"全国法制宣传日．浙江日报，2003-12-04（01）.

② 王东京．从建设"法治浙江"到建设"法治中国"：系统学习习近平总书记十八大前后关于法治建设的重要论述．学习时报，2015-04-13（01）.

第二讲
习近平法治思想的理论体系、逻辑结构和核心要义

习近平法治思想内涵丰富、论述深刻、逻辑严密、系统完备，从历史和现实相贯通、国际和国内相关联、理论和实际相结合视角，深刻回答了新时代为什么实行全面依法治国、怎样实行全面依法治国等一系列重大问题。习近平法治思想是顺应实现中华民族伟大复兴时代要求应运而生的重大理论创新成果，是马克思主义法治理论中国化的最新成果，是习近平新时代中国特色社会主义思想的重要组成部分，是全面依法治国的根本遵循和行动指南。将习近平法治思想贯彻落实到全面依法治国全过程，必须要认真学习领会习近平法治思想，熟悉其理论体系、把握其逻辑结构、吃透其核心要义。

一、习近平法治思想的理论体系

（一）中国特色社会主义法治的基本理论

基本理论是一门学科或知识领域中具有立柱架梁作用的理论。习近平总书记全面总结和深刻反思我国法治建设正反两方面的经验教训，汲取古今中外法治思想精华，注重对新时代全面依法治国、建设法治中国新实践予以概念化、命题化、系统化的梳理，进而推动了马克思主义法治理论的中国化、当代化，创新发展了中国特色社会主义法治的基本理论。[①]

（1）全面依法治国是坚持和发展中国特色社会主义的基本方略。这是对全面依法治国的重大意义的最高定位。习近平总书记深刻论述了把“坚

① 张文显：习近平法治思想的理论体系．法制与社会发展，2021（1）.

持全面依法治国”作为坚持和发展中国特色社会主义之基本方略的理论基础、现实依据和实践需要，指出：“……无论是实现‘两个一百年’奋斗目标，还是实现中华民族伟大复兴的中国梦，全面依法治国既是重要内容，又是重要保障。我们把全面依法治国纳入‘四个全面’战略布局，就是要为全面建成小康社会、全面深化改革、全面从严治党提供长期稳定的法治保障。”[①] 在新时代社会主要矛盾发生深刻变化的背景下，人民更加渴望党和国家厉行法治、依法执政、依法行政，并对法治的内涵和标准提出了更高的要求。这就要求我们党“……把依法治国摆在突出位置，把党和国家工作纳入法治化轨道，坚持在法治轨道上统筹社会力量、平衡社会利益、调节社会关系、规范社会行为，依靠法治解决各种社会矛盾和问题，确保我国社会在深刻变革中既生机勃勃又井然有序”[②]。

（2）坚持党的领导、人民当家作主、依法治国有机统一。这是对中国特色社会主义法治本质特征的科学概括。党的领导、人民当家作主、依法治国有机统一（简称“三统一”），是对我国社会主义民主法治建设经验的理论升华，是对中国特色社会主义民主法治发展规律的本质把握，是社会主义政治文明的基本标志，也是中国特色社会主义法治理论的基本原理。自党的十八大以来，习近平总书记在一系列重大场合和重要讲话中深刻论述了“三统一”的重要思想：首先，习近平总书记把“三统一”凝练为我国社会主义民主法治建设的基本经验，指出：“把坚持党的领导、人民当家作主、依法治国有机统一起来是我国社会主义法治建设的一条基本经验。”[③] 其次，习近平总书记强调“三统一”的根本与核心是坚持党的领导。

① 习近平．加强党对全面依法治国的领导．求是，2019（4）．

② 中共中央宣传部．习近平总书记系列重要讲话读本（2016年版）．北京：学习出版社，人民出版社，2016：87．

③ 习近平．关于《中共中央关于全面推进依法治国若干重大问题的决定》的说明．人民日报，2014-10-29（02）．

坚持党的领导，就是要支持人民当家作主，实施好依法治国这个党领导人民治理国家的基本方略。党的领导和社会主义法治是一致的，只有坚持党的领导，人民当家作主才能充分实现，国家和社会生活制度化、法治化才能有序推进。不能把坚持党的领导同人民当家作主、依法治国对立起来，更不能用人民当家作主、依法治国来动摇和否定党的领导。最后，习近平总书记提出人民代表大会制度是“三统一”的根本制度安排。其逻辑理路在于：第一，人民代表大会制度是实现党的领导权和执政权的制度载体。第二，人民代表大会制度是人民当家作主的根本途径和最高实现形式。第三，人民代表大会制度是实现依法治国的基础和前提。第四，人民代表大会制度是贯彻实行民主集中制的制度平台，有利于发挥民主集中制的政治优势。①

（3）建设良法善治的法治中国。这是全面依法治国的总规划、总蓝图。习近平总书记从实现“两个一百年”奋斗目标、实现中华民族伟大复兴“中国梦”的战略出发，响亮地提出了“建设法治中国”。法治中国概念的提出和建设法治中国理论的形成，旨在解决法治建设方面各自为政的问题，增强法治建设的整体性、系统性、协同性。党的十八届三中全会通过的《中共中央关于全面深化改革若干重大问题的决定》确认了“法治中国”这一概念，并将法治领域改革的目标任务概括为“推进法治中国建设”。党的十八届四中全会向全党和全国各族人民发出了“向着建设法治中国不断前进”“为建设法治中国而奋斗”的号召。②

（二）全面依法治国的基本观点

党的十五大提出“依法治国”。进入新时代后，从“依法治国”深入推进到“全面依法治国”。习近平同志科学系统回答了新时代为什么要全

① 张文显：习近平法治思想的理论体系．法制与社会发展，2021（1）.

② 张文显：习近平法治思想的理论体系．法制与社会发展，2021（1）.

面依法治国，怎样实行全面依法治国等一系列重大实践与理论问题，形成了习近平法治思想。习近平法治思想中蕴含着丰富的关于全面依法治国的基本观点。从“依法治国”到“全面依法治国”，核心是“全面”。可以从三个维度来理解“全面”的深刻内涵和重大创新：一是战略谋划的全面，二是统筹推进的全面，三是发展层次的全面。

第一，战略谋划的全面。从“依法治国”到“全面依法治国”，法治基本上实现了从领域基本方略到全局性基本方略的转变。在党的十五大报告中，“依法治国”被放在政治部分的论述中，法治属于社会主义民主政治的重要内容。党的十八大之后，法治成为“四个全面”战略部署的重要内容，被贯穿到“五位一体”总体布局当中；法治是坚持和发展中国特色社会主义的本质要求。

第二，统筹推进的全面。从改革发展稳定来讲，“依法治国”侧重于稳定领域的法治建设，“全面依法治国”强调改革发展稳定全方位推进法治建设。从治党治国治军来讲，“依法治国”主要侧重于治国系统的法治建设，“全面依法治国”强调治党治国治军全系统推进法治建设。从内政外交国防来讲，“依法治国”侧重于内政领域的法治建设，“全面依法治国”强调内政外交国防全领域推进法治建设。

第三，发展层次的全面。从“依法治国”到“全面依法治国”，法治基本上实现了从依法而治到良法善治。“依法治国”提出的目标是建立中国特色社会主义法律体系，有法可依、有法必依、执法必严、违法必究。“全面依法治国”提出的目标是建立中国特色社会主义法治体系，科学立法、严格执法、公正司法、全民守法。

二、习近平法治思想的逻辑结构

习近平法治思想内涵丰富、体系完整、理论厚重、博大精深，是习近平同志在法治实践中的智慧结晶，是对中国特色社会主义法治理论的继承与发展，是中国优秀传统法律文化的精华，具有坚实的实践逻辑、扎实的理论逻辑、厚实的历史逻辑。

（一）实践逻辑

习近平同志从基层干起，在实践中实干。他在政治生涯的每个阶段，都十分重视法治建设，深入中国特色社会主义法治实践当中。习近平法治思想正是在中国特色社会主义法治实践中不断发芽、开花、结实。

习近平同志在河北正定坚定推进法制建设。在河北正定做县委书记时，习近平同志非常重视法制建设，他大力加强农村法制建设，创新社会治安机制，对封建宗族势力、黑恶势力严加防范，露头就打。他善于从法律制度建设的角度看问题、想问题，开创性地提出“建立社会主义新秩序”。难能可贵的是，他还经常带律师下基层，当场解决问题。

习近平同志在福建深入推进法治建设。在厦门、宁德、福州等地习近平同志都始终重视法治建设。他在经济改革、社会治理、城市管理等领域，提出了诸多法治新概念新命题，明确提出“依法治城”“依法治市”等。他还高频运用“法制”“法律化”“法制化”“地方立法”“经济立法”“法制轨道”“依法管理”“依法监督”“依法独立行使审判权和检察权”等法制（法治）话语。

习近平同志在浙江、上海推进法治建设并深入探索法治理论。习近平同志积极响应党中央依法治国的号召，对法治进行深入思考，初步形成了自己的法治思想体系。《之江新语》是他在浙江工作时的思考，里面有多篇文章讲论法治，包括《法治：新形势的新要求》（2006 年 5 月 10 日）、《市场经济必然是法治经济》（2006 年 5 月 12 日）、《和谐社会本质上是法治社会》（2006 年 5 月 15 日）、《弘扬法治精神，形成法治风尚》（2006 年 5 月 17 日）、《坚持法治与德治并举》（2006 年 5 月 19 日）、《党的领导是法治的根本保证》(2006 年 5 月 22 日)等等。习近平在浙江的时候，还提出了“法治浙江”“全面依法治省”等法治战略。

进入中央工作后，习近平同志将地方法治实践经验应用在国家层面，并继续对法治理论的创新与发展。特别是在党的十八大之后，中国特色社会主义进入新时代，习近平同志在指导全面依法治国中高瞻远瞩、运筹帷幄，在实践与理论相结合、国内与国外相结合、历史与现实相结合的基础上，形成了科学的、系统的法治思想。习近平法治思想的形成具体有以下几个重要节点：第一个是 2014 年党的十八届四中全会第二次全体会议。习近平总书记在会上作了一次重要讲话，形成了习近平总书记关于全面依法治国的重要论述。第二个是 2018 年的中央全面依法治国委员会第一次会议。习近平总书记在会上对如何坚持全面依法治国作出了系统部署，提出了“十个坚持”，形成了习近平全面依法治国新理念新思想新战略。第三个是 2020 年的中央全面依法治国工作会议。在该会议上习近平同志从全局和战略高度对全面依法治国又作出一系列重大决策部署，正式确立了习近平法治思想。

(二)理论逻辑

习近平法治思想是中国化、时代化的马克思主义法治理论，与中国特色社会主义法治理论体系既一脉相承又与时俱进，是中国共产党法治理论的最新成果。自改革开放以来，在坚持人民民主专政过程中，中国共产党形成了民主法制理论，持续迈向民主法治化。自党的十五大以来，在坚持和完善党的领导过程中，中国共产党形成了依法治国基本方略，进而发展出依法执政基本方式，不断深化政治体制改革。自党的十八大以来，在推进治理体系和治理能力现代化过程中，中国共产党形成了习近平法治思想，以开辟、引领全面依法治国，助力全面建设社会主义现代化强国。

习近平法治思想是当代中国马克思主义法治理论、21 世纪马克思主义法治理论。在改革开放初期形成的民主法制理论奠基于马克思主义无产阶级专政理论，党的十五大提出的依法治国基本方略奠基于马克思主义国体与政体的理论，习近平法治思想奠基于马克思主义现代化理论。马克思主义不是静止的“理论大厦”，而是行动的“操作指南”：其对社会主义的实现、建立、巩固和发展在思维领域进行了层层的推演，无产阶级专政理论、国体与政体理论以及现代化理论一环套一环，在逻辑上依次有序展开。习近平辩证地对民主法制理论和依法治国基本方略进行扬弃，形成了系统的法治思想体系——习近平法治思想。习近平法治思想是对马克思主义法治理论的重大创新和发展，是对中国特色社会主义法治理论的重大创新和发展。

习近平法治思想与中国特色社会主义法治理论一脉相承，一以贯之的是权力运行的科学化。人治是法治的对立面：在人治领域权力大于法律，在法治领域法律高于权力。中国特色社会主义法治理论内含法治的普遍精神，其在演进发展的过程中，一开始就注重对权力的科学配置、权力的规范行使，通过法律对权力进行合理的赋权与限权。在改革开放初期形成的民主法制理论重在强调：公权力姓公，权力来自人民，也服务于人民。只有通过民主制度化法律化，才能遏制个人崇拜，才能使国家决策“……不因领导人的改变而改变，不因领导人的看法和注意力的改变而改变”[①]。党的十五大提出的依法治国基本方略重在强调：党的领导制度化法治化，要让权力在制度的轨道上运行。中国共产党是中国最高政治领导力量，也是长期执政党，其对领导科学、执政规律进行了深入的探索，法治就是这一探索的结晶。依法治国、依法执政的目的就在于使中国共产党的权力运行遵循科学、符合规律，做到“总揽而不包揽”。新时代形成

① 中共中央文献研究室．江泽民论有中国特色社会主义（专题摘编）．北京：中央文献出版社，2002：328．

的习近平法治思想重在强调：治理体系和治理能力现代化，划清政府权力的界限，把权力关进制度的笼子里。在现代化的治理过程中，治理者与被治理者的界限越趋模糊，被治理者同时也是治理者。法治就是通过法律为权力划边界、立规矩，最大限度调动被治理者参与治理的积极性；在治理者与被治理者之间，特别是在官员与公民之间，搭建起沟通的桥梁、协作的平台。

习近平法治思想是对中国特色社会主义法治理论内涵的日益丰富，既有纵深发展也有横向拓展。在纵深发展方面，在改革开放初期形成的民主法制理论一直在不断深化：从党的十一届三中全会提出“要使民主制度化、法律化”，到党的十八届三中全会时习近平同志提出“加快推进社会主义民主政治制度化、规范化、程序化”。党的十五大提出的依法治国基本方略，其内涵也一直在深化：从党的十六大提出“党……总揽全局、协调各方”，到党的十六届四中全会提出“依法执政”，再到党的十八届四中全会时习近平同志提出“党要领导立法、保证执法、支持司法、带头守法”。习近平法治思想整体上也经历了从 2015 年“习近平关于全面依法治国论述”，到 2018 年“习近平全面依法治国新理念新思想新战略”，再到 2020 年“习近平法治思想”的丰富和发展。在横向拓展方面：党的十五大提出的依法治国基本方略是对在改革开放初期形成的民主法制理论的拓展：民主法制理论围绕着人民，核心在于如何保障人民民主；依法治国基本方略围绕着中国共产党，核心在于如何加强和完善党的领导。从民主法制理论到依法治国基本方略，法治的关注领域与运用范围更加开阔了。习近平法治思想是在前两者的基础上的再次飞跃性拓展：民主法制理论和依法治国基本方略指出，法治是实现四个现代化的重要方式；习近平法治思想明确，法治是现代化的重要保障，同时也是现代化的本质要求，法治实现了保障论与本质论的统一。

（三）历史逻辑

习近平法治思想是对共产党执政规律、社会主义建设规律和人类社会发展规律的深刻总结。自党的十八大以来，以习近平同志为核心的党中央高度重视法治，将全面依法治国上升为“四个全面”战略部署，开启了中国之治的全新模式。习近平法治思想对依法治国作出了系统、全面的论述，为已有几千年传统治理的中国提供了新型的理论指导，为国家治理体系和治理能力现代化指明了方向。

习近平法治思想引领中华民族全面迈进法治新时代。在人类政治史上，人治和法治是两种相互对立的治理方式。在几千年的历史长河中，传统中国强调“权制独断于君则威”，主张法律是统治者的器具，法制是管治百姓、维护秩序的手段。自新中国成立，特别是改革开放以来，中国法治建设步入正轨。党的十五大提出“依法治国，发展社会主义民主政治”。自党的十八以来，以习近平同志为核心的党中央创造性提出“法治是治国理政的基本方式”，开启了现代化国家建设新征程。在总结历史规律和制度实践的基础上，习近平在十八届中央纪委二次全会上首次提出“把权力关进制度的笼子里”。在党的十八届四中全会上，习近平进一步明确，不仅政府的行政权力，审判机关、检察机关的司法权力都要关进制度的大笼子。虽然新中国建立了新制度，但人的观念还没有随之完成根本转变，习近平一针见血地指出：“现在，一些党员、干部仍然存在人治思想和长官意识，认为依法办事条条框框多、束缚手脚，凡事都要自己说了算，根本不知道有法律存在，大搞以言代法、以权压法。”①

习近平法治思想对中华优秀传统法律文化进行了创造性转化，创新性发展了我国古代的“德主刑辅”思想。我国古代存在十分丰富的德法合治

① 中共中央文献研究室．习近平关于全面依法治国论述摘编．北京：中央文献出版社，2015：113．

思想：周公主张“明德慎罚”，孔子提出“为政以德”，西汉董仲舒坚持“德主刑辅”“大德而小刑”。此后，“明刑弼教”一直成为历代王朝的指导思想。建设社会主义法治国家，离不开对这些传统德法合治思想的继承和发扬。习近平提出：“法治和德治不可分离、不可偏废，国家治理需要法律和道德协同发力。”[①]这深刻揭示了两者的辩证统一关系——既要强化道德对法治的支撑作用，又要把道德要求贯彻到法治建设中，提高全民的法治意识和道德自觉。中国传统法律维护的是“亲亲尊尊长长，男女有别”的封建等级道德，历朝历代律例中大多规定了五服制度、八议制度、官当制度等。封建道德甚至径直进入司法裁判，董仲舒的《春秋决狱》主张“原心定罪”，为纲常名教筑起了铜墙铁壁。与古代极端的道德法律化相区别，近现代以来中国又走向法律与道德相分离的极端：婚姻在法律上单薄得只剩一纸契约，诋毁英雄人物被说成言论自由，司法裁判唯法律规则马首是瞻，等等。站在新的历史阶段，习近平法治思想一方面反对道德相对主义、反对法律过分自由化，提出“要把道德要求贯彻到法治建设中”[②]；另一方面又推陈出新，提出“把社会主义核心价值观融入法治建设”[③]。

三、习近平法治思想的核心要义

习近平法治思想蕴藏深远的战略思维、鲜明的政治导向、强烈的历史担当、真挚的为民情怀，明确了全面依法治国的根本政治方向、重大工作部署、重要保障力量，涵盖了全面依法治国的政治方向、重要地位、工作布局、重点任务、重大关系、重要保障等核心内容，是指导新时代全面依

① 习近平谈治国理政：第 2 卷．北京：外文出版社，2017：133．

② 习近平在中共中央政治局第三十七次集体学习时强调 坚持依法治国和以德治国相结合 推进国家治理体系和治理能力现代化．人民日报，2016-12-11（01）．

③ 习近平．高举中国特色社会主义伟大旗帜 为全面建设社会主义现代化强国而团结奋斗：在中国共产党第二十次全国代表大会上的报告．新华网，2022-10-25．

法治国的纲领性文献。

（一）全面依法治国的根本政治方向

坚持党对全面依法治国的领导。党政军民学、东西南北中，党是领导一切的。中国共产党的领导是中国特色社会主义最本质的特征，是社会主义法治最根本的保证，是社会主义法治之魂。习近平总书记指出：全面依法治国绝不是要削弱党的领导，而是要加强和改善党的领导，不断提高党领导依法治国的能力和水平，巩固党的执政地位。[①] 因此，坚持党对全面依法治国的领导，必须推进党的领导制度化、法治化，不断完善党的领导体制和工作机制，把党的领导贯彻到全面依法治国全过程和各方面，具体落实到党领导立法、保证执法、支持司法、带头守法的各环节。

坚持以人民为中心。人民是国家的主人，是依法治国的主体。习近平总书记强调，坚持人民主体地位，必须坚持法治为了人民、依靠人民、造福人民、保护人民。[②] 人民幸福生活是最大的人权。推进全面依法治国，根本目的是依法保障人民权益，要依法保障全体公民享有广泛的权利，保障公民的人身权、财产权、基本政治权利等各项权利不受侵犯，保证公民的经济、文化、社会等各方面权利得到落实，不断增强人民群众的获得感、幸福感、安全感，用法治保障人民安居乐业。此外，公平正义是我们党追求的崇高价值，全面依法治国，要牢牢把握社会公平正义这一法治价值追求，努力让人民群众在每一项法律制度、每一个执法决定、每一宗司法案件中都感受到公平正义。

坚持中国特色社会主义法治道路。道路决定命运，道路决定前途。习近平总书记指出，我们要坚持的中国特色社会主义法治道路，本质上是中

① 习近平谈治国理政：第 3 卷. 北京：外文出版社，2020：284.
② 习近平谈治国理政：第 2 卷. 北京：外文出版社，2017：115.

国特色社会主义道路在法治领域的具体体现。[①] 全面推进依法治国必须走对路：我们既不走封闭僵化的老路，也不走改旗易帜的邪路，而要从我国国情和实际出发，传承中华优秀传统法律文化，从我国革命、建设、改革的实践中探索适合自己的法治道路，为全面建设社会主义现代化国家、实现中华民族伟大复兴夯实法治基础。此外，我们要学习借鉴人类法治文明的有益成果，但绝不照搬别国模式和做法，绝不能走西方所谓"宪政""三权鼎立""司法独立"的路子。

坚持依宪治国、依宪执政。习近平总书记强调，宪法是国家的根本大法，是治国安邦的总章程，是党和人民意志的集中体现，具有最高的法律地位、法律权威、法律效力。[②] 坚持依法治国首先要坚持依宪治国，坚持依法执政首先要坚持依宪执政。党领导人民制定宪法法律，领导人民实施宪法法律，党自身必须在宪法法律范围内活动。

（二）全面依法治国的重大工作部署

坚持在法治轨道上推进国家治理体系和治理能力现代化。坚持全面依法治国，是中国特色社会主义国家制度和国家治理体系的显著优势。习近平总书记提出，法治是国家治理体系和治理能力的重要依托。[③] 宪法是国家根本大法，是国家制度和法律法规的总依据。通过宪法法律确认和巩固国家根本制度、基本制度、重要制度，并运用国家强制力保证实施，保障了国家治理体系的系统性、规范性、协调性、稳定性。实现国家治理现代化，必须推进国家治理的制度化、程序化、法治化，在宪法范围内和法治轨道上推进国家治理体系和治理能力现代化，充分实现国家和社会治理的有法可依、有法必依、执法必严、违法必究。

---

① 习近平谈治国理政：第 2 卷．北京：外文出版社，2017：128.

② 习近平谈依法治国．人民日报海外版，2016-08-17（02）.

③ 习近平．坚定不移走中国特色社会主义法治道路 为全面建设社会主义现代化国家提供有力法治保障．求是，2021（5）.

坚持建设中国特色社会主义法治体系。依法治国各项工作都要围绕这个总抓手来谋划、推进。习近平总书记要求，必须抓住建设中国特色社会主义法治体系这个总抓手，努力形成完备的法律规范体系、高效的法治实施体系、严密的法治监督体系、有力的法治保障体系，形成完善的党内法规体系。[①] 充分发挥依法治国和依规治党的互补性作用，确保党既依据宪法法律治国理政，又依据党内法规管党治党、从严治党。

坚持依法治国、依法执政、依法行政共同推进，法治国家、法治政府、法治社会一体建设。习近平总书记指出，全面依法治国是一个系统工程，必须统筹兼顾、把握重点、整体谋划，更加注重系统性、整体性、协同性。[②] 依法治国、依法执政、依法行政是一个有机整体，关键在于党要坚持依法执政，各级政府要坚持依法行政。法治国家、法治政府、法治社会三者各有侧重、相辅相成：法治国家是法治建设的目标，法治政府是建设法治国家的主体，法治社会是构筑法治国家的基础。法治政府建设是重点任务和主体工程，要重点推进、率先突破。

坚持全面推进科学立法、严格执法、公正司法、全民守法。在全面推进依法治国的工作格局中，科学立法是前提条件，严格执法是关键环节，公正司法是重要任务，全民守法是基础工程。开启全面依法治国新征程，要完善中国特色社会主义法律体系，加强重点领域、新兴领域、涉外领域立法，提高依法行政水平，完善监察权、审判权、检察权运行和监督机制，促进司法公正，有效发挥法治固根本、稳预期、利长远的保障作用。全面推进依法治国需要全社会共同参与，需要全社会增强法治观念，故必须深入开展法治宣传教育，在全社会弘扬社会主义法治精神、建设社会主义法治文化。

① 习近平谈治国理政：第 3 卷. 北京：外文出版社，2020：285.
② 习近平谈治国理政：第 3 卷. 北京：外文出版社，2020：285.

坚持统筹推进国内法治和涉外法治。法治兴则国兴，法治强则国强。习近平总书记敏锐地洞察到：面对世界百年未有之大变局，必须统筹推进国内法治发展和涉外法治建设，积极参与全球治理体系改革和建设，加强涉外法治体系建设，加强国际法运用，维护以联合国为核心的国际体系和以国际法为基础的国际秩序，共同应对全球性挑战。中国要想走向世界，以负责任大国形象参与国际事务，必须善于运用法治，加强国际法治合作，推动全球治理体系变革，构建人类命运共同体。①

（三）全面依法治国的重要保障力量

坚持建设德才兼备的高素质法治工作队伍。习近平总书记要求：全面推进依法治国，必须着力建设一支忠于党、忠于国家、忠于人民、忠于法律的社会主义法治工作队伍，推进法治专门队伍革命化、正规化、专业化、职业化，提高职业素养和专业水平。② 坚持立德树人、德法兼修，努力培养、造就一大批高素质法治人才及后备力量。

坚持抓住领导干部这个"关键少数"。习近平总书记指出，领导干部具体行使党的执政权和国家立法权、行政权、监察权、司法权，是全面依法治国的关键。③ 全面推进依法治国必须抓住领导干部这个"关键少数"，不断提高他们运用法治思维和法治方式深化改革、推动发展、化解矛盾、维护稳定的能力，要求他们做尊法学法守法用法的模范。

---

① 习近平．论坚持全面依法治国．北京：中央文献出版社，2020：5．

② 习近平．坚定不移走中国特色社会主义法治道路 为全面建设社会主义现代化国家提供有力法治保障．求是，2021（5）．

③ 习近平谈治国理政：第3卷．北京：外文出版社，2020：287．

第三讲
习近平法治思想的特征、意义和方法

于2020年11月16日至17日召开的中央全面依法治国工作会议指出，习近平法治思想是全面依法治国的根本遵循和行动指南；要求切实把习近平法治思想贯彻落实到全面依法治国全过程。习近平法治思想是顺应实现中华民族伟大复兴时代要求应运而生的重大理论创新成果，是马克思主义法治理论中国化的最新成果。党的二十大报告对习近平法治思想作了进一步总结与阐述。把握习近平法治思想的重要特征、重大意义和主要思维方法，对于深入学习贯彻习近平法治思想具有重要的理论价值和实践意义。

一、习近平法治思想的典型特征

习近平法治思想科学回答了中国特色社会主义法治建设的一系列重大理论和实践问题，不仅具有强烈的政治性和人民性，而且具有鲜明的思想性和原创性。

（一）政治性

政治是经济的集中表现，是以政治权力为核心展开的各种社会活动和社会关系的总和。孙中山说过："政是众人之事，集合众人之事的大力量，便叫做政权……治是管理众人之事，集合管理众人之事的大力量，便叫做治权……所以政治之中，包含有两个力量：……一个是管理政府的力量，一个是政府自身的力量。"① 作为管理众人之事的政治是集合大众之力的伟大力量，它本身就具有明确的价值引领和方向引导。思想所具有的价值引

① 孙中山选集：下．2版．北京：人民出版社．2011：821．

领和方向引导属性就是思想的政治性。思想的政治性是指思想所反映、倡导和引领的价值观与意识形态的性质。思想的政治性突出表现为以政治权力为核心的国家和社会治理的主流价值观与主导性意识形态。

政治性是习近平法治思想的鲜明特征，习近平法治思想的政治性就是指习近平法治思想中以法治中国建设为核心的法治道路、法治理论、法律制度、法治文化的价值观和意识形态。

首先，习近平法治思想的政治性表现为党的领导、人民当家作主、依法治国有机统一。“党的领导是人民当家作主和依法治国的根本保证，人民当家作主是社会主义民主政治的本质特征，依法治国是党领导人民治理国家的基本方式，三者统一于我国社会主义民主政治伟大实践。”[①]党的领导在我国法治建设中居于重要地位，加强党的集中统一领导，与支持人大、政府、监察机关和司法机关依法履职是统一的。只有加强和完善党的领导，才能保证人民当家作主，保证人民有序的政治参与，保证人民民主权利的实现；才能维护国家法制的统一、尊严、权威。

其次，习近平法治思想的政治性表现为中国的法治是中国特色社会主义法治，而不是别的什么法治。中国特色社会主义法治道路是中国特色社会主义道路在法治领域的具体体现。中国特色社会主义法治道路是中国法治最根本的道路，是从中国实际出发、实事求是的历史性选择。中国特色社会主义法治道路是从中国革命、建设、改革的实践中探索出来的，适合中国国情的法治道路。中国特色社会主义法治道路不是关起门来搞法治，而是需要吸收借鉴人类优秀的法治文明成果。“但是，学习借鉴不等于是简单的拿来主义，必须坚持以我为主、为我所用，认真鉴别、合理吸收，不能搞‘全盘西化’，不能搞‘全面移植’，不能照搬照抄。”[②]

① 习近平．论坚持全面依法治国．北京：中央文献出版社，2020：184.
② 习近平谈治国理政：第2卷．北京：外文出版社，2017：118.

再次，习近平法治思想的政治性表现为法治必须践行和引领社会主义核心价值观。社会主义核心价值观是社会主义法治建设的灵魂。“法律法规体现鲜明的价值导向，直接影响人们对社会主义核心价值观的认知认同和自觉践行。”① 把社会主义核心价值观的要求体现到宪法法律、法规、规章和公共政策之中，转化为具有刚性约束力的法律规定，使社会主义核心价值观引领立法、执法、司法和法律监督的各环节、各方面，以充分体现中国特色社会主义法治的政治性。

最后，习近平法治思想的政治性表现为中国特色社会主义法治必须始终坚持以人民为中心。坚持以人民为中心是习近平法治思想的一个鲜明政治特征，我们可以把这个特征概括为习近平法治思想的人民性。也就是说，在一定意义上，人民性是习近平法治思想的政治属性的集中表现形式。

（二）人民性

古语云，“道洽政治，泽润生民”②。任何一种代表人民利益和意志的思想理论都具有鲜明的人民性，马克思主义是这样，渊源于马克思主义法治理论的习近平法治思想也不例外。

习近平法治思想的人民性主要表现为以下几个方面。

首先，习近平法治思想的人民性表现为中国特色社会主义法治的人民立场：坚持人民主体地位。马克思曾指出：“民主制从人出发，把国家变成客体化的人。正如同不是宗教创造人，而是人创造宗教一样，不是国家制度创造人民，而是人民创造国家制度。”③ 人民是国家的主人，是社会发展的主体，坚持人民的主体地位是马克思主义的基本立场。“坚持人民主

① 进一步彰显法律法规的社会主义核心价值观导向——中央有关部门负责人就《社会主义核心价值观融入法治建设立法修法规划》答记者问．人民日报，2018-05-08（03）.

② 尚书·周书·毕命.

③ 马克思恩格斯全集：第3卷．北京：人民出版社，2002：40.

体地位，必须坚持法治为了人民、依靠人民、造福人民、保护人民。”[①]人民是全面依法治国最广泛、最深厚的基础。只有人民才是历史的创造者，才是人类社会发展的根本动力。“我们要始终把人民立场作为根本立场，把为人民谋幸福作为根本使命……”[②]人民性是马克思主义法学理论的本质要求，也是习近平法治思想与生俱来的政治品格。

其次，习近平法治思想的人民性表现为法治必须保证和发展人民当家作主的宪法安排。“人民当家作主是社会主义民主政治的本质和核心。”[③]我国宪法规定中华人民共和国的一切权力属于人民，人民行使国家权力的机关是全国人民代表大会和地方各级人民代表大会。人民代表大会制度是我国的根本政治制度，是我国的政体。人民当家作主的宪法安排还需要在实践中落到实处，变为现实的国家治理模式。“始终代表最广大人民根本利益，保证人民当家作主，体现人民共同意志，维护人民合法权益，是我国国家制度和国家治理体系的本质属性，也是我国国家制度和国家治理体系有效运行、充满活力的根本所在。”[④]因此，人民当家作主的宪法安排需要国家制度体制落到实处，反过来说，国家制度体制、国家治理体系的活力也来自人民，依靠人民。

最后，习近平法治思想的人民性表现为依法保障人民权益的法治目的。马克思曾说过：“过去的一切运动都是少数人的，或者为少数人谋利益的运动。无产阶级的运动是绝大多数人的，为绝大多数人谋利益的独立的运动。”[⑤]中国共产党领导的中国特色社会主义法治不仅依靠人民，而且为了人民。这也是习近平法治思想的根本出发点和最终归宿。具体说来，

---

① 习近平．论坚持全面依法治国．北京：中央文献出版社，2020：107.

② 习近平．在纪念马克思诞辰 200 周年大会上的讲话．人民日报，2018-05-05（02）.

③ 习近平．论坚持全面依法治国．北京：中央文献出版社，2020：71.

④ 习近平．坚持和完善中国特色社会主义制度推进国家治理体系和治理能力现代化．求是，2020（1）.

⑤ 马克思恩格斯选集：第 1 卷．3 版．北京：人民出版社，2012：411.

习近平法治思想的根本宗旨就是体现人民利益、反映人民愿望、维护人民权益、增进人民福祉。需要注意的是，依法保障人民权益还必须积极回应人民群众的新要求新期待，解决法治领域人民群众反映强烈的突出问题，不断增强人民群众的获得感、幸福感、安全感。

（三）思想性

思想是客观存在反映在人的意识中经过思维活动而产生的结果。思想的内容为社会制度的性质和人们的物质生活条件所决定，在阶级社会中，思想具有明显的阶级性。习近平法治思想是新时代全面依法治国实践的理论提升和行动指南，具有很强的思想性。

首先，习近平法治思想具有深厚的思想渊源——马克思主义法治理论。马克思主义法治理论是人类历史上第一个把人的自由和解放作为法治发展目标的科学理论，是第一个以阶级分析方法观察分析资本主义国家法律制度的科学理论。“马克思主义法治理论以其鲜明的历史唯物主义原理，揭示了人类法治发展的一般规律，剖析了资本主义法治发展的特殊规律，阐明了共产主义社会的根本法理，是人类思想史、法学史上的伟大变革，产生了广泛而持久的影响力。”[①] 习近平法治思想坚持以人民为中心，始终把人民利益放在社会发展的重要位置，就是对马克思主义法治理论的创造性运用；习近平法治思想坚持中国特色社会主义法治道路，则是对马克思主义法治理论中的历史唯物主义原理的继承和发展。因此，习近平法治思想是马克思主义法治理论中国化的最新成果，是马克思主义法治理论的创新性发展。

其次，习近平法治思想具有坚定正确的政治方向和明确的思想引领。习近平法治思想是中国特色社会主义法治理论，中国特色社会主义法治道路是中国法治建设的最根本经验，也是习近平法治思想的本质内容。中国

① 王晨. 习近平法治思想是马克思主义法治理论中国化的新发展新飞跃. 中国法学，2021（2）.

法治经验有十几条、几十条，但归根结底就是中国特色社会主义法治道路这一条。它决定着中国法治的政治方向，引领着中国法治的发展，决定着中国特色社会主义法治不走老路、弯路和邪路。

最后，习近平法治思想是系统缜密的法治理论体系。一般来说，思想是系统化的理论。习近平法治思想是系统化的中国特色社会主义法治理论。习近平法治思想内涵丰富、论述深刻、逻辑严密、系统完备，从历史和现实相贯通、国际和国内相关联、理论和实际相结合上深刻回答了新时代为什么实行全面依法治国、怎样实行全面依法治国等一系列重大问题，对于全面依法治国具有重大指导意义。习近平法治思想“在概念上系统集成、在话语上自成一体、在逻辑上有机衔接，展现出鲜明的理论风格、深厚的历史底蕴、开放的全球思维和雄浑的实践伟力，蕴含着睿智的法律哲理、鲜活的法治道理、深刻的法学原理、隽永的法理情怀”①。

（四）原创性

原创是指最早的创作、首创。原创性是指“作品等具有的首先创作或创造而非抄袭或者模仿的性质”②。原创性重在强调首先创作或者创造，并不刻意追求作品的价值和新颖。

有学者把理论的原创性概括为七种情况：“完善性理论创新，克服前人理论上的局限和缺陷；发展性理论创新，发展和阐发前人已有的理论研究成果；阐释性理论创新，从理论上阐释一个新道理；开创性理论创新，填补理论研究的某种空白；原发性理论创新，提出新理念新思想新战略，提出新的理论框架、理论范式和研究方法；推进性理论创新，解决存在的一些问题；整合性理论创新，梳理归纳、整合提升前人的

---

① 张文显．习近平法治思想的理论体系．法制与社会发展，2021（1）.

② 中国社会科学院语言研究所．现代汉语词典．6版．北京：商务印书馆，2012：1599.

理论研究成果。”[①]这七种情况是对理论原创性的列举，其中的每一种情况都能独立构成理论的原创性。但思想的原创性就不仅仅由其中的一种情况单独构成，可能是几种、多种情况的共同出现才构成思想的原创性。

习近平法治思想的原创性来源于新时代法治实践的迫切需求。实践是理论之母，理论来源于实践并在实践中不断创新和发展。“党的百年奋斗成功道路是党领导人民独立自主探索开辟出来的，马克思主义的中国篇章是中国共产党人依靠自身力量实践出来的”[②]。中国特色社会主义法律体系形成之后，如何推进中国法治发展，如何以法治保障社会主义现代化建设，是实践提出的迫切需要回答的重大问题。自党的十八大以来，习近平总书记围绕坚持全面依法治国发表了一系列重要论述，深刻回答了新时代为什么实行全面依法治国、怎样实行全面依法治国等一系列重大问题。

习近平法治思想的原创性主要表现为“十一个坚持”。“十一个坚持”既有战略创新，如“坚持中国特色社会主义法治道路”，也有制度创新，如“坚持全面推进科学立法、严格执法、公正司法、全民守法”，还有工作创新，如“坚持建设德才兼备的高素质法治工作队伍”，等等。

从内容来看，习近平法治思想的原创性可以细分为以下三个方面：

首先，习近平法治思想擘画了全面依法治国的总目标：建设中国特色社会主义法治体系、建设社会主义法治国家。建设中国特色社会主义法治体系是总抓手，也是推进国家治理体系和治理能力现代化的重大举措；建设社会主义法治国家是法治中国的宏伟蓝图，两者共同构成全面依法治国

① 韩庆祥．习近平新时代中国特色社会主义思想的原创性贡献．中共中央党校（国家行政学院）学报，2019（3）．

② 习近平．高举中国特色社会主义伟大旗帜 为全面建设社会主义现代化国家而团结奋斗：在中国共产党第二十次全国代表大会上的报告（2022年10月16日）．求是，2022（21）．

的总目标。

其次，习近平法治思想提出了全面依法治国的根本政治保障。在实现法治总目标过程中，坚持党对全面依法治国的领导，坚持以人民为中心，坚持中国特色社会主义法治道路，坚持依宪治国、依宪执政，这些问题事关法治发展方向，坚持得好还是不好直接决定着中国特色社会主义法治的道路和命运，关系到党和国家的长治久安。

最后，习近平法治思想谋划了全面依法治国的一系列重大战略。建设中国特色社会主义法治体系，依法治国、依法执政、依法行政共同推进，法治国家、法治政府、法治社会一体建设，在法治轨道上推进国家治理体系和治理能力现代化，这些重大战略安排能够从宏观上落实和保证法治目标的实现。习近平法治思想对“科学立法、严格执法、公正司法、全民守法”“统筹推进国内法治和涉外法治”“依法治国与依规治党”“依法治国与以德治国”等法治重大问题的规划和安排，推动法治进程不断深入，不断推进中国特色社会主义法治与时俱进。

习近平法治思想的原创性是新时代法治理论和实践发展的内在规律决定的，是马克思主义法治理论不断中国化的必然结果，是中华传统法治文明守正创新的历史必然。

二、习近平法治思想的重大意义

习近平法治思想之所以是全面依法治国的根本遵循和行动指南，原因在于其对法治理论的反思，对法治实践的洞察，以及对法治发展的预见。习近平法治思想不仅具有重大的理论意义、历史意义和实践意义，还具有重要的民族意义和世界意义。正是在习近平法治思想的指导下，在全党和全国各族人民的共同努力下，“社会主义法治国家建设深入推进，全面依法治国总体格局基本形成，中国特色社会主义法治体系加快建设……法治中国建设开创新局面”[①]。

（一）理论意义

恩格斯曾经说过：“……马克思的整个世界观不是教义，而是方法。它提供的不是现成的教条，而是进一步研究的出发点和供这种研究使用的方法。”[②]作为一种科学法治理论的习近平法治思想是我们学习、研究法学问题和解决法治难题的重要理论工具。

首先，习近平法治思想系统回答了为什么要坚持全面依法治国。从坚持全面依法治国的必要性来看，“全面依法治国，是坚持和发展中国特色社会主义的本质要求和重要保障，是实现国家治理体系和治理能力现代化的必然要求，事关我们党执政兴国，事关人民幸福安康，事关党和国家事业发展”[③]。从历史经验总结看，我们什么时候重视法治、法治昌明，什么时候就国泰民安；什么时候忽视法治、法治松弛，什么时候就国乱民怨。从“四个全面”战略布局看，全面依法治国是全面建设社会主义现代化强国、全面深化改革和全面从严治党的法治保障，不全面依法治国，国家生活和社会生活就不能有序运行，就难以实现社会和谐稳定。因此，坚持全面依法治国具有必要性、必然性和重大意义。

其次，习近平法治思想系统阐释了什么是全面依法治国，也就是全面依法治国的科学内涵。全面依法治国的原则是党的领导、人民当家作主和依法治国的有机统一；全面依法治国的总目标是建设中国特色社会主义法治体系、建设社会主义法治国家；党的领导是推进全面依法治国的根本保证；全面依法治国必须坚持中国特色社会主义法治道路，在法治轨道上推进国家治理体系和治理能力现代化；全面依法治国的战略部署和工作任务

① 习近平．高举中国特色社会主义伟大旗帜 为全面建设社会主义现代化国家而团结奋斗：在中国共产党第二十次全国代表大会上的报告（2022年10月16日）．求是，2022（21）．

② 马克思恩格斯文集：第10卷．北京：人民出版社，2009：691．

③ 习近平．论坚持全面依法治国．北京：中央文献出版社，2020：170．

是坚持依法治国、依法执政、依法行政共同推进，法治国家、法治政府、法治社会一体建设，建设中国特色社会主义法治体系，全面推进科学立法、严格执法、公正司法、全民守法，统筹推进国内法治和涉外法治；全面依法治国的主体建设是坚持建设德才兼备的高素质法治工作队伍，抓住领导干部这个“关键少数”。

最后，习近平法治思想在法治基本原理方面具有开创性意义。习近平法治思想不仅科学回答了为什么全面依法治国和如何全面依法治国等法治的基本问题，还开创性地发展了法治的基本原理。习近平法治思想在法治基本原理方面，“回答时代之问、萃取时代精义、弘扬时代之魂，体现了我们党在长期法治建设、改革、发展实践中对法治的法理本质、根本特征、一般规律的科学把握和理性认识，反映了我们党在深化、丰富、拓展法治真理上的洞察力、批判力、创造力，为我们认识法治构建了科学的解释系统，为我们践行法治树立了鲜明的理论旗帜，为我们研究法治确立了先进的研究范式”[①]。比如，习近平法治思想中所蕴含的良法善治理论，就是对法律治理理论的发展。“法律是治国之重器，良法是善治之前提”[②]，善治需要良法，良法保障善治，符合社会主义道德要求、体现社会主义核心价值观的良法有利于善治的实现。

（二）历史意义

习近平法治思想具有深厚的历史渊源，这也是习近平法治思想能够立足当下、面向未来，不断发展和完善的底气所在。

首先，习近平法治思想继承了中华传统法治文明的优秀成果。习近平总书记指出：“我国古代主张民惟邦本、政得其民，礼法合治、德主刑辅，为政之要莫先于得人、治国先治吏，为政以德、正己修身，居安思危、改

① 张文显．习近平法治思想的理论体系．法制与社会发展，2021（1）.

② 中共中央关于全面推进依法治国若干重大问题的决定．北京：人民出版社，2014：8.

易更化，等等，这些都能给人们以重要启示。”[①] 习近平法治思想中“坚持以人民为中心”的理念是对“民惟邦本”传统思想的继承和发展；良法善治理论是对“立善法于天下，则天下治；立善法于一国，则一国治”传统思想的继承和发展；全面推进依法治国理论继承了“国无常强，无常弱。奉法者强则国强，奉法者弱则国弱”传统思想的优秀基因；等等。因此说，习近平法治思想继承了中华传统法律文化的优秀基因，汲取了传统法律理论的理性要素，吸收了传统法律制度的合理成分，具有坚实的历史根基和深厚的传统法治文化基因。[②]

其次，习近平法治思想吸收了革命战争年代的法治经验。1931 年 11 月，中国共产党在江西瑞金颁布并实施的《中华苏维埃共和国宪法大纲》规定了实现广大民众真正的民权主义、实现劳动群众自己的政权等宪法原则，并规定了苏维埃公民在法律面前人人平等、人人享有的基本权利和自由。1938 年 4 月通过的《陕甘宁边区土地所有权证条例》和 1939 年 4 月通过的《陕甘宁边区婚姻条例》《陕甘宁边区土地条例》等法律，逐步构筑起保护人民权益的法律体系。1946 年 4 月，中国共产党在陕甘宁边区通过并实施的《陕甘宁边区宪法原则》规定了人民代表会议、人民监督权力、民族区域自治等制度，还规定了人民享有获得政府帮助权、免于贫困、免于愚昧及不健康等多种基本权利。[③] 为了保证人民基本权利的实现，边区司法机关逐步形成了便民利民、践行群众路线的“马锡五审判方式”。中国共产党在革命战争年代的法治探索中形成的人民权利观、政权理论、法律面前人人平等原则等法治理念是习近平法治思想的重要历史渊源。

---

① 习近平：牢记历史经验历史教训历史警示 为国家治理能力现代化提供有益借鉴．人民日报，2014-10-14（01）．

② 吕廷君．习近平法治思想的历史渊源：中华优秀传统法律文化．前线，2021（2）．

③ 韩延龙，常兆儒编．革命根据地法制文献选编：上卷，中卷，下卷．北京：中国社会科学出版社，2013．

再次，习近平法治思想汲取了中国共产党执政七十余年的法治经验和理论。在新中国成立之初，党和国家重视立法，重视法治在维护国家政权方面的作用，不仅颁行了宪法，还制定了婚姻法、工会法、土地改革法等一系列法律。毛泽东同志还强调："一个团体要有一个章程，一个国家也要有一个章程，宪法就是一个总章程，是根本大法。用宪法这样一个根本大法的形式，把人民民主和社会主义原则固定下来……使全国人民感到有一条清楚的明确的和正确的道路可走，就可以提高全国人民的积极性。"[①] 在改革开放初期，党和国家更加强调法制的重要作用，提出了"有法可依、有法必依、执法必严、违法必究"的法制建设十六字方针，提出了民主与法制相结合、建立法律体系等一系列重大问题。习近平法治思想的核心内容正是在这些法治建设的实践经验和思想理论基础上发展起来的。

最后，习近平法治思想是对自党的十八大以来全面依法治国实践和理论的总结和凝练。自党的十八大以来，我国社会主义法治建设发生了历史性变革、取得了历史性成就，全面依法治国实践取得了重大进展。习近平总书记围绕坚持全面依法治国发表了一系列重要论述，深刻回答了新时代为什么实行全面依法治国、怎样实行全面依法治国等一系列重大问题，形成了习近平法治思想，明确了全面依法治国的指导思想、发展道路、工作布局、重点任务，是全面依法治国的根本遵循和行动指南，必须长期坚持、不断丰富发展。[②]

习近平法治思想传承了中华优秀传统法律文化，继承和发展了中国共产党在革命、建设和改革时期的法治经验、法治理论。"习近平法治思想凝结着中国共产党人在法治建设长期探索中形成的经验积累和智慧结晶，标志着我们党对共产党执政规律、社会主义建设规律、人类社会发展规

① 逄先知，金冲及. 毛泽东传（1949—1976）：上. 北京：中央文献出版社，2003：334.
② 习近平. 论坚持全面依法治国. 北京：中央文献出版社，2020：出版说明：1.

律的认识达到了新高度，开辟了21世纪马克思主义法治理论和实践的新境界。”[①]

（三）实践意义

“习近平法治思想扎根中国特色社会主义法治实践沃土，在推动更高水平良法善治的时代进程中彰显实践品格、展现实践伟力。”[②] 习近平法治思想产生于新中国成立以来，尤其是改革开放以来的社会主义建设实践，并反过来对中国特色社会主义建设具有重要的指导意义。

首先，从“四个全面”的关系看，全面依法治国与全面深化改革、全面从严治党是实现全面建成社会主义现代化强国的重大战略举措，要把全面依法治国放在“四个全面”的战略布局中把握。全面依法治国的意义十分重大：“没有全面依法治国，我们就治不好国、理不好政，我们的战略布局就会落空。”[③]

其次，习近平法治思想对于实现国家治理体系和治理能力现代化具有重大意义。习近平法治思想是关于全面依法治国的根本遵循和行动指南，法治是国家治理体系和治理能力现代化的重要依托。坚持全面依法治国，是中国特色社会主义制度和国家治理体系的显著优势。“只有全面依法治国才能有效保障国家治理体系的系统性、规范性、协调性，才能最大限度凝聚社会共识。”[④] 在全面建设社会主义现代化强国的伟大实践中，要充分发挥法治固根本、稳预期、利长远的重要作用。这就需要我们党不断提高依法治国、依法执政的能力，用法治保障人民当家作主制度体系的实现，坚持和完善中国特色社会主义法治体系，更好发挥法治对改革发展稳定的引领作用。“坚持顶层设计和法治实践相结合，提升法治促进国家治理体

① 栗战书. 习近平法治思想是全面依法治国的根本遵循和行动指南. 求是，2021（2）.
② 胡明. 深刻认识习近平法治思想的重大意义. 人民日报，2020-12-15（09）.
③ 习近平. 论坚持全面依法治国. 北京：中央文献出版社，2020：145.
④ 习近平. 论坚持全面依法治国. 北京：中央文献出版社，2020：3.

系和治理能力现代化的效能”[①]。

最后，习近平法治思想对于应对重大挑战、抵御重大风险、克服重大阻力、解决重大矛盾等新的社会实践具有重大指导意义。新时代、新实践，新挑战、新风险，需要我们运用法治思维和法治方式解决问题。习近平法治思想为新时代的法治实践提供了新遵循、新指南，无疑会有利于我们面对和解决各类新的法治问题和实践难题。

（四）民族意义

纵观中国历史，法治在国家治理中的地位从来没有像今天这样高，历史上从来没有形成国家战略意义上的法治指导思想。先秦时期法家倡导的以法治国，强调的是把法律作为维护君主、诸侯等统治集团的意志和利益的统治手段，而不是为民造福的国家战略。在此后两千多年的封建社会中，中华传统法治文明虽然也创造了一些值得汲取的优秀法律文化，但都没有成为国家治理的指导思想。

实现中华民族的伟大复兴是中国人民千百年来的梦想，也是中国共产党人接续奋斗、矢志不渝的宏伟目标。实现中华民族的伟大复兴必须从中国实际出发，走中国特色社会主义道路。“只有扎根本国土壤、汲取充沛养分的制度，才最可靠、也最管用。”[②] 中国特色社会主义道路是正确解决了人治和法治之关系的道路，全面依法治国是中国特色社会主义道路的重要保障。习近平法治思想必将成为保障中国特色社会主义制度和中国特色社会主义道路行稳致远、实现中华民族伟大复兴的重要指导思想。

中国特色社会主义进入新时代后，我国社会的主要矛盾已经转化为人民日益增长的美好生活需要和不平衡不充分的发展之间的矛盾，实现中华民族伟大复兴到了一个关键和重要的阶段。当前，随着全面建成小康社

① 习近平．论坚持全面依法治国．北京：中央文献出版社，2020：275.

② 习近平．论坚持全面依法治国．北京：中央文献出版社，2020：78.

会，人民对美好生活的需求已经从物质和基本精神需求向更高、更美好的社会需求转变，人民对于民主、法治、公平、正义、安全、环境等方面的要求更丰富、更高。这就要求我们在现阶段持之以恒地提升运用法治思维和法治方式解决问题的能力，就需要一个扎根中国大地、汲取人类优秀法治文明成果的思想理论来予以引领和指导。在这个意义上，坚守人民立场、产生于丰富社会实践的习近平法治思想，必将在实现中华民族伟大复兴的关键阶段扮演重要角色。

因此，在中华民族生生不息的历史长河中，习近平法治思想必将由于其发挥的重要作用而具有重大的民族意义。

（五）世界意义

当今世界正面临百年未有之大变局，世界多极化、经济全球化、社会信息化、文化多样化深入发展，全球治理体系和国际秩序变革加速推进，和平发展大势不可逆转。同时，世界也面临着一些深层次的矛盾和问题，世界经济增长动能不足、贫富分化严重，单边主义、恐怖主义、网络安全、重大传染性疾病等问题困扰着各国发展，人类发展面临着许多挑战。如何迎接这些挑战？

首先，“……各国人民同心协力，构建人类命运共同体，建设持久和平、普遍安全、共同繁荣、开放包容、清洁美丽的世界”[①]。这应当是全人类共同的奋斗目标。构建人类命运共同体需要遵循国与国之间互相尊重、平等协商、通过对话交流解决争端和矛盾的原则，需要运用法治思维和法治方式维护各国利益，而不是动辄运用军事打击、强权政治等单边主义方式解决问题。

其次，全球治理变革的重点在于倡导国家关系的民主化，坚持国家不分大小、强弱、贫富一律平等，支持联合国发挥积极作用。习近平总书记

① 习近平谈治国理政：第3卷．北京：外文出版社，2020：46.

指出，“中国将继续发挥负责任大国作用，积极参与全球治理体系改革和建设，不断贡献中国智慧和力量”[①]。习近平法治思想强调统筹国内法治和涉外法治，加快涉外法治工作战略布局，协调推进国内治理和国际治理，推动构建人类命运共同体。因此，习近平法治思想的国际视野和世界格局必将为应对当今世界面临的一系列风险挑战提供具有操作性的法治方案。

最后，人类命运共同体的构建应当以“和平、发展、公平、正义、民主、自由”的人类共同价值为基础，尊重各国主权和领土完整，协调各国利益冲突，推动全球治理变革。习近平总书记指出：“人类命运共同体，顾名思义，就是每个民族、每个国家的前途命运都紧紧联系在一起，应该风雨同舟，荣辱与共，努力把我们生于斯、长于斯的这个星球建成一个和睦的大家庭，把世界各国人民对美好生活的向往变成现实。”[②]因此，不同国家、不同民族、不同发展道路之间应该和平包容、共同发展，任何一个国家都不能搞双重标准，不能以合则用、不合则弃的态度处理国际关系，应该在公平正义的基础上进行国际交往，在互惠互利的关系中发展国家与国家的关系。

综上所述，习近平法治思想为国与国之间对话协商、共建共享、合作共赢、交流互鉴，提供了中国智慧和中国法治方案。

三、习近平法治思想的思维方法

思维是人类认识世界的精神活动，思维的方式方法决定着认识世界的客观性和科学性。习近平法治思想产生和发展过程中所体现出来的思维方法对于我们理解这一思想理论的科学性、系统性具有重要意义。

---

① 习近平谈治国理政：第 3 卷．北京：外文出版社，2020：47.

② 携手建设更加美好的世界——在中国共产党与世界政党高层对话会并发表主旨讲话．人民日报，2017-12-02（02）.

（一）历史思维

习近平法治思想的历史思维是把法治放在人类法治史、中国法治史中进行观察和思考，并不断寻找法治发展的历史规律的思维方法。

首先，历史思维是一种把现实放到历史长河中认识和思考的思维方法。习近平法治思想的历史思维主要表现为：把中国特色社会主义法治放到人类和中华民族法治发展的历史长河中来认识和把握。这种思维方法有助于以历史为源、以历史为根，发扬光大历史积淀下来的优秀文明成果。“法治是人类文明的重要成果之一，法治的精髓和要旨对于各国国家治理和社会治理具有普遍意义，我们要学习借鉴世界上优秀的法治文明成果。”[①]我国古代法制蕴含十分丰富的法治资源，中华法系在世界法系中曾经领先并独树一帜。“我们的先人们早就开始探索如何驾驭人类自身这个重大课题，春秋战国时期就有了自成体系的成文法典，汉唐时期形成了比较完备的法典。”[②]所以，我们要挖掘和传承中华传统法律文化的精华，汲取营养，择善而用。

其次，历史思维是一种把社会看作连续发展、不能任意割裂的思维方法。习近平总书记在谈到我国的民法典时说道：民法典系统整合了新中国成立七十多年来长期实践形成的民事法律规范，汲取了中华民族五千多年优秀法律文化，借鉴了人类法治文明建设的有益成果。在我国革命、建设、改革各个历史时期，我们党都高度重视民事法律的制定、实施，在革命战争年代是这样，在新中国成立后也是这样。自改革开放以来，我国的民商事法制建设步伐加快，为编纂民法典奠定了基础、积累了经验。“党的十八大以来，我们顺应实践发展要求和人民群众期待，把编纂民法典摆

① 习近平．论坚持全面依法治国．北京：中央文献出版社，2020：111．

② 习近平．论坚持全面依法治国．北京：中央文献出版社，2020：110．

上重要日程。”[①] 所以说，民法典的颁布实施，实现了几代人的夙愿。这就是一种典型的历史思维！这种思维方式昭示我们：今天的民法典不是凭空产生的，是从历史中走来的，是行走在人类法治文明、中华传统法治文明和现代法治文明延长线上的法治成果。

最后，历史思维是一种向历史学习，向历史要智慧、要方法的思维方法。习近平法治思想从中华优秀传统法律文化的历史渊源中，从马克思主义法治理论的思想渊源中，从人类法治文明的共同成果中，汲取了丰富的思想理论和文化营养。习近平法治思想不是凭空产生的，而是行走在自新中国成立以来法治实践探索延长线上的思想理论。习近平法治思想中强调的中国特色社会主义法治道路、法治理论、法治体系、法治文化，都不是凭空产生的，都与中华法治文明传统和人类法治发展史具有密不可分的关系。习近平法治思想不仅从中国先秦时期的法家、儒家，从汉代以降的历朝历代的优秀传统法律文化中汲取了丰富的文化滋养，而且还传承了自新中国成立以来的社会主义法制建设经验和法治理论成果——习近平法治思想传承了毛泽东同志关于人民代表大会制度[②]，邓小平同志关于民主与法制、关于立法[③]，彭真同志关于立法要统筹协调利益关系[④]，胡锦涛同志关于以人为本、执法为民[⑤]等的重要思想理论。

（二）战略思维

“战略思维是对重大问题进行全局、长远和系统性筹划，是总揽和驾驭当下与未来的思维方式，包括战略分析、战略层次、战略布局、战略结构、战略规划以及由战略思维而引发的战略行为。”[⑥] 法治的战略思维就是

① 习近平．论坚持全面依法治国．北京：中央文献出版社，2020：278.
② 习近平．论坚持全面依法治国．北京：中央文献出版社，2020：69，83.
③ 习近平．论坚持全面依法治国．北京：中央文献出版社，2020：8，18，171，85.
④ 习近平．论坚持全面依法治国．北京：中央文献出版社，2020：20.
⑤ 习近平．论坚持全面依法治国．北京：中央文献出版社，2020：47.
⑥ 陈金钊．法治战略研究及其意义．江海学刊，2016（2）：150.

对权利与权力的关系、公平正义价值、法治中国建设、法治道路选择、法治文化传承等重大法治问题进行思考、判断和决策的思维方法。

习近平法治思想的战略思维首先表现为：把依法治国确定为党领导人民治国理政的基本方略，把依法执政确定为党治国理政的基本方式，把“全面依法治国”与“全面建设社会主义现代化强国”、“全面深化改革”、“全面从严治党”一起作为党中央治国理政的战略布局。所以说，习近平法治思想首先是对法治大厦高屋建瓴的最顶层设计。

从内容看，我们可以把习近平法治思想的战略思维分为宏观和中观两个层次来分析。

第一，宏观层次的分析。

宏观层次的习近平法治思想的战略思维其实就是指对法治的总体布局和战略规划，比如：建设中国特色社会主义法治体系、建设社会主义法治国家的法治目标；依法治国、依法执政、依法行政共同推进，法治国家、法治政府、法治社会一体建设的法治中国设计；坚持中国共产党领导和坚持以人民为中心的中国特色社会主义法治道路等重大宏观战略布局。

我们以“法治中国”为例予以简要分析。法治是一个宏大叙事，除法治理念是一种绝对抽象的概念外，其他法治问题多数都能具象到一定实体上。“法治中国”就是习近平法治思想的战略思维中一个抽象与具象、理论和实体高度契合的宏大叙事。法治中国包括以人民为主体的依法治国、以执政党为主体的依法执政和以政府为主体的依法行政这三个最基本要素，这三个要素缺一不可，共同推进，才能形成法治中国建设的引领力量。法治中国最具象的实体就是法治国家、法治政府和法治社会这三个法治建设的“四梁八柱”。在一定意义上，法治国家目标的实现依赖法治政府和法治社会这两个支柱的共同发力，“法治政府建设是全面依法治国的重点任务和主体工程”，“法治社会是构筑法治国家的基础”①。这两个支柱牢固坚实了，法治国家的根基才稳固，法治中国才能实现并行稳致远。

第二，中观层次的分析。

中观层次的习近平法治思想的战略思维是指对法治的战略部署和战略安排，比如人民权益与权力监督、依宪治国和依宪执政、依法治国与以德治国、国内法治和涉外法治、法治工作队伍与领导干部“关键少数”等问题。

我们以“人民权益与权力监督问题”为例作一简要分析。全面依法治国必须体现人民利益、反映人民愿望、维护人民权益，保障人民享有广泛的权利和自由，实现人民对美好生活的向往。要保障人民权益，就必须科学配置和约束公权力，因此，法律制度建设要围绕授权、用权、制权等环节，合理确定权力归属，划清权力边界，厘清权力清单，强化权力流程控制，把权力关进制度的笼子里。在法学理论上，人民权益与权力监督是法治的基本问题——权利与权力的关系在新时代全面依法治国战略安排中的一个具体体现，当然也是习近平法治思想必须回答的重要战略问题。

（三）系统思维

系统思维是把事物放在普遍联系着的整体性结构中进行分析思考，对事物的结构、各个组成部分及其相互关系进行系统性研究的方法。简单来说，系统思维是把事物作为多方面联系的动态化整体加以研究的方法。

法治的系统思维就是把法治看作一个动态的、相互联系的结构性整体来分析研究，并研究解决整体与部分、各部分之间的优化组合问题的思维方法。习近平法治思想的系统思维主要表现为整体性思维、结构性思维和要素性思维三个方面。

① 习近平．高举中国特色社会主义伟大旗帜 为全面建设社会主义现代化国家而团结奋斗：在中国共产党第二十次全国代表大会上的报告（2022 年 10 月 16 日）．求是，2022（21）.

整体性思维认为，法治是一个不可割裂的复杂系统，要从法治的整体性出发，而不是从部分、从细枝末节出发去谋划法治建设。习近平总书记指出："全面依法治国是一个系统工程，要整体谋划，更加注重系统性、整体性、协同性。"[①]法治中国建设的共同推进、一体建设理论，建设中国特色社会主义法治体系、建设社会主义法治国家的全面依法治国总目标，既体现了习近平法治思想的战略思维，也体现了其系统思维中的整体性思维。

结构性思维注重法治系统内部的各个组成部分、各部分之间的相互关系、部分对整体的影响，等等。比如，中国特色社会主义法治体系包括完备的法律规范体系、高效的法治实施体系、严密的法治监督体系、有力的法治保障体系，以及完善的党内法规体系，就是对法治要素的一种结构性分析。再比如：科学立法、严格执法、公正司法、全民守法这个法治结构中，良法是善治之前提，也就是说，科学立法是严格执法、公正司法和全民守法得到实现的制度性前提，就是从法治结构各部分的关系出发认识科学立法的功能。

要素性思维是在结构分析的基础上，进一步深入各要素之间的关联性、协同性和有效性层面。例如，在坚持依法治国、依法执政、依法行政共同推进，法治国家、法治政府、法治社会一体建设过程中，"法治政府建设是重点任务和主体工程，要率先突破，用法治给行政权力定规矩、划界限，规范行政决策程序，加快转变政府职能"[②]，就是在法治中国各要素中突出法治政府建设的重要性，强调法治政府建设对法治国家和法治社会的重大影响。又如，在科学立法、严格执法、公正司法、全面守法各要素中，习近平总书记特别强调"公平正义是司法的灵魂和生命"，还特别引

① 习近平．论坚持全面依法治国．北京：中央文献出版社，2020：4.
② 习近平．论坚持全面依法治国．北京：中央文献出版社，2020：4.

用英国哲学家培根的话[①]来进一步强调，公正司法这个要素对于法治来说起到引领示范的“水源”作用。

（四）辩证思维

辩证思维是从事物内在矛盾的运动变化中，从各要素的相互联系中认识分析事物，以便从整体和本质上科学认识事物的思维方法。法治的辩证思维要求运用普遍联系的观点、发展的观点和对立统一的观点来研究法治，在正确处理好全面依法治国的几种重要的辩证关系的基础上科学认识法治，比如正确处理好法治与人治的关系、法治与改革的关系、法治与经济的关系、法治与政治的关系，等等。

我们以习近平法治思想强调的依法治国和以德治国的关系为例进行简要分析。法律和道德、法治和德治是中国法治建设中的一个重要问题。这个问题不仅关系到法律和道德这两种规则在社会治理中的地位与作用，更关涉法治和德治在全面依法治国战略部署中的地位与作用。法律是成文的道德，道德是内心的法律。在推进全面依法治国过程中，法安天下、德润人心，法治和德治两手都要抓、两手都要硬：“法律是准绳，任何时候都必须遵循；道德是基石，任何时候都不可忽视。”[②]法律的有效性有赖于道德的支持，道德的践行也有赖于法律的强制力保障。法治和德治不可分离、不可偏废，国家治理需要法律和道德协同发力、共治共进。“要坚持依法治国和以德治国相结合，实现法治和德治相辅相成、相得益彰。”[③]要强化道德对法治的支撑作用，道德教育要突出法治内涵；要把道德要求贯彻到法治建设中，运用法治手段解决道德领域中的突出问题。可见，

---

① “一次不公正的裁判，其恶果甚至超过十次犯罪。因为犯罪虽是无视法律——好比污染了水流，而不公正的审判则毁坏法律——好比污染了水源。”（习近平．论坚持全面依法治国．北京：中央文献出版社，2020：46．）

② 习近平．论坚持全面依法治国．北京：中央文献出版社，2020：165．

③ 习近平．论坚持全面依法治国．北京：中央文献出版社，2020：4．

习近平法治思想中关于法治和德治之关系的这些分析，很好地运用了普遍联系的观点、发展的观点和对立统一的观点，是辩证思维运用的典型案例。

辩证思维不仅有助于我们认识法治要素之间的关联性，认识法治的历史和发展，认识法治与改革、政治、经济的对立统一关系，还有助于我们通过法治及其要素的表象来认识法治的本质及内在规律。比如：对“坚持中国特色社会主义法治道路”的认识，就是通过与域外法治道路的横向对比、与法治中国建设探索历史的纵向比较，得出的科学性认识，这个认识反映了我国法治的人民立场这个全面依法治国的本质。在这个意义上，法治的辩证思维是一种从感性到理性、从表象到本质的认识方法，是习近平法治思想的一种非常重要的思维方法。

历史思维、战略思维、系统思维和辩证思维是相互贯通的：历史思维是纵向的、时间轴式的战略思维，战略思维是顶层的系统思维和辩证思维。习近平法治思想的思维方法是由马克思主义的立场、观点和方法决定的，在一定意义上，我们也可以说，思维方法决定了习近平法治思想是马克思主义法治理论中国化的最新成果。

第四讲
坚持党对全面依法治国的领导

习近平法治思想的基本精神和核心要义集中体现在“十一个坚持”上，其中首要的就是坚持党对全面依法治国的领导。这表明，党的领导在全面依法治国中具有统领性、全局性、决定性作用。全面依法治国是国家治理的一场深刻革命，是一项长期而重大的历史使命。为什么要坚持党对全面依法治国的领导？党对全面依法治国如何进行领导？怎样把坚持党的领导落实到全面依法治国的全过程和各方面？只有从理论上、思想上厘清这些基本问题，党对全面依法治国的领导才能够落到实处，全面推进依法治国的战略部署才能够顺利推进，人民幸福安康、国家长治久安才能够最终实现。

一、党的领导是推进全面依法治国的根本保证

中国共产党是中国特色社会主义事业的领导核心，党的领导是中国特色社会主义最本质的特征。自党的十八大以来，以习近平同志为核心的党中央将全面依法治国纳入“四个全面”战略布局，使其成为党领导人民治理国家的基本方略。习近平总书记强调：“党的领导是推进全面依法治国的根本保证”[①]。这一命题深刻回答了法治中国建设由谁来领导、为什么由其领导等根本性问题。

（一）坚持党的领导是我国社会主义法治建设的基本经验

党的十八届四中全会明确指出：“党的领导是中国特色社会主义最本

① 习近平．论坚持全面依法治国．北京：中央文献出版社，2020：2．

质的特征，是社会主义法治最根本的保证。把党的领导贯彻到依法治国全过程和各方面，是我国社会主义法治建设的一条基本经验。”中国的法治建设离不开党的领导，依法治国的每一进程、每一成就都是在党的领导下实现的。这既是新中国成立以来，特别是改革开放四十多年来，我国法治建设的历史经验，也是对法治中国建设现实实践的基本总结。在改革开放之初，邓小平同志在总结“文化大革命”教训的基础上，深刻认识到制度的根本性、全局性、稳定性、长期性作用，确立了“为了保障人民民主，必须加强法制”的思想，要求做到“有法可依，有法必依，执法必严，违法必究”，开启了中国特色社会主义法治建设新道路。随着改革开放的深入，党的十五大提出了依法治国、建设社会主义法治国家，强调依法治国是党领导人民治理国家的基本方略。党的十六大适时提出，要把坚持党的领导、人民当家作主和依法治国有机统一起来。党的十七大进一步强调，要全面落实依法治国基本方略，加快建设社会主义法治国家。自党的十八大以来，全面依法治国被纳入“四个全面”战略部署，坚持全面依法治国、推进法治中国建设也进入了一个新的发展阶段。

党领导依法治国是我们党在长期领导革命、建设、改革实践中，坚持把马克思主义基本原理与中国具体实际相结合，成功探索出的中国特色社会主义法治道路。在中国的法治语境下，法治最鲜明的特质是和“中国特色社会主义”联系在一起的：“党的领导是中国特色社会主义法治的本质特征和根本要求”，“社会主义法治必须坚持党的领导，党的领导必须依靠社会主义法治”。这是“中国之治”的根本原则在法治领域的体现。历史经验证明，不管我们在建设、改革、发展中做了哪些探索、哪些调试，坚持和完善党的领导这个大前提是从未改变过的。“改革开放以来，无论我们党对党政关系进行了怎样的调整，但有一条是不变的，就是邓小平同志所说的：‘我们要坚持党的领导，不能放弃这一条，但是党要善于领导’。”[①] “为什么我国能保持长期稳定，没有乱？根本的一条就是我们始终坚持共产党领导。”[②]

（二）坚持党的领导是中国法治与西方法治的最本质区别

习近平总书记指出：“法治是人类文明的重要成果之一，法治的精髓和要旨对于各国国家治理和社会治理具有普遍意义，我们要学习借鉴世界上优秀的法治文明成果。但是，学习借鉴不等于是简单的拿来主义，必须坚持以我为主、为我所用，认真鉴别、合理吸收，不能搞‘全盘西化’，不能搞‘全面移植’，不能照搬照抄。”[③] “我们有符合国情的一套理论、一套制度，同时我们也抱着开放的态度，无论是传统的还是外来的，都要取其精华、去其糟粕，但基本的东西必须是我们自己的，我们只能走自己的道路。”[④] 在法治建设上，我们走的是一条中国特色社会主义法治道路，该“特色”的“特”就在于坚持党的领导。离开了党的领导，中国特色社会主义法治就会成为无源之水、无本之木。

党的性质和宗旨决定了我国法治的本质特征。法治即良法善治，何为“良法”？如何“善治”？其判断标准与中国共产党的性质和宗旨紧密相连。中国共产党是中国工人阶级的先锋队，同时也是中国人民和中华民族的先锋队，中国共产党的宗旨就是全心全意为人民服务。除了工人阶级和最广大人民群众的利益，党没有自己特殊的利益。因此，党领导下的“良法善治”蕴含“以人民为中心”的法治理念，即“良法”必须真实反映自然、人性、经济、政治、社会、文化等方面的规律，“……不是什么法都能治国，不是什么法都能治好国……”[⑤]，要努力使“……每一项立法都符

① 习近平．论坚持党对一切工作的领导．北京：中央文献出版社，2019：230.

② 习近平．论坚持全面依法治国．北京：中央文献出版社，2020：223.

③ 2014 年 10 月 23 日习近平同志在党的十八届四中全会第二次全体会议上的讲话。

④ 2015年2月2日习近平同志在省部级主要领导干部学习贯彻党的十八届四中全会精神全面推进依法治国专题研讨班上的讲话。

⑤ 习近平．论坚持全面依法治国．北京：中央文献出版社，2020：20.

合宪法精神、反映人民意愿、得到人民拥护”[①]；“良法善治”还蕴含“以公正为生命线”的法治精神[②]：“全面依法治国，必须紧紧围绕保障和促进社会公平正义来进行。公平正义是我们党追求的一个非常崇高的价值，全心全意为人民服务的宗旨决定了我们必须追求公平正义，保护人民权益、伸张正义。”[③]而西方语境下的“宪政”法治是以“三权分立”“多党制”作为政治背书的，“三权分立”逻辑下的“司法独立”有其特定的制度基因。实际上，一定的法治制度在本质上体现了掌握国家政权的统治阶级意志的法权要求，超越政治的法治是不存在的。

中国特色社会主义法治道路、理论、制度、文化是中国特色社会主义道路、理论、制度、文化在法治领域的集中体现。“……每个国家的政治制度都是……由这个国家的人民决定的，都是在这个国家历史传承、文化传统、经济社会发展的基础上长期发展、渐进改进、内生性演化的结果。”[④]我们并不拒绝人类文明、政治文明的优秀成果，但“物之不齐，物之情也”。党的领导不仅仅是一个政治问题，也是一个法律问题，党领导下的中国特色社会主义法治根植于中国土壤的制度特质。“我国宪法以根本法的形式反映了党带领人民进行革命、建设、改革取得的成果，确立了在历史和人民选择中形成的中国共产党的领导地位。”[⑤]十三届全国人大一次会议审议通过的《中华人民共和国宪法修正案》，明确将“中国共产党领导是中国特色社会主义最本质的特征”载入现行《宪法》第 1 条之中。宪法是我们党长期执政的法律依据，我国宪法以根本法的形式载明了党在国家政权结构中总揽全局、协调各方的核心地位。

---

① 习近平．在庆祝全面人民代表大会成立六十周年大会上的讲话．求是，2019（18）.
② 张文显．习近平法治思想的理论体系．法制与社会发展，2021（1）.
③ 习近平谈治国理政：第 2 卷．北京：外文出版社，2017：129.
④ 习近平．论坚持全面依法治国．北京：中央文献出版社，2020：78.
⑤ 习近平．论坚持全面依法治国．北京：中央文献出版社，2020：92.

（三）坚持党的领导是新时代全面依法治国的必然要求

习近平总书记指出："当前我国正处于实现'两个一百年'奋斗目标的历史交汇期，坚持和发展中国特色社会主义更加需要依靠法治，更加需要加强党对全面依法治国的领导。"① 这一论述包含了两层意思：一方面，开启全面建设社会主义现代化国家新征程，推进国家治理体系和治理能力现代化，贯彻新发展理念、构建新发展格局，适应人民日益增长的美好生活需要，都对法治提出了新的更高要求。另一方面，深化全面依法治国实践，解决立法、执法、司法、守法各方面存在的突出问题和明显短板，啃掉法治领域改革面临的许多难啃的硬骨头，迫切需要党加强领导、统筹协调，带领人民不断跨越法治建设前进道路上新的"娄山关""腊子口"。

坚持党的领导是新时代全面依法治国的根本保证。党的领导地位不是自封的，而是历史的选择，是人民的选择，是党和国家事业不断发展的经验总结。（1）坚持党的领导为全面依法治国提供科学理论指导。自党的十八大以来，以习近平同志为核心的党中央从关系党和国家前途命运、长治久安的战略全局高度定位法治、布局法治、推进法治、厉行法治，把全面依法治国纳入"四个全面"战略布局，坚持党领导立法、保证执法、支持司法、带头守法，推动我国社会主义法治建设发生历史性变革、取得历史性成就，汇聚起推进法治中国建设的磅礴伟力，展现出建设社会主义法治国家的宏伟气象。（2）坚持党的领导确保全面依法治国顺利推进。全面依法治国是一个系统工程，需要在正确处理政治方向、重要地位、工作布局、重点任务、重大关系、重要保障等系列重大问题的基础上，系统设计和统筹科学立法、严格执法、公正司法、全民守法等各个环节，需要依法治国、依法执政、依法行政共同推进，需要法治国家、法治政府、法治社会一体建设。离开党的领导，全面依法治国就会失去灵魂、失去方向，就

① 习近平在 2018 年 8 月 24 日在中央全面依法治国委员会第一次会议上的讲话.

难以有效推进，社会主义法治国家就建不起来。

新时代法治建设对坚持和完善党的领导提出了更高的要求。当今世界正面临百年未有之大变局，新机遇新挑战层出不穷。“国际国内环境越是复杂，改革开放和社会主义现代化建设任务越是繁重，越要运用法治思维和法治手段巩固执政地位、改善执政方式、提高执政能力，保证党和国家长治久安。”[①]因此，新时代全面依法治国，对外，需要继续倡导规则之治、推动全球治理，为以规则为基础加强全球治理贡献中国智慧、提供中国方案。对内，一方面要坚持党总揽全局、协调各方的领导核心作用，加强顶层设计，由全面依法治国委员会统筹法治建设各领域工作，确保党的领导的实现；另一方面，要加强并改善党对依法治国的领导，不断提高党领导法治建设的水平，用法治思维和法治方式提高党的领导能力，确保党的领导主张贯彻到立法、执法、司法、守法的全过程和各方面。

（四）党的领导和社会主义法治是一致的

党和法治的关系是我国社会主义法治建设的核心问题。“党大还是法大？”一段时间以来，有人以西方法治为参照，在党的领导和依法治国的关系上，抛出了类似的质疑。对这个问题，我们不能含糊其词、语焉不详，要明确予以回答。就逻辑而言，党是政治组织，法是行为规则，两者分属不同的范畴，不存在谁比谁大的问题。死磕“党大还是法大”，究其本质是一些别有用心者在混淆视听，故意把党和法治对立起来，宣扬“党、法不能两立”；其目的是从“法治”问题上打开缺口，达到搞乱人心、否定党的领导和社会主义制度的目的。[②]就实际而言，在社会生活中，一些党员干部，特别是领导干部，法治观念不强，决策不讲程序，办事不依法依规，甚至以言代法、以权压法、徇私枉法。这些现象严重削弱了群

---

① 习近平．论坚持全面依法治国．北京：中央文献出版社，2020：2．

② 法治兴衰的核心问题．人民日报，2015-02-04（09）．

众对法治的信心，使群众产生了“权”大于“法”、“党”大于“法”的感受。就党的执政地位和领导地位而言，我们把党作为一个执政整体，不存在“党大还是法大”的问题；但具体到每个党政组织、每个领导干部，都必须服从和遵守宪法法律，就不能以党自居，就不能把党的领导作为个人以言代法、以权压法、逐利违法、徇私枉法的挡箭牌。

习近平总书记多次强调：“党和法的关系是一个根本问题，处理得好，则法治兴、党兴、国家兴；处理得不好，则法治衰、党衰、国家衰。”① 在我国，法是党的主张和人民意愿的统一体现，党领导人民制定宪法法律，党领导人民实施宪法法律，党自身必须在宪法法律的范围内活动。这就是党的领导力量的体现。党和法、党的领导和依法治国是高度统一的。中国共产党的领导是党和国家的根本领导制度，是国家制度与国家治理体系的关键和根本。党的领导与依法治国二者是并行不悖的，缺一不可。坚持在党的领导下依法治国、厉行法治，同时坚持党在宪法法律的范围内活动，这样才能真正实现党的领导、人民当家作主和依法治国有机统一，国家和社会生活法治化才能有序推进。正如有的群众所说：“党的领导和社会主义法治本质上是一致的，这个木鱼需天天敲。”②

中国特色社会主义法治最大的“特”就在于坚持党的领导，走中国特色社会主义法治道路，建设中国特色社会主义法治体系，建设社会主义法治国家。我们讲依宪治国、依宪执政，就包括坚持宪法确定的中国共产党领导地位不动摇，坚持宪法确定的人民民主专政的国体和人民代表大会制度的政体不动摇。我们要以清醒的理论自觉、坚定的政治立场，在党的领导下推进全面依法治国，防止法治建设南辕北辙、功败垂成。③

---

① 2015年2月2日习近平同志在省部级主要领导干部学习贯彻党的十八届四中全会精神全面推进依法治国专题研讨班上的讲话。

② 法治兴衰的核心问题．人民日报，2015-02-04（09）．

③ 付子堂，崔博．习近平法治思想的实践要求．光明日报，2021-01-08（11）．

二、坚持党对全面依法治国的领导的基本要求

把坚持党对全面依法治国的领导摆到首要位置，这是习近平法治思想的显著特征。党的领导不是抽象的而是具体的；不仅要“务虚”，而且要务实。加强和改善党对全面依法治国的领导，必须落实到全面依法治国的全过程和各方面。

（一）党对全面依法治国的政治领导

党的政治领导主要是指党在路线、方针、政策上的领导。党对全面依法治国的领导集中体现在党的路线、方针、政策上，体现在全面推进依法治国的实践过程中。习近平总书记指出，“全面推进依法治国这件大事能不能办好，最关键的是方向是不是正确、政治保证是不是坚强有力……”[①]。方向涉及根本、关系全局、决定长远，全面推进依法治国，方向要正确，政治保证要坚强。

党对全面依法治国的领导首先是政治领导。党章明确：中国共产党领导人民发展社会主义民主政治，走中国特色社会主义政治发展道路，扩大社会主义民主，建设中国特色社会主义法治体系，建设社会主义法治国家，巩固人民民主专政，建设社会主义政治文明。坚持党的领导、人民当家作主、依法治国有机统一，这是党领导下的中国法治与西方“超阶级”“超政党”“超国家”的口号式标榜的根本不同。“……党领导人民制定宪法法律，领导人民实施宪法法律，党自身必须在宪法法律范围内活动”[②]；“从中央到基层，一切党组织和党员的活动都不能同国家的宪法和法律相抵触”[③]。这是我国宪法所确认的党对人民作出的政治性承诺。事实上，

① 习近平．论坚持全面依法治国．北京：中央文献出版社，2020：91.

② 习近平．论坚持全面依法治国．北京：中央文献出版社，2020：201.

③ 胡耀邦．全面开创社会主义现代化建设的新局面：在中国共产党第十二次全国代表大会上的报告（一九八二年九月一日）．共产党员网，2012-09-27.

党的领导早已植入我国整个社会政治结构之中。这种领导地位是现行政治的制度化的运行规则，因而构成了法治的边界；这种领导地位更是一项宪法制度安排，因而构成了法治的灵魂。法治在党的领导下进行，党的领导在法治中体现，实际上反映了改革开放后中国制度建设和政治过程中党治与法治互嵌的事实。①

党对全面依法治国的政治领导，集中体现于党中央对全面依法治国实行集中统一领导的各个方面，具体表现如下：

（1）党的全国代表大会讨论决定依法治国的重大问题。党的十五大正式提出“进一步扩大社会主义民主，健全社会主义法制，依法治国，建设社会主义法治国家”。党的十六大强调把坚持党的领导、人民当家作主和依法治国有机统一起来，进一步明确了依法治国的本质特征和发展道路。党的十七大提出“全面落实依法治国基本方略，加快建设社会主义法治国家”，有力推进了中国特色社会主义法治建设。自党的十八大以来，我们党更加重视依法治国，强调法治是治国理政的基本方式，把全面依法治国提升到协调推进“四个全面”战略布局的新高度，开启了加快建设法治中国的新征程。党的十九大进一步明确“全面推进依法治国总目标是建设中国特色社会主义法治体系、建设社会主义法治国家”，将坚持全面依法治国纳入新时代坚持和发展中国特色社会主义的基本方略，明确到 2035 年“……人民平等参与、平等发展权利得到充分保障，法治国家、法治政府、法治社会基本建成，各方面制度更加完善，国家治理体系和治理能力现代化基本实现……”，并对深入推进依法治国作出总体部署。

（2）中央全会研究决定全面依法治国的重要部署。党的十八届四中全会审议通过了《中共中央关于全面推进依法治国若干重大问题的决定》，明确了全面依法治国的顶层设计和战略部署。党的十九届二中全会审议通

① 陈明明．双重逻辑交互作用中的党治与法治．学术月刊，2019（01）．

过了《中共中央关于修改宪法部分内容的建议》，对依宪治国、宪法实施作出重大部署。党的十九届四中全会审议通过了《中共中央关于坚持和完善中国特色社会主义制度、推进国家治理体系和治理能力现代化若干重大问题的决定》，明确要与时俱进完善、发展中国特色社会主义制度和国家治理体系，对坚持和完善中国特色社会主义法治体系，提高党依法治国、依法执政的能力作出系列重要部署。党的十九届五中全会在“十四五”时期经济社会发展的目标之中，将法治建设与国家治理效能提升有机结合，进一步明确了新要求新任务。

（3）中央工作会议专题研究全面依法治国重要工作。2020 年 11 月 16 日至 17 日，党的历史上第一次召开中央全面依法治国工作会议，确立了习近平法治思想，为深入推进全面依法治国提供了指导思想和理论指南。习近平法治思想科学回答了新时代全面依法治国的一系列重大理论和实践问题，是当前和今后一个时期全面依法治国的根本遵循。

（4）全面依法治国委员会专门研究全面依法治国重大事项。2018 年，党中央组建中央全面依法治国委员会。[①] 习近平总书记强调，党中央决定成立中央全面依法治国委员会，“……是贯彻落实党的十九大精神，加强党对全面依法治国集中统一领导的需要”，“……是研究解决依法治国重大事项、重大问题，协调推进中国特色社会主义法治体系和社会主义法治国家建设的需要”，“……是推动实现‘两个一百年’奋斗目标，为中华民族伟大复兴中国梦提供法治保障的需要”。中央全面依法治国“委员会是管宏观、谋全局、抓大事的……既要破解当下突出问题，又要谋划长远工作，把主要精力放在顶层设计上”[②]。

① 中央以下各省（自治区、直辖市）也建立了相应的机构，集中领导、高效决策、统一部署全面依法治国重大事项。

② 习近平．论坚持全面依法治国．北京：中央文献出版社，2020：222-225，235．

相应地，在地方层面，省（自治区、直辖市）市区县党的代表大会也把讨论全面依法治国的重大问题，以及本地方法治建设的重要安排作为会议的重要议题；全面依法治省（自治区、直辖市）市区县委员会专门研究本地方法治建设的重大事项。

（二）党领导全面依法治国的具体要求

习近平总书记指出："坚持党的领导，不是一句空洞的口号……"①，"全面依法治国，核心是坚持党的领导、人民当家作主、依法治国有机统一，关键在于坚持党领导立法、保证执法、支持司法、带头守法"②。党对全面依法治国的领导应当体现在党领导立法、保证执法、支持司法、带头守法的具体实践中。

1. 党领导立法

立法是重要的政治活动，党领导立法是一项重大政治原则。党领导立法，就是领导和推动国家立法机关将党的主张通过法定程序转化为国家意志，转化为全社会一体遵循的法律规则，保证党的路线方针政策贯彻实施。《中共中央关于加强党领导立法工作的意见》明确了党领导立法工作的指导思想、基本原则、制度机制、方式方法等基本内容。恪守党领导立法的政治原则，就是要坚持党始终总揽着立法工作的全局，确保立法要服从和服务于党的中心工作。具体而言，要领导和推进立法体制改革，进一步提高科学立法、民主立法、依法立法的水平；要领导和推进立法工作机制创新，进一步提高立法质量和效率；要领导和推进重要立法工作，进一步推动完善法律规范体系。

自改革开放以来我国立法方面的巨大成就，都是在党的领导下取得的。党领导立法工作的依据，主要是党中央和中央办公厅印发的三个重要文件，

① 习近平．论坚持全面依法治国．北京：中央文献出版社，2020：107.

② 习近平．论坚持全面依法治国．北京：中央文献出版社，2020：39.

即 1979 年 8 月中共中央办公厅印发的《彭真同志关于制定和修订法律、法规审批程序的请示报告》，1991 年 2 月中共中央印发的《中共中央关于加强对国家立法工作领导的若干意见》，以及 2016 年 2 月中共中央印发的《中共中央关于加强党领导立法工作的意见》（以下简称 2016 年《意见》）。这些文件针对在不同历史时期党如何领导立法工作提出了系列要求，对当代中国的立法乃至民主法制建设的全局性事业，产生了广泛、深刻影响。[①]

在党领导立法方面，要进一步明确几个问题：第一，如何认识党领导立法中的"党"，即谁可以代表党领导立法工作。这个问题长期以来并没有统一和明确的答案。根据彭真同志的意见，"只有中央的领导才是代表党的领导，任何一个党组织或者领导人如果离开了党的路线、方针、政策，都不能代表党说话，不能说反对支部书记或者某个领导人就是反党"[②]。党是政治组织，原则上，在中央一级，党的中央委员会、中央政治局、中央政治局常委会都可以代表党领导立法；在中央以下，党的地方委员会、地方党委常委会在地方立法中发挥领导主体作用。第二，如何认识党领导立法工作的性质？党的领导主要是政治、思想和组织的领导，党对立法工作的领导当然也包括政治、思想和组织的领导。但立法是一项非常特殊的工作，党领导这项工作是否等同于政治领导、思想领导、组织领导？对于这个问题，彭真在 1979 年向中央的报告中没有直接点明，但他在具体工作中将党对立法工作的领导界定为政治领导。1991 年《中共中央关于加强对国家立法工作领导的若干意见》明确指出，"中央对国家立法工作主要实行政治即方针政策的领导"；2016 年《意见》中的表述是"坚持主要实行政治领导，即方针政策领导"。根据上述文件可知，党对立

① 刘松山．党领导立法工作需要研究解决的几个重要问题．法学，2017（5）．

② 项淳一．关于学习宪法的几个问题（上）．人大工作通讯，1995（19）．

法工作的领导原则上主要是政治领导，即方针政策的领导。[①] 第三，如何处理党领导立法与立法机关工作的关系？2016 年《意见》明确指出，“党领导立法工作必须在宪法法律范围内进行，不允许随意干预甚至替代立法活动”，要“做好党领导立法工作程序与立法程序的对接，不允许以党内程序代替立法程序”。因此，党领导立法工作，应当坚持有利于增强而不是削弱人大及其常委会权威的原则，在领导立法工作的过程中，坚持人民主体地位，切实充分发挥人大及其常委会的主导作用。

2. 党保证执法

党保证执法是党领导全面依法治国的重要环节，也是党依法执政的基本要求。[②] 习近平总书记强调：“行政机关是实施法律法规的重要主体，要带头严格执法，维护公共利益、人民权益和社会秩序。”[③] 党保证执法，就是要领导和推动各级政府加快建设职能科学、权责法定、执法严明、公开公正、智能高效、廉洁诚信、人民满意的法治政府，推动实现严格、规范、公正、文明执法。

从中国特色社会主义法治建设的实践推进看，党保证执法主要体现在两个方面：一是行政机关依法行政，以法治思维和法治方式开展工作；二是加强对行政权力的监督制约，着力解决执法不规范、不严格、不透明、不文明以及不作为、乱作为等问题。[④] 这也是党的二十大报告中进一步明确强调的“全面推进严格规范公正文明执法”[⑤] 的具体要求。

“行政执法同基层和百姓联系最紧密，直接体现我们的执政水平。”[⑥] 保

① 刘松山．党领导立法工作需要研究解决的几个重要问题．法学，2017（5）．

② 傅思明．领导立法带头守法保证执法：依法执政的根本要求．党建，2004（12）．

③ 习近平．论坚持全面依法治国．北京：中央文献出版社，2020：21．

④ 孙晓勇．党的领导是中国特色社会主义法治之魂．光明日报，2021-08-06（11）．

⑤ 习近平．高举中国特色社会主义伟大旗帜　为全面建设社会主义现代化国家而团结奋斗：在中国共产党第二十次全国代表大会上的报告（2022 年 10 月 16 日）．求是，2022（21）．

⑥ 习近平．论坚持全面依法治国．北京：中央文献出版社，2020：221．

证执法的着力点和主要抓手就是要领导和推动行政执法体制改革。党对执法环节的领导不是体现在党对具体行政活动的干预上，而是体现在党对行政执法组织机构的改革、党对行政执法权力的约束，以及党对整个行政执法体制的顶层设计和制度建构上。针对当前依然存在的执法不规范、不严格、不透明、不文明，以及不作为、乱作为等突出问题，要加快建立权责统一、权威高效的行政执法体制；要理顺执法体制，完善行政执法程序，全面落实行政执法责任制；要维护执法权威，提高执法机关的公信力，支持执法机关依法行政、依法办事；要领导和推动执法规范化建设，深化综合执法改革，统筹配置行政执法职能和执法资源，推动执法重心向基层政府下移；要健全执法机制，要完善执法程序，规范执法自由裁量权，创新执法方式，落实执法责任制；要完善执法监督机制，通过合理途径落实党对执法权的监督，即“党通过立法机关对行政机关依法实施监督”来控制行政权的行使，“党通过管理党政干部”来有效监督行政权[①]的行使；要领导和推动民生重点领域执法，依法打击损害人民群众切身利益的违法犯罪行为，增强人民群众的获得感、幸福感、安全感；要强化执法队伍建设，确保“执法者必须忠实于法律”；要靠培养、教育来增强党员干部尊崇宪法和法律的意识，提高其依法行政的能力。

3. 党支持司法

我国宪法以及人民法院组织法、人民检察院组织法、刑事诉讼法、民事诉讼法、行政诉讼法等都明确规定，人民法院、人民检察院依法独立行使审判权、检察权。党支持司法，就是支持和保障人民法院、人民检察院依法独立公正行使审判权、检察权，不受行政机关、社会团体和个人的干涉，切实维护司法的公正性和权威性。习近平总书记高度重视司法机关在社会主义法治建设中的地位和作用，提出“……要努力让人民群众在每一

① 汪火良，黄烜．党保证执法的法治方式．西部学刊，2019（15）．

个司法案件中都感受到公平正义，所有司法机关都要紧紧围绕这个目标来改进工作，重点解决影响司法公正和制约司法能力的深层次问题”，“要确保审判机关、检察机关依法独立公正行使审判权、检察权”①。

党的领导与司法机关独立行使职权之间并不矛盾。司法权来源于国家权力，是国家权力机关根据人民主权原则授予司法机关的一项专属权力。司法的职能在于定分止争、救济权利，维护人民群众的合法权益。在中国特色社会主义法治的视域内，司法机关依法独立行使职权，本身就是坚持党的领导。

党支持司法，就要处理好坚持党的领导与保证司法机关依法独立行使职权的关系。这要求各级党政机关和领导干部要支持司法机关依法独立公正行使职权，保障司法机关依法独立公正行使职权；要求健全司法机关分工负责、相互配合、相互制约的制度安排；要求加强对司法机关的监督，不得让司法机关做违反法定职责、有碍司法公正的事情。支持司法机关依法独立行使职权与对司法权的监督有机统一，是当下加强和改善党的领导，提升司法公正、司法能力、司法质量的关键；也是确保司法机关依法独立公正行使职权，加快建设公正高效权威的社会主义司法制度的关键。此外，还要加强司法队伍建设。习近平总书记明确要求：全国政法机关要顺应人民群众对公共安全、司法公正、权益保障的新期待，全力推进平安中国、法治中国、过硬队伍建设，深化司法体制机制改革，坚持从严治警，坚决反对执法不公、司法腐败，进一步提高执法能力，进一步增强人民群众安全感和满意度，进一步提高政法工作亲和力和公信力，努力让人民群众在每一个司法案件中都能感受到公平正义，保证中国特色社会主义事业在和谐稳定的社会环境中顺利推进。②

① 习近平．论坚持全面依法治国．北京：中央文献出版社，2020：22-23.

② 习近平．论坚持全面依法治国．北京：中央文献出版社，2020：17.

4. 党带头守法

带头守法就是指各级党组织和全体党员带头尊法学法守法用法，带动全社会形成办事依法、遇事找法、解决问题用法、化解矛盾靠法的良好法治环境。

一个国家的全体成员的法治观念、守法意识是这个国家法治建设的基础，也是这个国家法治状态的真实表现。习近平总书记反复倡导全民、全社会要增强守法意识，强调要引导全体人民遵守法律、有问题依靠法律来解决，形成守法光荣的良好氛围。“法律要发生作用，首先全社会要信仰法律。如果一个社会大多数人对法律没有信任感，认为靠法律解决不了问题，还是要靠上访、信访，要靠找门路、托关系，甚至要采取聚众闹事等极端行为，那就不可能建成法治社会。”①

带头守法与推进法治社会建设是同一的、一体的。党的二十大报告明确指出：法治社会是构筑法治国家的基础。加快建设法治社会，一要重视弘扬社会主义法治精神，传承中华传统优秀法律文化，引导全体人民做社会主义法治的忠实崇尚者、自觉遵守者、坚定捍卫者；二要重视法治宣传教育，坚持法治教育与法治实践相结合，不断提升全民的法治观念；三要“发挥领导干部示范带头作用，努力使尊法学法守法用法在全社会蔚然成风”②。

要塑造信法、守法的社会、公民，各级领导机关、党员领导干部应起示范作用。诚如《论语·子路》中所言，“其身正，不令而行；其身不正，虽令不从”。党的组织、党员、各级政权机关及其公职人员守法是最好的普法。党的十九大提出，各级党组织和全体党员要带头尊法学法守法

---

① 习近平．论坚持全面依法治国．北京：中央文献出版社，2020：24．

② 习近平．高举中国特色社会主义伟大旗帜 为全面建设社会主义现代化国家而团结奋斗：在中国共产党第二十次全国代表大会上的报告（2022 年 10 月 16 日）．求是，2022（21）．

用法，任何组织和个人都不得有超越宪法法律的特权，绝不允许以言代法、以权压法、逐利违法、徇私枉法。党员领导干部是全面依法治国的“关键少数”，应通过教育培训、考核评价等方式，强化“关键少数”带头尊崇法治、捍卫法治、厉行法治，不断提高运用法治思维和法治方式深化改革、推动发展、化解矛盾、维护稳定的能力，做尊法学法守法用法的模范。习近平总书记提出：“我们要把宪法教育作为党员干部教育的重要内容，使各级领导干部和国家机关工作人员掌握宪法的基本知识，树立忠于宪法、遵守宪法、维护宪法的自觉意识。”①

三、贯彻落实党对全面依法治国的领导

（一）健全党领导全面依法治国的基本制度和工作机制

党领导全面依法治国，要通过一系列的制度、机制来保证。作为政治体制的主要组成部分，党领导全面依法治国的制度和工作机制越健全，越有利于党对依法治国工作的领导，反之，则制约，甚至影响依法治国的推进。习近平总书记明确指出：“全面依法治国决不是要削弱党的领导，而是要加强和改善党的领导，不断提高党领导依法治国的能力和水平……”②

党领导全面依法治国体现在立法、执法、司法、守法的全过程和各方面，因此，党领导全面依法治国的制度性安排，也相应体现在党领导立法、保证执法、支持司法、带头守法之中。自党的十八大以来，我国法治建设的一个鲜明特点就是党对全面依法治国的战略统筹及组织化程度显著提升，成为法治中国建设向纵深推进的强大动力。中国共产党中央全面依法治国委员会的成立，实现了党对全面依法治国的集中领导、高效决策、统一部署。县级以上地方各级党委统筹协调本地区法治建设的议事协调机

① 习近平．论坚持全面依法治国．北京：中央文献出版社，2020：14．
② 习近平．论坚持全面依法治国．北京：中央文献出版社，2020：228．

构也相应成立，为加强党对全面依法治国的集中统一领导、统筹推进全面依法治国工作提供了组织保障。

在中央全面依法治国委员会以及地方各级党委法治建设议事协调机构的领导下，统筹整合各方面资源和力量，推进全面依法治国，着力破除深层次体制难题，研究解决重大矛盾问题，努力从制度安排上把坚持党的领导落细落实；推动地方、部门党委（党组）健全党领导依法治国的制度和工作机制，履行对本地区本部门法治工作的领导责任，找准切入点、着力点，切实做好各项法治建设工作；发挥好基层党组织在全面依法治国中的战斗堡垒作用，发挥好广大党员干部在全面依法治国中的先锋模范作用，加强基层法治机构和法治队伍建设，教育引导基层党组织和广大党员干部提高法治思维和依法办事能力，一步一个脚印，纵深推进基层法治建设。[①]

进一步健全党对全面依法治国的领导，还应当立足党的领导与全面依法治国的实践，深入学习宣传教育，统一思想认识，进一步健全依法治国委员会工作机制，确保法治工作与经济社会发展同部署、同推进、同督促、同考核、同奖惩。

（二）推进党对全面依法治国的领导制度化、法治化

法治的基本特征是制度之治、规则之治。既然党领导全面依法治国，党的领导本身也应当被纳入法治轨道，以实现制度化、法治化。习近平总书记明确指出："推进党的领导制度化、法治化，既是加强党的领导的应有之义，也是法治建设的重要任务"[②]。《法治中国建设规划（2020—2025年）》也明确提出，要"健全党的全面领导制度。推进党的领导入法入规，着力实现党的领导制度化、法治化"。

推进党的领导入法入规，即"贯彻落实宪法规定，制定和修改有关法

① 袁曙宏．坚持党对全面依法治国的领导．中国司法，2021（2）.

② 习近平．论坚持全面依法治国．北京：中央文献出版社，2020：223.

律法规要明确规定党领导相关工作的法律地位”。“将坚持党的全面领导的要求载入人大、政府、法院、检察院的组织法，载入政协、民主党派、工商联、人民团体、国有企业、高等学校、有关社会组织等的章程，健全党对这些组织实施领导的制度规定，确保其始终在党的领导下积极主动、独立负责、协调一致地开展工作。”[①] 这实际是法治服务政治，为政治提供保障的基本法理。

推进党的领导入法入规，基本要求是把宪法确认的党的领导充分体现在国家法律中，以国家法的形式保障党的领导定位，规范党的领导活动，实现党的领导法治化。党的领导入法的含义应当包含两个层面的内容：就实质而言，党领导立法，法是全体人民意志的反映；就形式而言，党的领导入法还表现在以国家法的形式表明党的领导、确保党的领导。近年来制定、修订的相应法律法规，已经明确写入了党的领导，如《公务员法》第 4 条规定：“公务员制度坚持中国共产党领导，坚持以马克思列宁主义、毛泽东思想、邓小平理论、‘三个代表’重要思想、科学发展观、习近平新时代中国特色社会主义思想为指导，贯彻社会主义初级阶段的基本路线，贯彻新时代中国共产党的组织路线，坚持党管干部原则。”该条为党的组织部门管理公务员提供了法律依据。《行政法规制定程序条例》第 3 条规定：“制定行政法规，应当贯彻落实党的路线方针政策和决策部署，符合宪法和法律的规定，遵循立法法确定的立法原则。”行政法治监督更是直接在党的领导下进行的，《监察法》第 2 条明确规定坚持中国共产党对国家监察工作的领导。[②]

推进党的领导入法入规不仅仅是立法技术问题，还应当遵循国家立法的一般原则和要求，以行政法领域为例：随着党和国家机构改革的深化，

① 中共中央关于加强党的政治建设的意见.

② 金国坤. 党政机构统筹改革与行政法理论的发展. 行政法学研究，2018（5）.

以及相应的党政关系的深度融合，作为国家宪制重要基础的行政立法必然要将党的领导纳入立法之中，问题在于如何纳入。最为基础的就是，将党对行政的全面领导作为行政法的基本原则，明确党与行政的关系，从而将党对行政的领导贯穿于依法行政的全过程和各方面。[①] 其他相关领域的立法原则上也应当如此，即党的领导一般在法的基本规定或者基本原则中体现，而不是介入具体的法律关系之内，体现在一般的关于法律主体、法律行为、法律责任的相关条款中。

推进党的领导入法入规，就党内法规制度建设而言，主要就是建立、完善党的领导法规制度，以党内法规规范党的领导活动、强化党的领导职责。自党的十八大以来，以习近平同志为核心的党中央高度重视党内法规制度建设，强调制度治党、依规治党，核心就是把党的活动纳入法治轨道。党的十九届四中全会强调："坚持和完善党的领导制度体系，提高党科学执政、民主执政、依法执政水平。"党的领导制度体系的主要内容是党的领导法规，即专门规范党的领导活动的党内法规。相较于党内法规制度体系的其他组成部分[②]，党的领导法规制度相对较为薄弱，还有很多不完善的地方，因此，党的十九届四中全会明确提出，要"完善党领导人大、政府、政协、监察机关、审判机关、检察机关、武装力量、人民团体、企事业单位、基层群众自治组织、社会组织等制度，健全各级党委（党组）工作制度，确保党在各种组织中发挥领导作用。完善党领导各项事业的具体制度，把党的领导落实到统筹推进'五位一体'总体布局、协调推进'四个全面'战略布局各方面"。自党的十八大以来，中央已经就党领导政法、宣传、机构编制、农村等工作，相继出台了《中国共产党政法工作条

---

① 金国坤．党政机构统筹改革与行政法理论的发展．行政法学研究，2018（5）．

② 根据《中共中央关于加强党内法规制度建设的意见》，党内法规体系是一种"1+4"的体系架构，其中的"1"即党章，"4"即党的领导法规、组织法规、自身建设法规、监督保障法规。

例》《中国共产党宣传工作条例》《中国共产党机构编制工作条例》《中国共产党农村工作条例》等党的领导法规，有力推进了党的领导制度化、规范化。

党的领导法规重点解决谁来领导、领导什么、怎么领导的问题，为党发挥总揽全局、协调各方的领导作用提供制度保障。“谁来领导”涉及领导主体问题：党是由中央组织、地方组织、基层组织组成的严密组织体系，在各级组织架构中又有党的纪律检察机关、党的工作机关、党组等相应组织机构。党的领导法规要明确各级各类党组织的领导职责，确保党的领导不缺位不错位。“领导什么”涉及党的领导范围问题：党的领导法规要贯彻全面领导原则，确立党在各领域各方面的领导地位，同时防止党组织包办国家机关和其他各类组织的工作。“怎么领导”涉及党的领导方式方法问题，包括命令指示、决策执行、监督制约、督察督办、问责追责等问题：党的领导法规应当详细规定党组织运用这些方式、手段的程序、机制，推动党的领导在制度轨道上行使、在阳光下运行。[①]

（三）通过法治保障党的路线方针政策有效实施

坚持党的领导是社会主义法治的根本要求，社会主义法治建设也必须为维护党的领导提供服务和保障。换言之，维护党的领导是法治的首要使命。[②] 习近平总书记指出：“全面推进依法治国，要有利于加强和改善党的领导，有利于巩固党的执政地位、完成党的执政使命，决不是要削弱党的领导。”[③] 这实际也是关于党的领导与法治之关系的基本论述。党的领导的实现需要通过法律的途径，需要法律的保障，反之，法律必然以党的领导为指导，服务于党的领导的要求。社会主义法治必须维护党的领导、捍卫

---

① 黄文艺．坚持党对全面依法治国的领导．光明日报，2021-02-08（08）.

② 张毅．论党的领导的法治意义．中国司法，2020（6）.

③ 习近平．论坚持全面依法治国．北京：中央文献出版社，2020：106.

党的领导，保障党的路线方针政策得到有效实施。

以法治保障党的路线方针政策有效实施，应当坚持“三统一”，做到“四个善于”。（1）要坚持“三统一”，加强和改进党对全面依法治国的领导，保障党的路线方针政策有效实施。党的领导、人民当家作主、依法治国有机统一是我国社会主义法治建设的一条基本经验。我国宪法以根本法的形式反映了党带领人民进行革命、建设、改革取得的成果，确立了在历史和人民的选择中形成的党的领导地位，因此，要树立宪法意识，维护宪法权威，旗帜鲜明地坚持党的领导、人民当家作主、依法治国有机统一。（2）要按照“四个善于”的要求，加强和改进党对全面依法治国的领导，保障党的路线方针政策有效实施。“四个善于”，即“善于使党的主张通过法定程序成为国家意志，善于使党组织推荐的人选通过法定程序成为国家政权机关的领导人员，善于通过国家政权机关实施党对国家和社会的领导，善于运用民主集中制原则维护中央权威、维护全党团结统一”①。

当然，在坚持“三统一”、做到“四个善于”的基础上，还需要正确处理党的政策和国家法律的关系。习近平总书记指出：“……要正确处理党的政策和国家法律的关系。我们党的政策和国家法律都是人民根本意志的反映，在本质上是一致的。党的政策是国家法律的先导和指引，是立法的依据和执法司法的重要指导。”② 党的有些政策会随着国家建设、改革的经验累积，上升为法律。坚持党的领导，推进全面依法治国，要善于充分运用法律来贯彻党的政策，保障党的政策有效实施；同时，党也应当善于运用法治思维和法治方式领导并推动法治工作。尤其对政法工作而言，党

① 中共中央关于全面推进依法治国若干重大问题的决定.（2014-10-28）[2022-11-25]. www.gov.cn.

② 习近平. 论坚持全面依法治国. 北京：中央文献出版社，2020：43.

的政策和法律是新时代政法工作的指针和方向，政法工作要坚持党的绝对领导，自觉维护党的政策和国家法律的权威性，确保党的政策和国家法律得到统一、正确实施；同时，党也要改革和完善领导方式与执政方式，提升领导能力与水平。

（四）提高党依法治国、依法执政的能力

党的十九届四中全会明确提出，要“坚持和完善中国特色社会主义法治体系，提高党依法治国、依法执政能力”。党是治国理政的核心，全面推进依法治国，要求更加注重改进党的领导方式和执政方式，实施依法执政。

提高党依法治国、依法执政的能力，首先要坚持依规治党和依法治国有机统一，坚持治国和治党统筹推进、一体建设。（1）通过加强党内法规制度建设，确保党依据党内法规约束、规范自身的领导、执政活动。这就要求党要管党、从严治党，全面加强党的思想建设、组织建设、作风建设、反腐倡廉建设、制度建设，增强自我净化、自我完善、自我革新、自我提高的能力，建设学习型、服务型、创新型的马克思主义执政党。[①]（2）通过加强法治建设，强化对权力的监督和制约，确保党的领导权、执政权在宪法法律范围内行使。（3）健全党委统一领导和各方分工负责、齐抓共管的责任落实机制，确保党始终成为中国特色社会主义事业的坚强领导核心。

提高党依法治国、依法执政的能力，还要特别重视制度实施。习近平总书记多次强调，好的法规制度如果不落实，只是写在纸上、贴在墙上、编在手册里，就会成为“稻草人”、“纸老虎”，不仅不能产生应有作用，反而会损害法规制度的公信力。[②]因此，要通过加强对法律法规实施

① 黄远固. 党和法治的关系是法治建设的核心问题. 重庆日报，2014-12-11（14）.

② 习近平从严治党十八警句. 人民日报，2016-07-01（09）.

的监督，把法律和制度优势转化为治理效能；要通过教育培训、考核等制度设计，强化各级党组织和党员、干部依法治国、依法执政的观念，提高其运用法治思维和法治方式深化改革、推动发展、化解矛盾、维护稳定、应对风险的能力。

第五讲 坚持以人民为中心

习近平总书记指出，“全面依法治国最广泛、最深厚的基础是人民，必须坚持为了人民、依靠人民”[①]。坚持以人民为中心，是习近平法治思想的根本立场和鲜明特征，贯穿于习近平法治思想的始终，是全面依法治国的根本遵循和前进方向。坚持以人民为中心，全面、深刻地回答了全面依法治国“为了谁、依靠谁、造福谁”的问题，揭示了全面依法治国的根本出发点和落脚点。

一、坚持以人民为中心的理由

（一）坚持以人民为中心是马克思主义唯物史观的基本观点

马克思主义唯物史观是马克思主义的立场、观点、方法的集中体现，是习近平法治思想以人民为中心理念的理论基石。

马克思主义唯物史观认为，人民是社会物质财富和精神财富的创造者，是社会变革的决定力量，一切社会活动应以人民为主体，以人民利益为核心。在马克思主义经典作家看来，在法治领域，人是社会主义法律的主体和目标，法治活动作为社会活动的一部分，应始终站在人民的立场，体现人民的意志，维护广大人民群众的利益，为实现人的全面自由和解放创造制度条件。马克思从唯物史观出发，形成了唯物主义法学观，深刻地指出：社会主义法的实质是人民意志的体现，“在民主制中，国家制度、法律、国家本身，就国家是政治制度来说，都只是人民的自我规定和人民

① 习近平．坚定不移走中国特色社会主义法治道路 为全面建设社会主义现代化国家提供有力法治保障．求是，2021（5）．

的特定内容”[①]。“只有使法律成为人民意志的自觉表现，也就是说，它应该同人民的意志一起产生并由人民的意志所创立。”[②] 人基于其赖以生存的物质生活条件，创造了国家、社会与法，因此，只有人才是法律的终极目标，“在民主制中，不是人为法律而存在，而是法律为人而存在”[③]。在法律中，要凸显人的地位，体现对人的尊重与关怀，维护人的利益，把人的世界还给人，实现人的全面解放，使法律真正“为人而存在”。这里说的“人”指的是广大人民群众。列宁坚持马克思主义唯物史观，进一步发展了马克思主义国家和法律学说，强调“革命的利益，工人阶级的利益——这就是最高的法律”[④]，由此确立了“人民的利益是最高的法律”原则。该原则将人民的意志、利益作为法律的出发点和准绳，成为评价法律好坏的根本依据。[⑤] 该原则成为列宁法治思想的基本立场，贯穿于列宁领导革命和建设的活动的始终。[⑥] 列宁还指出，社会主义法治对于保障人民权利至关重要，不仅要以法律形式确认人民的一般的自由与权利，还应当注重保障人民的当家作主、参与国家事务管理的政治权利。[⑦]

基于马克思主义唯物史观，人民是依法治国的主体和力量源泉，是推动发展的根本力量，必须坚持法治建设为了人民、依靠人民、造福人民、保护人民，以保障人民根本权益为出发点和落脚点，保证人民依法享有广泛的权利和自由，维护社会公平正义，充分调动人民的积极性、主动性、创造性。

---

① 马克思恩格斯全集：第 3 卷．2 版．北京：人民出版社，2002：41.

② 马克思恩格斯全集：第 1 卷．北京：人民出版社，1956：184.

③ 马克思恩格斯全集：第 3 卷．2 版．北京：人民出版社，2002：40.

④ 列宁全集：第 33 卷．2 版．北京：人民出版社，1985：189.

⑤ 郭道晖．人民的利益是最高的法律：学习列宁的法制思想．法学评论，1992（4）.

⑥ 李雪梅，段迎迎．列宁社会主义法制思想及其内在逻辑．长春理工大学学报（社会科学版），2017（4）.

⑦ 张文显．法理学．北京：高等教育出版社，2018：48.

（二）坚持以人民为中心由中国共产党的性质、宗旨所决定

中国共产党是中国工人阶级的先锋队，同时也是中国人民和中华民族的先锋队，代表中国最广大人民的根本利益。人民性、先进性是中国共产党的根本属性，中国共产党的根本宗旨是全心全意为人民服务，党性与人民性具有高度一致性、统一性。党章规定："……坚持全心全意为人民服务。党除了工人阶级和最广大人民群众的利益，没有自己特殊的利益。党在任何时候都把群众利益放在第一位，同群众同甘共苦，保持最密切的联系，坚持权为民所用、情为民所系、利为民所谋，不允许任何党员脱离群众，凌驾于群众之上。"党的二十大报告提出，"中国共产党是为中国人民谋幸福、为中华民族谋复兴的党"。"江山就是人民，人民就是江山。中国共产党领导人民打江山，守江山，守的是人民的心。"中国共产党根基在人民、血脉在人民、力量在人民。党与人民生死相依、休戚与共，始终保持血肉联系，是党战胜一切困难和风险的根本保证。[①]人民是中国共产党执政兴国的最大底气，人民性是中国共产党的鲜明底色与价值依归。

基于党性与人民性的高度一致性、统一性，在党的领导下依法治国，必须以最广大人民群众的根本利益为最高标准，始终把人民放在心中最高的位置，为人民的利益和幸福而努力奋斗。党的十九大报告提出，中国特色社会主义进入新时代，我国社会主要矛盾已经转化为人民日益增长的美好生活需要和不平衡不充分的发展之间的矛盾。站在历史的新起点、新方位，根据社会主要矛盾的变化，全面推进依法治国，充分运用法治手段，解决人民群众最关心最直接最现实的利益问题，保障全体人民的物质文化生活需要，满足民主、法治、公平、正义、安全、环境等新时代的美好生

---

① 人民日报评论员．深刻认识党同人民生死相依休戚与共的血肉联系．人民日报，2021-11-18（01）．

活新需求，是党全心全意为人民服务的根本宗旨在新时代的体现，是党的使命之所在、价值之所在、生命之所在。

（三）坚持以人民为中心是坚持和发展中国特色社会主义制度的根本要求

中国特色社会主义制度具有鲜明的人民性特征。《宪法》宣示我国实行社会主义制度："中华人民共和国是工人阶级领导的、以工农联盟为基础的人民民主专政的社会主义国家。""中华人民共和国的一切权力属于人民。"社会主义制度在本质上是人民当家作主的制度，人民是国家的主人，是党和国家一切权力的根本来源，是一切事业的根本出发点和落脚点，是国家的主体和国家政权运行的主体。属于人民、为了人民、依靠人民、造福人民是我国社会主义国家政权的基本定位，人民在国家治理和社会治理中处于无可争议的主体地位。

法治既是党治国理政的基本方式，也是人民管理国家的基本手段。中国特色社会主义制度的人民性特征，决定了社会主义法治以人民性为基本属性。习近平总书记指出："我国社会主义制度保证了人民当家作主的主体地位，也保证了人民在全面推进依法治国中的主体地位。这是我们的制度优势，也是中国特色社会主义法治区别于资本主义法治的根本所在。"①人民是全面依法治国的主体和力量源泉，也是全面依法治国最广泛、最深厚的基础，全面依法治国必须坚持为了人民、依靠人民、造福人民、保护人民，充分发挥人民的主体作用，把体现人民利益、反映人民愿望、维护人民权益、增进人民福祉落实到全面依法治国各领域、全过程，尊重人民当家作主，尊重和保障人权，激发人民的创造活力，实现人民对美好生活的向往。

---

① 习近平．论坚持全面依法治国．北京：中央文献出版社，2020：107．

二、坚持以人民为中心的基本内容

（一）坚持把人民当家作主作为法治的出发点和落脚点

坚持以人民为中心，确保人民成为全面依法治国真正的主体，需要坚持人民当家作主。习近平总书记指出："人民当家作主是社会主义民主政治的本质和核心。人民民主是社会主义的生命。没有民主就没有社会主义，就没有社会主义的现代化，就没有中华民族伟大复兴。"[①] 人民在全面依法治国中的地位如何，不仅是一个根本的政治问题，也是一个重要的法治问题、法律问题。[②] 人民当家作主需要以法律手段加以保障，必须坚持和完善中国特色社会主义人民当家作主制度体系，使之科学化、制度化、常态化，确保人民成为全面依法治国进程中名副其实的主体。

自新中国成立以来，我国建立和发展了中国特色社会主义人民当家作主制度体系。这套制度体系以选举民主、协商民主、基层民主的多样形式，畅通广大人民群众政治参与的渠道，紧紧依靠人民推动国家发展，在实践中发挥了重要的政治作用，深得人民拥护，是我国国家制度和国家治理体系的显著优势之一。我们应增强对中国特色社会主义人民民主制度的自信，坚定走中国特色社会主义政治道路的信心和决心。但与此同时，中国特色社会主义人民民主制度是个新事物，并不是完美无缺的，依然需要完善和发展。习近平总书记指出："我们一直认为，我们的民主法治建设同扩大人民民主和经济社会发展的要求还不完全适应，社会主义民主政治的体制、机制、程序、规范以及具体运行上还存在不完善的地方，在保障人民民主权利、发挥人民创造精神方面也还存在一些不足，必须继续加以完善。"[③] 习近平总书记明确指出："要坚持和完善人民当家作主制度体系，

---

① 习近平. 论坚持全面依法治国. 北京：中央文献出版社，2020：71.

② 卓泽渊. 习近平法治思想要义的法理解读. 中国法学，2021（1）.

③ 习近平. 论坚持全面依法治国. 北京：中央文献出版社，2020：81.

健全社会公平正义法治保障制度，保证人民在党的领导下通过各种途径和形式依法管理国家事务、管理经济和文化事业、管理社会事务，使法律及其实施有效体现人民意志、保障人民权益、激发人民创造力。”①

根据党的十九届四中全会决定，坚持和完善人民当家作主制度体系包括五个方面的内容：

（1）坚持和完善人民代表大会制度这一根本政治制度。支持和保证人民通过人民代表大会行使国家权力，保证各级人大都由民主选举产生、对人民负责、受人民监督；保证各级国家机关都由人大产生、对人大负责、受人大监督。要保证人民在党的领导下，依照宪法法律的规定，通过人民代表大会制度行使国家权力，管理国家事务，管理经济和文化事业，管理社会事务。

（2）坚持和完善中国共产党领导的多党合作和政治协商制度。贯彻长期共存、互相监督、肝胆相照、荣辱与共的方针，加强中国特色社会主义政党制度建设，健全相互监督，特别是中国共产党自觉接受监督，对重大决策部署贯彻落实情况实施专项监督等机制，发挥人民政协作为政治组织和民主形式的效能，提高政治协商、民主监督、参政议政水平，更好凝聚共识。

（3）巩固和发展最广泛的爱国统一战线。坚持大统战工作格局，坚持一致性和多样性统一，完善照顾同盟者利益政策，做好民族工作和宗教工作，健全党外代表人士队伍建设制度，凝聚港澳同胞、台湾同胞、海外侨胞力量，谋求最大公约数。

（4）坚持和完善民族区域自治制度。坚定不移走中国特色解决民族问题的正确道路，坚持各民族一律平等，坚持各民族共同团结奋斗、共同繁荣发展，保证民族自治地方依法行使自治权，保障少数民族合法权益，巩

① 习近平．推进全面依法治国，发挥法治在国家治理体系和治理能力现代化中的积极作用．求是，2020（22）．

固和发展平等团结互助和谐的社会主义民族关系。

（5）健全充满活力的基层群众自治制度。健全基层党组织领导的基层群众自治机制，在城乡社区治理、基层公共事务和公益事业中广泛实行群众自我管理、自我服务、自我教育、自我监督，拓宽人民群众反映意见和建议的渠道，着力推进基层直接民主制度化、规范化、程序化。

（二）坚持把依法保障人民权益作为法治的根本目的

习近平总书记指出："推进全面依法治国，根本目的是依法保障人民权益。要积极回应人民群众新要求新期待，系统研究谋划和解决法治领域人民群众反映强烈的突出问题，不断增强人民群众获得感、幸福感、安全感，用法治保障人民安居乐业。"① 党的二十大报告强调："我们要实现好、维护好、发展好最广大人民根本利益，紧紧抓住人民最关心最直接最现实的利益问题，坚持尽力而为、量力而行，深入群众、深入基层，采取更多惠民生、暖民心举措，着力解决人民群众急难愁盼问题，健全基本公共服务体系，提高公共服务水平，增强均衡性和可及性，扎实推进共同富裕。"② 社会主义法治归根结底是人民的法治，必须坚持为了人民、依靠人民、造福人民、保护人民的原则，从人民的实际需要和生活条件出发，切实保障人权，积极回应人民群众对民主、法治、公平、正义、安全、环境等方面的新需求，系统研究谋划和解决法治领域人民群众反映强烈的突出问题，不断积极作为，深入为人民服务，充分反映人民利益、体现人民愿望、维护人民权益、增进人民福祉，用法治手段为人民群众的幸福美好生活遮风挡雨、保驾护航。

---

① 习近平在中央全面依法治国工作会议上强调 坚定不移走中国特色社会主义法治道路 为全面建设社会主义现代化国家提供有力法治保障. 人民日报，2020-11-18（01）.

② 习近平. 高举中国特色社会主义伟大旗帜 为全面建设社会主义现代化国家而团结奋斗：在中国共产党第二十次全国代表大会上的报告（2022 年 10 月 16 日）. 求是，2022（21）.

1. 尊重人民权益

各级国家机关履行职责、行使职权必须以《宪法》《民法典》等为依据，明确自身行为的范围和界限，尊重和保护人权，不得侵犯公民享有的基本政治权利、人身权利和财产权利，确保公民的经济、文化、社会等各方面权利得到落实。在立法领域，应不断拓宽公民有序参与立法的途径，健全立法论证、听证、评估等征求公众意见机制，充分发挥听证会、论证会、座谈会的作用，广泛征求社会各方面，尤其是基层群众的意见和建议，推进科学立法、民主立法，使每一项立法符合宪法精神、体现人民意愿、符合人民利益、得到人民拥护。[①] 在执法领域，各级政府应以《民法典》实施为契机和抓手，大力推进法治政府建设，提高政府法治的能力与水平，以《民法典》等法律法规为基本标尺，衡量行政决策、行政管理、行政监督等行政行为，规范行政许可、行政处罚、行政强制、行政征收、行政收费、行政检查、行政裁决等行政活动，"各级政府要以保证民法典有效实施为重要抓手推进法治政府建设，把民法典作为行政决策、行政管理、行政监督的重要标尺。不得违背法律法规随意作出减损公民、法人和其他组织合法权益或增加其义务的决定"[②]，进一步提高政府依法行政的能力和水平。在司法领域，应加强司法机关自身建设，规范司法行为，严格依法裁判，重点解决不规范、不严格、不透明、不文明，以及不作为、乱作为等问题，坚守公平正义的最后一道防线，决不允许不公正的审判伤害群众感情，损害群众利益。[③]

2. 保护人民权益

习近平总书记指出："各级党和国家机关开展工作要考虑民法典规

---

① 王洪祥．坚持以人民为中心．人民日报，2021-01-25（11）．

② 习近平．论坚持全面依法治国．北京：中央文献出版社，2020：281．

③ 王洪祥．坚持以人民为中心．人民日报，2021-01-25（11）．

定，不能侵犯人民群众享有的合法民事权利，包括人身权利和财产权利。同时，有关政府机关、监察机关、司法机关要依法履行职能、行使职权，保护民事权利不受侵犯、促进民事关系和谐有序”[①]，围绕关系人民群众切身利益的重点领域，加大权利保护力度和权力监督力度，畅通行政、司法救济途径，优化保护手段，积极参与多元化解矛盾，促进社会矛盾的化解，依法打击侵犯人民权益的不法行为，切实维护人民群众的合法权益，促进社会和谐有序，努力让人民群众的获得感、幸福感、安全感更加真切。

（三）坚持把公平正义作为法治的价值追求

公平正义关系到人心所向，是人民的期盼，是衡量人民群众幸福美好生活的尺度，也是中国特色社会主义的内在要求。促进公平正义、增进人民福祉是社会改革和发展的落脚点，是我们党长期以来矢志不渝追求的崇高价值。全面依法治国，不仅要求完备的法律体系、完善的执法机制、普遍的法律遵守，更要求公平正义得到维护和实现。

自新中国成立以来，尤其是改革开放以来，我国在经济建设上突飞猛进，稳定地解决了十几亿人的温饱问题，总体上实现了全面小康，法治建设也取得重大成就，形成了以宪法为统帅的中国特色社会主义法律体系，国家和社会生活各方面总体上实现了有法可依。党的十九大报告指出：“中国特色社会主义进入新时代，我国社会主要矛盾已经转化为人民日益增长的美好生活需要和不平衡不充分的发展之间的矛盾。”“我国稳定解决了十几亿人的温饱问题，总体上实现小康，不久将全面建成小康社会，人民美好生活需要日益广泛，不仅对物质文化生活提出了更高要求，而且在民主、法治、公平、正义、安全、环境等方面的要求日益

① 习近平．论坚持全面依法治国．北京：中央文献出版社，2020：280．

增长。”[①] 人民群众对幸福生活的需求从生存型向发展型转变，在成功使中国人民“站起来”“富起来”，已实现“政治解放”和“经济解放”的前提下，当务之急是如何使中国社会更加公平正义，如何更为合理地“分配蛋糕”，以实现“社会解放”，从而实现人的彻底解放，促进人的全面发展。[②] 可见，公平正义已构成新时代人民日益增长的美好生活需要的重要方面。[③] 目前，一些规则和制度尚不尽公平合理，一些部门和地方还不同程度地存在着不讲法、不依法、不守法，以及“以权压法”“以言代法”“徇私枉法”的现象和行为，导致执法不严、司法不公。上述问题的存在，严重地损害了人民群众的切身利益，损害了社会公平正义，人民群众反应强烈。

因此，坚持以人民为中心，必须坚持把公平正义作为法治的价值追求与核心目标，在全面依法治国的进程中，努力营造公平的社会环境，保证人民平等参与、平等发展的权利。习近平总书记强调：“公平正义是司法的灵魂和生命。”[④] “全面依法治国，必须紧紧围绕保障和促进社会公平正义来进行。”[⑤] “必须牢牢把握社会公平正义这一法治价值追求，努力让人民群众在每一项法律制度、每一个执法决定、每一宗司法案件中都感受到公平正义。”[⑥] 为此，必须推进科学、民主立法，加快完善体现权利公平、机会公平、规则公平的法律制度，用良法推动善治；推进严格执法，推动法治政府建设，不断完善执法制度体系，规范执法程序，健全权力运行制约和监督机制，严格落实执法责任制，加大关系人民群众切身利益的重点领域

---

① 习近平．决胜全面建成小康社会 夺取新时代中国特色社会主义伟大胜利：在中国共产党第十九次全国代表大会上的报告（2017 年 10 月 18 日）．北京：人民出版社，2017：11.

② 李林，莫纪宏．全面依法治国 建设法治中国．北京：中国社会科学出版社，2019：59-60.

③ 李林，莫纪宏．全面依法治国 建设法治中国．北京：中国社会科学出版社，2019：58.

④ 习近平在中央全面依法治国工作会议上强调 坚定不移走中国特色社会主义法治道路 为全面建设社会主义现代化国家提供有力法治保障．人民日报，2020-11-18（01）.

⑤ 中共中央文献研究室．习近平关于全面依法治国论述摘编．北京：中央文献出版社，2015：38.

⑥ 习近平谈治国理政：第 3 卷：北京：外文出版社，2020：284.

的执法力度，确保严格规范公正文明执法；推进公正司法，深化司法责任制综合配套改革，优化司法职权配置，加快构建司法管理监督新机制，提升司法公信力，守护社会公平正义；推进全民守法，不断提升全体公民的法治意识和法治素养，牢固树立全社会的法律信仰，为公平正义的实现营造良好的法治氛围。通过上述一系列措施，实现以法律控制权力、以权力和权利制约权力[①]，真正把权力关进制度的笼子里，切实做到反腐为民、反腐惠民，努力让人民群众在每一件司法案件中感受到公平正义。[②]

（四）坚持把人民的评价作为衡量法治建设成效的根本标准

习近平总书记提出："法治建设要为了人民、依靠人民、造福人民、保护人民。"[③]中国特色社会主义法治道路深深植根于人民之中，以充分体现人民意志、保障人民权益、凝聚人民力量、激发人民创造力为己任。[④]人民是中国特色社会主义法治的主体和力量源泉，也是其根本目的所在，人民最有资格对法治建设的成效作出评价、提出意见。"今天，全党同志无论职位高低，都要把人民拥护不拥护、赞成不赞成、高兴不高兴、答应不答应作为衡量一切工作得失的根本标准。"[⑤]"检验我们一切工作的成效，最终都要看人民是否真正得到了实惠，人民生活是否真正得到了改善，人民权益是否真正得到了保障。"[⑥]"司法体制改革成效如何，说一千道一万，要由人民来评判，归根到底要看司法公信力是不是提高了。"[⑦]因此，衡量社会主义法治建设的成效，应坚持法治实践的人民性评价尺度，坚持党的

---

① 李林，莫纪宏．全面依法治国 建设法治中国．北京．中国社会科学出版社，2019：51．

② 《中国纪检监察》评论员．让人民群众在正风反腐中感受公平正义．中国纪检监察，2021（4）．

③ 习近平．论坚持全面依法治国．北京：中央文献出版社，2020：228-229．

④ 雷东生．坚持中国特色社会主义法治道路．人民日报，2021-01-29（11）．

⑤ 习近平．在纪念朱德同志诞辰130周年座谈会上的讲话（2016年11月29日）．人民日报，2016-11-30（02）．

⑥ 中共中央文献研究室．十八大以来重要文献选编：上．北京：中央文献出版社，2014：698．

⑦ 习近平．论坚持全面依法治国．北京：中央文献出版社，2020：147．

群众路线、群众观点、群众观念，“从群众中来，到群众中去”，一切为了群众，一切相信群众，一切依靠群众，以人民群众的法治获得感、幸福感、安全感是否得到不断提升，及合法权益是否得到有效保障，作为社会主义法治建设成效的重要评价标准[①]，并以此持续推动、改进法治工作。

三、坚持以人民为中心的实现路径

（一）坚持党的领导、人民当家作主和依法治国的有机统一

坚持“三统一”是中国特色社会主义民主政治的本质特征。坚持“三统一”，使中国特色社会主义政治制度，与西方国家实行的“两院制”、“宪政民主”、“三权分立”、多党制等政治制度，有着本质的区别，是社会主义法治建设的一条基本经验，也是坚持和完善中国特色社会主义政治发展道路的“定海神针”，集中体现了我国国家制度和国家治理体系的显著优势，具有强大的生命力和远大的发展前景。[②]习近平总书记指出：“坚持党的领导、人民当家作主、依法治国有机统一是社会主义政治发展的必然要求”[③]，“在中国，发展社会主义民主政治，保证人民当家作主，保证国家政治生活既充满活力又安定有序，关键是要坚持党的领导、人民当家作主、依法治国有机统一”[④]。为此，我国的政治体制改革应以“三统一”为根本，“紧紧围绕坚持党的领导、人民当家作主、依法治国有机统一深化政治体制改革，加快推进社会主义民主政治制度化、规范化、程序化，建设社会主义法治国家，发展更加广泛、更加充分、更加健全的人民民主”[⑤]。只有

① 陈家刚，曲政．人民性是习近平法治思想的鲜亮底色．北京日报，2021-01-11（09）.

② 傅达林，岳智慧．坚持党的领导人民当家作主依法治国有机统一．解放军报，2018-01-22（07）.

③ 习近平．决胜全面建成小康社会 夺取新时代中国特色社会主义伟大胜利：在中国共产党第十九次全国代表大会上的报告（2017 年 10 月 18 日）．北京：人民出版社，2017：22.

④ 习近平．论坚持全面依法治国．北京：中央文献出版社，2020：70.

⑤ 中共中央关于全面深化改革若干重大问题的决定．北京：人民出版社，2013：4.

这样，才能确保我国的政治体制改革“不变色”，才能确保中国特色社会主义法治道路的制度属性和前进方向。

为实现“三统一”，必须坚持和完善人民代表大会制度。习近平总书记指出：“人民代表大会制度是坚持党的领导、人民当家作主、依法治国有机统一的根本制度安排。”① “60多年来特别是改革开放40多年来，人民代表大会制度为党领导人民创造经济快速发展奇迹和社会长期稳定奇迹提供了重要制度保障。”② 进入新时代后，面临世界百年未有之大变局，要毫不动摇坚持、与时俱进完善人民代表大会制度，加强和改进新时代人大工作，不断体现人民代表大会制度的实践特色、时代特色，充分激发其制度优势，使“三统一”落到实处。具体而言，应从六个方面着手：

第一，全面贯彻实施宪法，维护宪法权威和尊严。完善宪法相关法律制度，加强对宪法法律实施情况的监督检查，落实宪法解释程序机制。③

第二，加快完善中国特色社会主义法律体系。加强党对立法工作的集中统一领导，完善党委领导、人大主导、政府依托、各方参与的立法工作格局。将改革发展决策与立法决策更好地结合起来，确保国家发展、重大改革于法有据。统筹推进国内法治和涉外法治，推动我国法域外适用的法律体系建设。坚持系统观念，全面完善法律、行政法规、监察法规、地方性法规体系。④

第三，用好宪法赋予人大的监督权，实行正确监督、有效监督、依法监督，维护国家法治统一、尊严、权威，确保法律法规得到有效实施。⑤

第四，充分发挥人大代表作用，做到民有所呼、我有所应。人大代表

① 习近平．论坚持全面依法治国．北京：中央文献出版社，2020：71．
② 习近平．在中央人大工作会议上的讲话．求是，2022（5）．
③ 习近平．在中央人大工作会议上的讲话．求是，2022（5）．
④ 习近平．在中央人大工作会议上的讲话．求是，2022（5）．
⑤ 习近平．在中央人大工作会议上的讲话．求是，2022（5）．

要忠实代表人民利益和意志，依法参加行使国家权力；要密切同人民群众的联系，当好党和国家联系人民群众的桥梁。[①]

第五，强化政治机关意识，加强人大自身建设。各级人大及其常委会要增强“四个意识”、坚定“四个自信”、做到“两个维护”，不断提高政治判断力、政治领悟力、政治执行力，全面加强自身建设。[②]

第六，加强党对人大工作的全面领导。各级党委要把人大工作摆在重要位置，完善党领导人大工作的制度。支持人大及其常委会依法行使职权、开展工作，指导和督促“一府一委两院”自觉接受人大监督。加强人大常委会领导班子和人大工作队伍建设。党的各级组织、宣传等部门要加强同人大有关方面的协调配合。各级人大常委会党组要认真执行党的领导各项制度，落实好全面从严治党主体责任。[③]

（二）加大民生领域法治建设

民生问题关系到老百姓的个人生计和家庭基本利益，是人民群众最关心最直接最现实的利益，广受社会关注。习近平总书记指出：“民生是最大的政治。”[④]“带领人民创造幸福生活，是我们党始终不渝的奋斗目标。”[⑤]党的二十大报告要求：“增进民生福祉，提高人民生活品质”。随着社会主义进入新时代，我国社会主要矛盾已经转化为人民日益增长的美好生活需要和不平衡不充分的发展之间的矛盾。民主发展的不平衡，如就业、收入分配、教育、社保医疗、养老、抚幼等领域的不平衡，是社会主要矛盾的具体体现，是制约人民美好生活需要追求的主要因素之

① 习近平．在中央人大工作会议上的讲话．求是，2022（5）．

② 习近平．在中央人大工作会议上的讲话．求是，2022（5）．

③ 习近平．在中央人大工作会议上的讲话．求是，2022（5）．

④ 习近平在湖北考察时强调 坚持新发展理念打好“三大攻坚战”奋力谱写新时代湖北发展新篇章．人民日报，2018-04-29（01）．

⑤ 习近平．在庆祝中国共产党成立95周年大会上的讲话（2016年7月1日）．人民日报，2016-07-02（02）．

一。[1]因此，提高民生建设法治化水平是法治建设的重要内容。近年来，我国民生法治建设取得了显著成就，积累了不少宝贵经验，但也存在不少问题，距离人民群众的民生需求和期待仍有一定距离，具体而言，在立法领域存在立法数量不足，在部分领域存在立法空白、部分立法内容陈旧等问题，在执法、司法领域存在执法、司法力度不足、保障有失充分等问题。这要求我们在法治建设中，更加重视通过法治手段解决民生问题，回应人民群众对于法治保障民生的新要求、新期待。习近平总书记指出："要始终把人民利益摆在至高无上的地位，加快推进民生领域体制机制改革，尽力而为、量力而行，着力提高保障和改善民生水平，不断完善公共服务体系，不断促进社会公平正义，推动公共资源向基层延伸、向农村覆盖、向困难群体倾斜，着力解决人民群众关心的现实利益问题。"[2]

1. 完善民生立法

针对民生领域中人民群众反响强烈的热点、难点问题，如教育、医疗、就业、收入分配、养老、社会保障、污染防治和生态环境建设等问题，要坚持目标导向和问题导向，根据特惠性与普遍性相结合原则、权利保护原则、基本保障原则、强化政府责任原则和前瞻性原则[3]，协调平衡各方利益，加快社会主义民生法律的立、改、废进程，提高立法质量，不断完善社会主义民生法律制度，做好顶层设计，构建系统、科学、统一的法律体系，守住民生基本底线。

2. 加强民生法律实施

应加大《民法典》等民生法律的实施力度，完善民生领域的执法和司法工作。

---

① 王倩．新时代我国社会主要矛盾转化的民生维度解析．重庆交通大学学报（社会科学版），2020（5）.

② 习近平谈治国理政：第 3 卷．北京：外文出版社，2020：343.

③ 傅强．民生立法的几点思考．北京科技大学学报（社会科学版），2016（5）.

（1）强化民生领域执法工作。首先，牢固树立“以人为本”的执法理念，强化服务意识，创新工作方法，不断问需于民、问计于民，推动社会共治、多元治理，及时回应人民群众的民生诉求。其次，围绕党中央关心、老百姓烦心、监管者揪心的突出问题，加大民生领域案件依法查办力度，依法从重处罚，震慑违法者。最后，在严格依法履职的基础上，推进人性化执法，尊重和保护行政相对人的人格尊严和合法权益，使法律更有温度，实现法律效果与社会效果的统一。①

（2）推动司法机关秉公司法，要求司法机关以司法为民为宗旨，依法妥善审理涉民生案件。民生需求在哪里，司法触角就应延伸到哪里：一方面，紧盯党中央惠民富民、促进共同富裕政策的落实，围绕民生痛点堵点，依法审理涉民生案件，解决好执行难问题，依法解决民生领域公益损害突出问题，提供人民群众最需要的司法支持，守护好民生法治底线。另一方面，抓住民生改革攻坚点，以司法破除民生领域痼疾顽症，最大限度增加民生福祉，增强人民群众的幸福感、获得感和安全感。通过案件的办理，切实为人民群众排忧解难，消除社会矛盾，织密织牢民生司法保障网。②

（3）强化对民生法律实施的监督。充分发挥各级人大对法律实施检查、监督的职能，健全法律实施监督的法律依据和程序规则，保证执法、司法等国家权力依法行使，确保各项民生法律实施到位，从而解决各类民生难题，切实保障人民群众的合法利益。

（三）完善人民监督权力制度，让权力在阳光下运行

让人民监督国家权力的运行，是人民当家作主制度的基本要求，是我们党的优良传统，也是中国革命和建设的基本经验。③ 自新中国成立七十多年以来，改革开放四十多年以来，尤其是党的十八大以来，我们党坚

---

① 谢忠华．民生保障的法治困境及其破解．重庆理工大学学报（社会科学），2012（8）．

② 任欢．织密扎牢社会保障安全网．光明日报，2023-02-26（01）．

③ 贺夏蓉．权力必须接受人民的监督．中国纪检监察报，2013-11-26（03）．

守“一切权力属于人民”的庄严承诺，主动接受人民的监督，不断推动权力运行公开，设立了党内监督、民主监督、法律监督、舆论监督等多种监督方式和途径，形成了多种监督制度并存的立体化权力监督制度体系，开创了中国特色社会主义民主政治的新局面。随着中国特色社会主义进入新时代，以习近平同志为核心的党中央提出了坚持和完善中国特色社会主义制度、推进国家治理体系和治理能力现代化的总体目标。这对党的自我净化提出了更高、更严格的要求，而提高党的自我净化能力，根本路径在于强化党的自我监督和群众监督。党的十九大报告指出：“要加强对权力运行的制约和监督，让人民监督权力，让权力在阳光下运行，把权力关进制度的笼子。”“构建党统一指挥、全面覆盖、权威高效的监督体系，把党内监督同国家机关监督、民主监督、司法监督、群众监督、舆论监督贯通起来，增强监督合力。”党的二十大报告进一步强调：“健全党统一领导、全面覆盖、权威高效的监督体系，完善权力监督制约机制，以党内监督为主导，促进各类监督贯通协调，让权力在阳光下运行。”只有让人民对权力进行有效的监督，才能真正实现以人民为中心，才能确保党和人民赋予的权力为人民所用、为人民谋幸福，才能遏制权力滥用、切实预防腐败。

在推进全面依法治国的伟大进程中，既要强化党的自我监督、自上而下的组织监督，也应加强人民监督、自下而上的民主监督，应以法治手段推动人民监督，充分保障人民监督的权利，激发人民监督的活力。

1. 加强和改进各级人大的监督工作，推进人大监督法治化

人大监督是宪法和法律赋予人大及其常委会的重要职权，在国家监督体系中最有权威，具有最高法律效力，也是人民监督的主要形式。习近平总书记指出：“人民代表大会制度的重要原则和制度设计的基本要求，就是任何国家机关及其工作人员的权力都要受到制约和监督。”[①]“各级人大及

① 习近平．论坚持全面依法治国．北京：中央文献出版社，2020：74-75．

其常委会要担负起宪法法律赋予的监督职责，维护国家法制统一、尊严、权威，加强对‘一府两院’执法、司法工作的监督，确保法律法规得到有效实施，确保行政权、审判权、检察权得到正确行使。”[①] 在实践中，为确保各级人大切实代表人民履行监督职责，必须将人大监督纳入法治化轨道：应以《宪法》、《全国人民代表大会组织法》和《地方各级人民代表大会和地方各级人民政府组织法》为依据，进一步完善《各级人民代表大会常务委员会监督法》，细化人大监督权的内容，构建明确具体、衔接紧密的监督程序，确立行使监督权的必要形式和手段，规定监督对象违反《各级人民代表大会常务委员会监督法》的法律责任，使各级人大的知情权、调查权、审议权、处置权落到实处。

2. 切实履行好人民政协民主监督职能，提高人民政协民主监督的法治水平

人民政协民主监督是指在坚持中国共产党的领导、坚持中国特色社会主义的基础上，参加人民政协的各党派团体和各族各界人士在政协组织的各种活动中，依据政协章程，以提出意见、批评、建议的方式进行的协商式监督。它是实现社会主义协商民主的重要渠道，也是实现人民监督的重要形式。要履行好人民政协民主监督职能，需要加强政协履职的制度化、规范化和程序化建设，确保政协在宪法和法律范围内开展监督工作。具体而言，应以《宪法》、《中国人民政治协商会议章程》、《关于加强和改进人民政协民主监督工作的意见》（以下简称《意见》）为依据，制定“政治协商程序法”，将《意见》提出的会议监督、视察监督、提案监督、专项监督、其他形式监督纳入法律范围，从而丰富和完善民主监督形式；规范政协民主监督工作程序，加强确定监督议题、组织监督活动、报送监督意见、

① 习近平．论坚持全面依法治国．北京：中央文献出版社，2020：75.

办理监督意见等工作的程序化，提高人民政协民主监督工作的可操作性[①]；建立健全民主监督交办事项责任追究制。通过上述措施，提高人民政协民主监督的法治化水平，形成人民政协敢于监督、善于监督，有关部门自觉接受监督的良好局面。

3. 完善群众监督的法律制度

我国宪法规定，中华人民共和国公民对国家机关和国家工作人员有提出批评、建议、申诉、控告或者检举的权利。由此为人民群众监督奠定了宪法基础。群众监督对于保障人民群众的合法权益，推动国家机关依法办事，维护社会公平正义，促进社会和谐稳定，有着不可替代的重要作用。[②]党的十九届四中全会指出，"……完善党委领导、政府负责、民主协商、社会协同、公众参与、法治保障、科技支撑的社会治理体系，建设人人有责、人人尽责、人人享有的社会治理共同体……"，将"完善群众参与基层社会治理的制度化渠道"作为"构建基层社会治理新格局"的必由之路。这要求进一步以法治方式保障群众监督，确保群众监督的制度化、规范化、程序化，实现"以权利监督权力"。因此，应通过立法方式，对宪法规定的公民监督权进行系统、具体的规定，使之运行依据明确，更具可操作性。具体而言，应进一步健全基层民主自治制度体系，发挥农村村民委员会、城市居民委员会和企事业单位职工代表大会等基层自治机构的自治作用；加强以村务监督委员会为代表的民主监督机构建设，确保群众在实行自我管理、自我服务、自我教育、自我监督的同时，享有更加广泛的民主选举、民主决策、民主管理、民主监督的权利，完善对权力行使进行监督的制度。

① 刘佳义．切实履行好人民政协民主监督职能．人民日报，2017-03-31（07）．
② 苏子杨．公民权利视角下新时代公民监督问题研究．法制与社会，2020（23）．

第六讲
坚持中国特色社会主义法治道路

习近平法治思想开创性地提出了“中国特色社会主义法治道路”的命题，深刻阐释了中国特色社会主义法治道路的重要地位、核心要义、基本原则和基本要求等，全面回答了法治中国建设走什么路的问题，科学指明了全面推进依法治国的政治方向。坚持和拓展中国特色社会主义法治道路是贯穿于全面依法治国的一条红线，在道路这个根本问题上我们要树立自信、保持定力、毫不动摇。

一、中国特色社会主义法治道路是唯一正确道路

全面推进依法治国，必须走对路。如果路走错了，南辕北辙了，那再提什么要求和举措也都没有意义了。党的十八届四中全会作出《中共中央关于全面推进依法治国若干重大问题的决定》，首先明确全面推进依法治国必须坚定不移走中国特色社会主义法治道路。习近平总书记在党的十八届四中全会第二次全体会议上的讲话中指出：全会通过的《中共中央关于全面推进依法治国若干重大问题的决定》有一条贯穿全篇的红线，这就是坚持和拓展中国特色社会主义法治道路。中国特色社会主义法治道路是一个管总的东西。具体讲我国法治建设的成就，大大小小可以列举出十几条、几十条，但归结起来就是开辟了中国特色社会主义法治道路这一条。[①]

中国特色社会主义法治道路，是社会主义法治建设成就和经验的集中体现，是建设社会主义法治国家的唯一正确道路。在走什么样的法治道路

① 习近平．加快建设社会主义法治国家．求是，2015（1）.

问题上，必须指明全面推进依法治国的正确方向，统一全党全国各族人民的认识和行动。恩格斯说过："……一个新的纲领毕竟总是一面公开树立起来的旗帜，而外界就根据它来判断这个党。"[①] 推进任何一项工作，只要我们党旗帜鲜明了，全党都行动起来了，全社会就会跟着走。一个政党执政，最怕的是在重大问题上态度不坚定，结果社会上对有关问题沸沸扬扬、莫衷一是，别有用心的人趁机煽风点火、蛊惑搅和，最终没有不出事的！所以，道路问题不能含糊，必须向全社会释放正确而又明确的信号。

中华民族有着五千多年的文明历史，形成了世界法制史上独树一帜的中华法系，积淀了深厚的法律文化传统。与此同时，中国地域辽阔、民族众多、国情复杂，经济社会发展不平衡，有着两千多年的封建社会历史和一百多年的半殖民地半封建社会历史。我们党要在这样一个发展中大国治国理政，没有现成的法治模式可以照搬照套，不能想象突然就搬来一座政治制度上的"飞来峰"，故必须坚持从中国实际出发，探索符合中国国情的法治道路。

中国共产党坚持把马克思主义基本原理同中国具体实际相结合、同中华优秀传统文化相结合，矢志不渝地领导人民探索和建设人类历史上新型法治，成功开辟了中国特色社会主义法治道路。在新中国成立后，我们党领导人民制定了宪法、选举法、国家机构组织法、婚姻法等一系列重要法律，确立了社会主义中国的根本政治制度、基本政治制度、立法体制、司法制度以及社会主义法制的基本原则，建立起社会主义法制框架体系，初步奠定了社会主义法治的基础。在改革开放和社会主义现代化建设新时期，我们党提出"有法可依、有法必依、执法必严、违法必究"的方针，提出依法治国的基本方略、依法执政的基本方式，不断推进社会主义法治建设，形成并不断完善了中国特色社会主义法律体系，成功开辟中国特色

① 马克思恩格斯选集：第 3 卷. 2 版. 北京：人民出版社，1995：325-326.

社会主义法治道路。在中国特色社会主义新时代，以习近平同志为核心的党中央从坚持和发展中国特色社会主义的全局和战略高度定位法治、布局法治、厉行法治，坚持并不断拓展中国特色社会主义法治道路，明确提出全面依法治国、建设法治中国，推动我国社会主义法治建设发生历史性变革、取得历史性成就、创造历史性经验。中国特色社会主义法治道路是在我们党领导人民进行社会主义法治建设的伟大实践中形成和完善的，实现了社会主义和法治的有机结合，是一条中国式法治现代化新道路，为人类法治文明提供了中国方案，贡献了中国智慧。① 实践充分证明，中国特色社会主义法治道路，是适合中国国情、适合时代发展要求的法治道路，是推进全面依法治国、建设社会主义法治国家的唯一正确道路。我国的法治建设、法治改革和全面依法治国之所以能够取得历史性成就，根本原因在于我们坚定不移地走中国特色社会主义法治道路。中国法治几十年的发展，始终贯穿一条红线，这就是坚持和拓展中国特色社会主义法治道路。

全面推进依法治国，坚持中国特色社会主义法治道路，是我们党在治国理政上的自我完善、自我提高。在政治制度上，看到别的国家有而我们没有就简单认为有欠缺，要搬过来，或者，看到我们有而别的国家没有就简单认为是多余的，要去除掉，这两种观点都是简单化的、片面的，因而都是不正确的。② 全面推进依法治国要从中国国情和实际出发，走适合自己的法治道路，决不能走西方所谓“宪政”“三权鼎立”“司法独立”的路子。进入近代以来，不少人试图在中国照搬西方的法治模式，但最终都归于失败。在辛亥革命之后，中国尝试过君主立宪制、帝制复辟、议会制、多党制、总统制等各种形式，各种政治势力及其代表人物纷纷登

① 王晨. 以习近平法治思想为指导 坚定不移走中国特色社会主义法治道路. 公民与法（综合版），2021（10）.

② 习近平. 在庆祝全国人民代表大会成立六十周年大会上的讲话. 求是，2019（18）.

场，都没能找到正确答案。照搬西方政治制度模式的各种方案，都不能完成中华民族救亡图存和反帝反封建的历史任务，都不能让中国的政局和社会稳定下来，也都谈不上为中国实现国家富强、人民幸福提供制度保障。实践证明，我国政治制度和法治体系是适合我国国情和实际的，具有显著优越性。在坚持和拓展中国特色社会主义法治道路这个根本问题上，我们要树立自信、保持定力。在法治道路上，我们要坚决抵制西方的“宪政民主”“三权分立”“司法独立”等错误思潮，旗帜鲜明，敢于亮剑，决不能落入西方错误思潮的“陷阱”，坚定不移走中国特色社会主义法治道路。

二、坚持中国特色社会主义法治道路的核心要义

推进全面依法治国这件大事能不能办好，最关键的是方向是不是正确、政治保证是不是坚强有力，具体讲就是要坚持党的领导，坚持中国特色社会主义制度，贯彻中国特色社会主义法治理论。这三个方面实质上是中国特色社会主义法治道路的核心要义，规定和确保了中国特色社会主义法治体系的制度属性和前进方向。[①] 其中，党的领导是根本，中国特色社会主义制度是基础，中国特色社会主义法治理论是理论指导和学理支撑。[②]

（一）坚持党的领导

中国共产党领导是中国特色社会主义最本质的特征，是中国特色社会主义法治道路的本质属性和根本保证。依法治国是我们党提出来的，把依法治国上升为党领导人民治理国家的基本方略也是我们党提出来的，而且我们党一直带领人民在实践中推进依法治国。坚持党的领导，是社会主义法治的根本要求，是党和国家的根本所在、命脉所在，是全国各族人民的

① 中共中央文献研究室．习近平关于社会主义政治建设论述摘编．北京：中央文献出版社，2017：81-82．

② 张文显．习近平法治思想的理论体系．法制与社会发展，2021（1）．

利益所系、幸福所系，是全面推进依法治国的题中应有之义。“只有在党的领导下依法治国、厉行法治，人民当家作主才能充分实现，国家和社会生活法治化才能有序推进。”① 党的领导是我国社会主义法治之魂，是我国法治同西方资本主义国家法治最大的区别。坚持中国特色社会主义法治道路，最根本的是坚持党的领导。离开了党的领导，全面依法治国就难以有效推进，社会主义法治国家就建不起来。

全面推进依法治国，要有利于加强和改善党的领导，有利于巩固党的执政地位、完成党的执政使命，决不是要削弱党的领导。有关法律法规要明确规定党领导相关工作的法律地位，将坚持党的全面领导的要求载入人大、政府、法院、检察院的组织法，推进党的领导入法入规，健全党对这些组织实施领导的制度规定，确保其始终在党的领导下积极主动、独立负责、协调一致地开展工作。

（二）坚持中国特色社会主义制度

中国特色社会主义制度铺就了中国特色社会主义法治道路的制度之基。中国特色社会主义制度是在中国共产党领导人民不断探索和实践的基础上形成和发展起来的，是当代中国发展进步的根本制度保障，是具有明显制度优势、强大自我完善能力的先进制度。

中国共产党自成立之日起就致力于建设人民当家作主的新社会新政权新制度。1954 年《宪法》确立了中华人民共和国的人民民主制度，也就是新民主主义制度，保证我国能够通过和平的道路消灭剥削和贫困，建成繁荣幸福的社会主义社会；明确了以民主集中制为根本原则的人民代表大会制度的政体，中国共产党领导的多党合作和政治协商制度、民族区域自治制度等基本政治制度，铸就了新中国社会主义制度的“四梁八柱”。经过社会主义革命和对生产资料私有制的社会主义改造，我国确立了以公有

① 习近平．加快建设社会主义法治国家．求是，2015（1）．

制为基础的社会主义基本经济制度。自改革开放以来，我们党奋力推进经济体制改革、政治体制改革、思想文化领域变革，发展了中国特色社会主义制度。自党的十八大以来，党中央提出全面深化改革的总目标是完善和发展中国特色社会主义制度、推进国家治理体系和治理能力现代化，全面深化党的建设制度改革和经济、政治、文化、社会、生态文明体制改革，使中国特色社会主义制度更加成熟和完善。中国特色社会主义根本制度、基本制度和重要制度，是中国特色社会主义法治道路的现实依托和重要支撑。

习近平总书记指出，“中国特色社会主义制度是中国特色社会主义法治体系的根本制度基础，是全面推进依法治国的根本制度保障”[①]。走中国特色社会主义法治道路，必须坚持中国特色社会主义制度，特别是坚持和巩固党的领导制度、人民代表大会制度、中国特色社会主义法律制度、马克思主义在意识形态领域指导地位的根本制度、党对人民军队的绝对领导制度等根本制度，以及各项基本制度、重要制度。涉及方向性的问题，必须以这些制度为准星；涉及制度层面的大是大非问题，必须旗帜鲜明、立场坚定。要与时俱进完善和发展中国特色社会主义制度，及时将实践中成熟的经验做法上升为制度、转化为法律，为全面依法治国提供有力制度供给。[②] 例如，宪法规定国家倡导社会主义核心价值观，社会主义核心价值观是社会主义法治建设的灵魂，应当将其融入法治建设：要坚持以社会主义核心价值观为引领，恪守以民为本、立法为民的理念，把社会主义核心价值观的要求体现到宪法、法律、法规、规章和公共政策之中，使之转化为具有刚性约束力的法律规定。《民法典》第 1 条就开宗明义：为了保护

① 习近平．论坚持全面依法治国．北京：中央文献出版社，2020：92.

② 王晨．以习近平法治思想为指导 坚定不移走中国特色社会主义法治道路．公民与法（综合版），2021（10）.

民事主体的合法权益，调整民事关系，维护社会和经济秩序，适应中国特色社会主义发展要求，弘扬社会主义核心价值观，根据宪法，制定本法。

（三）贯彻中国特色社会主义法治理论

走中国特色社会主义法治道路，必须有正确的法治理论引领。没有正确的法治理论引领，就不可能有正确的法治实践。“推进全面依法治国是国家治理的一场深刻变革，必须以科学理论为指导，加强理论思维，不断从理论和实践的结合上取得新成果，总结好、运用好党关于新时代加强法治建设的思想理论成果，更好指导全面依法治国各项工作”[①]，从理论上回答为什么要全面依法治国、怎样全面依法治国这个重大时代课题。中国特色社会主义法治理论是中国特色社会主义法治道路的指导思想和学理支撑，是全面推进依法治国的行动指南。中国特色社会主义法治理论是对中国特色社会主义法治实践的经验总结和理论表达，是中国特色社会主义理论体系的重要组成部分，是中国特色社会主义理论在法治问题上的成果。

在百年革命、建设、改革的伟大实践中，我们党把马克思主义基本原理与中国实际相结合，创立了毛泽东思想，创立了邓小平理论，形成了“三个代表”重要思想，形成了科学发展观，创立了习近平新时代中国特色社会主义思想。这五大理论成果中都包含丰富的法治理论，特别是习近平法治思想构成了习近平新时代中国特色社会主义思想的重要组成部分。自党的十八大以来，习近平总书记从历史和现实相贯通、国际和国内相关联、理论和实际相结合上，深刻回答了新时代为什么实行全面依法治国、怎样实行全面依法治国等一系列重大问题，形成了一整套具有成熟哲学方法和鲜明实践特征的法治理论，为全面依法治国、建设法治中国提供了科学的理论指导和根本的行动遵循。党的十八届四中全会决定明确指出，“必须从我国基本国情出发，同改革开放不断深化相适应，总结和运用党领导

① 习近平．论坚持全面依法治国．北京：中央文献出版社，2020：6.

人民实行法治的成功经验，围绕社会主义法治建设重大理论和实践问题，推进法治理论创新，发展符合中国实际、具有中国特色、体现社会发展规律的社会主义法治理论……”[①]。习近平法治思想是党和人民处理新时代法治问题的基本立场、观点和方法，必须认真贯彻、长期坚持，将其创造性地转化为做好全面依法治国各项工作的强大动力，转化为推进法治建设的思路举措，转化为全面建设社会主义法治国家的生动实践，不断开创法治中国建设新局面。

中国特色社会主义法治理论，在本质上是中国特色社会主义理论在法治问题上的成果，是对马克思主义法治理论的继承和发展，是马克思主义法治理论中国化实践的智慧结晶，是对中国特色社会主义法治最新实践经验的科学总结和理论升华。坚持全面依法治国，全面推进依法治国全过程和各方面，坚定不移走中国特色社会主义法治道路，建设和完善以宪法为核心的中国特色社会主义法治体系，离不开中国特色社会主义法治理论的指引，少不了明确的理论指导和根本遵循。

坚持中国特色社会主义法治道路，既要坚持中国特色社会主义法治理论，也要持续创新发展中国特色社会主义法治理论；既要汲取古今中外法治思想精华，提炼法治民族精神，又要继续保持马克思主义法治理论与中国法治实践相结合，总结和运用好党关于新时代加强法治建设的思想理论成果，为中国特色社会主义法治体系建设和法治实践持续提供理论指导与学理支撑。

三、坚持中国特色社会主义法治道路的基本原则

习近平总书记指出：“走中国特色社会主义法治道路是一个重大课题，

① 中共中央关于全面推进依法治国若干重大问题的决定. 北京：人民出版社，2014：7.

有许多东西需要深入探索，但基本的东西必须长期坚持。”[①] 党的十八届四中全会决定提出，实现全面推进依法治国总目标，走中国特色社会主义法治道路，必须坚持五个原则。习近平总书记在关于党的十八届四中全会决定的说明中将这五个原则称为走中国特色社会主义法治道路必须长期坚持的基本的东西。[②] 相对于核心要义是坚持中国特色社会主义法治道路的实质性内涵，是社会主义法治区别于其他法治的根本性要素，基本原则则是坚持中国特色社会主义法治道路的根本保证。

（一）必须坚持中国共产党的领导

党的领导既是中国特色社会主义法治道路的核心要义，也是中国特色社会主义法治道路应当遵循的基本原则。就核心要义而言，党的领导是中国特色社会主义法治道路的本质属性和题中应有之义，离开了党的领导就不称其为中国特色社会主义法治。从基本原则层面来讲，坚持中国特色社会主义法治道路，时时刻刻必须牢记将党的领导贯彻在全面依法治国的全过程和各方面。坚持党的领导，不是一句空的口号，必须具体体现在党领导立法、保证执法、支持司法、带头守法上。一方面，要坚持党总揽全局、协调各方的领导核心作用，统筹依法治国各领域工作，确保党的主张贯彻到依法治国全过程和各方面。另一方面，要改善党对依法治国的领导，不断提高党领导依法治国的能力和水平。党既要坚持依法治国、依法执政，自觉在宪法法律范围内活动，又要发挥好各级党组织和广大党员、干部在依法治国中的政治核心作用和先锋模范作用。

（二）必须坚持人民主体地位

我国社会主义制度保证了人民当家作主的主体地位，也保证了人民在

① 习近平．加快建设社会主义法治国家．求是，2015（1）.

② 也有学者认为,“基本的东西”就是习近平同志在党的十八届四中全会上提出的三个“核心要义”和五个必须长期坚持的“基本原则”。张文显．习近平法治思想的基本精神和核心要义．东方法学，2021（1）.

全面推进依法治国进程中的主体地位。这是我们的制度优势，也是中国特色社会主义法治区别于资本主义法治的根本所在。

坚持人民主体地位，就是坚持法治建设要为了人民、依靠人民、造福人民、保护人民。必须牢牢把握社会公平正义这一法治价值追求，努力让人民群众在每一项法律制度、每一个执法决定、每一宗司法案件中都感受到公平正义。要保证人民在党的领导下，依照法律规定，通过各种途径和形式管理国家事务，管理经济和文化事业，管理社会事务。要把体现人民利益、反映人民愿望、维护人民权益、增进人民福祉落实到依法治国全过程，使法律及其实施充分体现人民意志。例如，北京市人大常委会通过的《北京市接诉即办工作条例》明确指出，接诉即办工作坚持以人民为中心的发展思想，规定本市建立接诉即办制度，围绕“七有”“五性”，坚持党建引领“街乡吹哨、部门报到”接诉即办，及时回应人民群众急难愁盼问题，为公众参与社会治理和公共政策制定提供信息渠道和有效途径。

（三）必须坚持法律面前人人平等

平等是社会主义法律的基本属性，是社会主义法治的基本要求，是社会主义核心价值观的重要内容之一。我国《宪法》庄严规定，中华人民共和国公民在法律面前一律平等。坚持法律面前人人平等，必须体现在立法、执法、司法、守法各个方面。在我国，任何组织和个人都必须尊重宪法法律的权威，都必须在宪法法律范围内活动，都必须依照宪法法律行使权力或权利、履行职责或义务，都不得有超越宪法法律的特权。任何人违反宪法法律都要受到追究，绝不允许任何人以任何借口、任何形式以言代法、以权压法、徇私枉法。我国《刑法》规定：对任何人犯罪，在适用法律上一律平等。不允许任何人有超越法律的特权。我国《刑事诉讼法》规定，对于一切公民，在适用法律上一律平等，在法律面前，不允许有任何特权。

（四）必须坚持依法治国和以德治国相结合

法律是成文的道德，道德是内心的法律，法律和道德都具有规范社会行为、维护社会秩序的作用：法安天下，德润人心。法律的有效实施有赖于道德支持，道德的践行也离不开法律约束。治理国家、治理社会必须一手抓法治、一手抓德治，法治和德治不可分离、不可偏废，国家治理需要法律和道德协同发力：既重视发挥法律的规范作用，又重视发挥道德的教化作用，实现法律和道德相辅相成、法治和德治相得益彰。这既是对历史经验的总结，也是对治国理政规律的深刻把握。

坚持依法治国和以德治国相结合，是中国特色社会主义法治道路的一个鲜明特点。中国古有“道法者治”的历史传统，也素有“为政以德”的治政思想。中国古代有“德主刑辅”“礼刑并用”的指导思想，法治与德治在我国历史长河中是实然状态，是共生共长、相容相济的，共为治国策略，共同实现国家的长治久安。重视法治与德治，是我们党的一贯传统。在改革开放后，随着我国社会主义市场经济的快速发展，市场经济的逐利性在一定程度上激发了人们追求经济利益的动力，法治和德治相结合，成为构建良好的市场秩序和发展健康经济的现实需求。[①] 邓小平同志强调：“我们现在搞两个文明建设，一是物质文明，一是精神文明。实行开放政策必然会带来一些坏的东西，影响我们的人民。要说有风险，这是最大的风险。我们用法律和教育这两个手段来解决这个问题。”[②] 江泽民同志指出：“我们在建设有中国特色社会主义，发展社会主义市场经济的过程中，要坚持不懈地加强社会主义法制建设，依法治国，同时也要坚持不懈地加强社会主义道德建设，以德治国。对一个国家的治理来说，法治和德治，从来都是相辅相成、相互促进的。二者缺一不可，也不可偏废。”“我们要

① 马晓颖．新时代依法治国与以德治国相结合的定位、逻辑和实践．理论导刊，2019（8）．
② 邓小平文选：第3卷．北京：人民出版社，1993：156．

把法制建设与道德建设紧密结合起来，把依法治国与以德治国紧密结合起来。”① 习近平总书记深刻指出：“改革开放以来，我们深刻总结我国社会主义法治建设的成功经验和深刻教训，把依法治国确定为党领导人民治理国家的基本方略，把依法执政确定为党治国理政的基本方式，走出了一条中国特色社会主义法治道路。这条道路的一个鲜明特点，就是坚持依法治国和以德治国相结合，强调法治和德治两手抓、两手都要硬。这既是历史经验的总结，也是对治国理政规律的深刻把握。”②

作为中国特色社会主义法治道路的一个鲜明特色，依法治国与以德治国表现为辩证统一关系，德治和法治在作用上互为补充：既要发挥道德对法治的支撑作用、滋养作用，用德治完善立法、执法、司法，也要发挥法律对德治的约束作用、保障作用，用法治惩恶扬善。

（五）必须坚持从中国实际出发

走什么样的法治道路、建设什么样的法治体系，是由一个国家的基本国情决定的。“……为国也，观俗立法则治，察国事本则宜。不观时俗，不察国本，则其法立而民乱，事剧而功寡。”③ 全面推进依法治国，必须从我国实际出发，同推进国家治理体系和治理能力现代化相适应，既不能罔顾国情、超越阶段，也不能因循守旧、墨守成规。习近平总书记指出：“中国特色社会主义政治制度之所以行得通、有生命力、有效率，就是因为它是从中国的社会土壤中生长起来的。中国特色社会主义政治制度过去和现在一直生长在中国的社会土壤之中，未来要继续苗壮成长，也必须深深扎根于中国的社会土壤。”④

在法治道路这个根本问题上，习近平总书记反复强调要从中国国情和

① 江泽民．论“三个代表”．北京：中央文献出版社，2001：135．

② 习近平．论坚持全面依法治国．北京：中央文献出版社，2020：165-166．

③ 商君书·算地．

④ 习近平．在庆祝全国人民代表大会成立六十周年大会上的讲话．求是，2019（18）．

实际出发，立足于社会主义初级阶段的国情，注重总结社会主义法治建设的成功经验，注重对中华优秀传统法律文化进行创造性转化、创新性发展，注重借鉴世界法治文明有益成果，努力探索符合法治规律和中国国情的法治模式，突出中国特色、时代特色和实践特色。习近平总书记在主持中央政治局第十七次集体学习时明确指出：中国特色社会主义国家制度和法律制度是一套行得通、真管用、有效率的制度体系，“我们要在坚持好、巩固好已经建立起来并经过实践检验的根本制度、基本制度、重要制度的前提下，坚持从我国国情出发，继续加强制度创新，加快建立健全国家治理急需的制度、满足人民日益增长的美好生活需要必备的制度。要及时总结实践中的好经验好做法，成熟的经验和做法可以上升为制度、转化为法律。”[①] 中国的法律有中国的特点，我们已经走出了建设中国特色社会主义制度的成功之路。在当前和今后一个时期，我们要坚持从我国国情和实际出发，正确解读中国现实、回答中国问题，坚定不移走中国特色社会主义法治道路。只要我们沿着这条道路前进，就一定能够实现国家治理体系和治理能力现代化。

四、坚持中国特色社会主义法治道路的基本要求

如何沿着中国特色社会主义法治道路奋勇前进？除有明确的方向和目标外，在前进的道路上，还应当有向导和参照。

（一）总结和运用党领导人民实行法治的成功经验

全面依法治国，坚持从中国实际出发，就要求把握走过的发展道路、积累的政治经验、形成的政治原则，从我国革命、建设、改革的实践中

---

① 习近平：继续沿着党和人民开辟的正确道路前进 不断推进国家治理体系和治理能力现代化. 人民日报，2019-09-25（01）.

探索适合自己的法治道路。[①] 在新民主主义革命时期，我们党创造了“马锡五审判方式”。1963 年，浙江省诸暨市枫桥镇创造了以“发动和依靠群众，坚持矛盾不上交，就地解决。实现捕人少，治安好”为主要内容的“枫桥经验”。对此，毛泽东同志亲笔批示，给予充分肯定。2013 年，习近平总书记作出重要指示：把“枫桥经验”坚持好、发展好，把党的群众路线坚持好、贯彻好。[②] 党的十八届四中全会决定提出，要健全社会矛盾纠纷预防化解机制，完善调解、仲裁、行政裁决、行政复议、行政诉讼等有机衔接、相互协调的多元化纠纷解决机制。

法治建设既要抓末端、治已病，更要抓前端、治未病。我国国情决定了我们不能成为“诉讼大国”。我国有 14 亿多人口，如果就大大小小的事都要打官司，那必然不堪重负！要推动更多法治力量向引导和疏导端用力，完善预防性法律制度，坚持和发展新时代“枫桥经验”，完善社会矛盾纠纷多元预防调处化解综合机制。这些具有中国特色的法治经验，需要我们总结并形成有效的法律制度。我国的人民调解制度便是一项有中国特色的、具有深厚中华民族传统的法律制度，也是我国独创的化解社会矛盾、消除纷争的非诉讼解决人民内部矛盾的一种主要形式。为了完善人民调解制度，规范人民调解活动，及时解决民间纠纷，维护社会和谐稳定，我国制定了《人民调解法》。根据《人民调解法》，村民委员会、居民委员会设立人民调解委员会，企业、事业单位根据需要设立人民调解委员会。人民调解委员会是依法设立的调解民间纠纷的群众性组织。经人民调解委员会调解达成的调解协议，具有法律约束力，当事人应当按照约定履行。有些西方国家也认为这是我们的“东方经验”，是我们国家我们民族创造的方式。

---

① 习近平谈治国理政：第 4 卷．北京：外文出版社，2022：290.

② 习近平：把“枫桥经验”坚持好、发展好把党的群众路线坚持好、贯彻好．人民日报，2013-10-12（01）.

习近平总书记在中共中央政治局第三十五次集体学习时强调：坚定不移走中国特色社会主义法治道路，更好推进中国特色社会主义法治体系建设。要总结我国法治体系建设和法治实践的经验，阐发我国优秀传统法治文化，讲好中国法治故事。①

（二）传承中华优秀传统法律文化

自古以来，我国形成了世界法律史上独树一帜的中华法系，积淀了深厚的法律文化。中华法系形成于秦朝，到隋唐时期逐步成熟，《唐律疏议》是代表性的法典，清末以后中华法系影响日渐衰微。与大陆法系、英美法系、伊斯兰法系等不同，中华法系是在我国特定历史条件下形成的，显示了中华民族的伟大创造力和中华法制文明的深厚底蕴。中华法系凝聚了中华民族的精神和智慧，有很多优秀的思想和理念值得我们传承。自党的十八大以来，习近平总书记深刻总结我国古代法制传统和成败得失，挖掘和传承中华优秀传统法律文化精华，赋予中华法治文明新的时代内涵，使中华法治文明焕发出新的生命力。②

中华优秀传统法律文化中，有很多精华值得我们继承和发展：

（1）民惟邦本、本固邦宁的民本理念。历数治乱兴衰、王朝更迭，得民心者得天下，失民心者失天下。这一理念启示我们，在人民当家作主的社会主义中国，要坚持以人民为中心的根本立场，保障人民群众在党的领导下积极参与法治建设，健全社会公平正义法治保障制度，努力让人民群众在每一项法律制度、每一个执法决定、每一宗司法案件中都感受到公平正义。

（2）出礼入刑、隆礼重法的治国策略。“治之经，礼与刑”，这一治国

① 习近平在中共中央政治局第三十五次集体学习时强调 坚定不移走中国特色社会主义法治道路 更好推进中国特色社会主义法治体系建设．人民日报，2021-12-08（01）.

② 陈一新．习近平法治思想是马克思主义中国化最新成果．人民日报，2020-12-30（10）.

策略启示我们，要正确处理好法治和德治的关系，坚持依法治国与以德治国相结合。法律和道德都能规范社会行为、调节社会关系、维护社会秩序，在国家治理中都有其地位和作用。要强化道德对法治的支撑作用，大力弘扬社会主义核心价值观，培育社会公德、职业道德、家庭美德、个人品德；强化法治对道德的促进作用，通过法律强制力来维护道德底线。

（3）天下无讼、以和为贵的价值追求。“礼之用，和为贵”，这一价值追求启示我们，要强调源头治理，建立健全多元化矛盾纠纷预防解决机制，推动更多法治力量向引导和疏导端用力，畅通群众诉求表达、利益协调、权益保障通道，确保社会和谐稳定、人民安居乐业。

（4）德主刑辅、明德慎罚的慎刑思想。重视道德教化，禁止乱罚滥杀，是中华法治文明最重要的思想原则之一。这一思想启示我们，要适应刑事犯罪发生结构性变化的新形势，完善宽严相济的刑事政策，深化落实认罪认罚从宽制度，坚持少捕慎诉慎押，扩大使用非羁押手段，最大限度减少社会对立面。

（5）援法断罪、罚当其罪的平等观念。在春秋战国时期，法家就提出“事断于法”“君臣上下贵贱皆从法”“刑过不避大臣，赏善不遗匹夫”等思想观点。这体现了中国古代重视法制、反对严刑酷罚的进步精神。这一观念启示我们，要坚持法律面前人人平等，依法纠正重大冤假错案，着力推进以审判为中心的刑事诉讼制度改革，发挥庭审在查明事实、认定证据、公正裁判中的关键作用，确保无罪的人不受刑事追究、有罪的人得到应有惩罚。

（6）保护鳏寡孤独、老幼妇残的恤刑原则。“老有所终”“幼有所长”“矜寡孤独废疾者，皆有所养”，是中华民族从古至今的大同理想。我们在新中国成立 70 周年之际实行特赦，依法对参加过抗日战争、解放战争，年满 75 周岁、身体严重残疾且生活不能自理的等九类服刑罪犯实行特赦，向世人展示了中国的法治精神和人道主义精神。

（三）吸收借鉴人类文明的有益法治成果

坚持从中国实际出发，不等于关起门来搞法治。除了继承优秀的中国传统法律文化，我们当然也应该借鉴国外的有益法治成果。法治是人类文明的重要成果之一，法治的精髓和要旨对于各国的国家治理和社会治理具有普遍意义。比如，我们今天所说的程序正当、法律面前人人平等、权力监督制约等理念，就来源于人类共同的法治文明。中国特色社会主义法治道路，首先走的是一条法治道路，我们要积极吸收借鉴人类法治文明发展中的成果，但也要加以甄别，“……学习借鉴不等于是简单的拿来主义，必须坚持以我为主、为我所用，认真鉴别、合理吸收，不能搞‘全盘西化’，不能搞‘全面移植’，不能照搬照抄”[①]。我们需要借鉴国外政治文明有益成果，但决不能放弃中国政治制度的根本。对丰富多彩的世界，我们应该秉持兼容并蓄的态度，虚心学习他人的好东西，在独立自主的立场上把他人的好东西加以消化吸收，化成我们自己的好东西，但决不能囫囵吞枣、决不能邯郸学步。照抄照搬他国的政治制度行不通，会水土不服，会画虎不成反类犬，甚至会把国家前途命运葬送掉。只有扎根本国土壤、汲取充沛养分的制度，才最可靠，也最管用。[②]

历史和现实告诉我们：只有传承中华优秀传统法律文化，从我国革命、建设、改革的实践中探索适合自己的法治道路，同时借鉴国外法治有益成果，才能为全面建设社会主义现代化国家、实现中华民族伟大复兴夯实法治基础。

坚持中国特色社会主义法治道路，不能故步自封，而是要与时俱进，不断推进理论创新、制度创新、实践创新，不断丰富三个核心要义、五项

① 习近平．加快建设社会主义法治国家．求是，2015（1）．
② 习近平．在庆祝全国人民代表大会成立六十周年大会上的讲话．求是，2019（18）．

基本原则的具体内涵，不断拓展中国特色社会主义法治道路。自党的十八大以来，习近平同志领导党和人民全面依法治国、建设法治中国，以新的理论和实践全面拓展了中国特色社会主义法治道路，使我国法治建设实现了从依法治国到全面依法治国、从建设法治国家到建设法治中国、从建设中国特色社会主义法律体系到建设中国特色社会主义法治体系、从形式法治的“法律之治”到形式法治与实质法治有机融合的“良法善治”、从推进依法治国到统筹推进依法治国和依规治党、从国内法治到统筹国内法治和涉外法治的历史性跨越。党的十九届四中全会决定把法治贯通于制度建设和国家治理的各个方面，充分体现了法治是治国理政的基本方式，依法治国是坚持和发展中国特色社会主义的基本方略，在法治的轨道上推进国家治理体系和治理能力现代化，进一步拓展了中国特色社会主义法治道路。[①]

① 张文显．习近平法治思想的基本精神和核心要义．东方法学，2021（1）．

第七讲
坚持依宪治国、依宪执政

在习近平法治思想中，宪法一直占据十分重要的位置。如何切实保障宪法的实施，发挥宪法在党领导人民治国理政过程中的根本依据作用，一直是习近平总书记思考的重要主题。习近平总书记针对宪法的性质与地位、宪法在全面依法治国重大战略中的重要作用，及宪法的实施保障等一系列理论问题，提出了具有高度原创性的观点，作出了一系列关于宪法实施问题的重要指示。这些内容构成了习近平法治思想的重要组成部分。坚持依宪治国、依宪执政也构成了全面依法治国重大战略的首要重点任务。在全面依法治国工作会议上的讲话中，习近平总书记以高屋建瓴的话语阐释了党的领导与宪法之间的关系、宪法的根本法地位，以及依宪治国、依宪执政所必须坚持的基本原则等重大问题。

一、坚持依法治国首先要坚持依宪治国，坚持依法执政首先要坚持依宪执政

（一）宪法的性质与地位：总章程、根本法

2012 年 12 月 4 日，首都各界隆重集会，共同纪念现行宪法公布实施 30 周年。习近平总书记在讲话中第一次系统阐述了他的宪法理念：“宪法是国家的根本法，是治国安邦的总章程，具有最高的法律地位、法律权威、法律效力，具有根本性、全局性、稳定性、长期性。全国各族人民、一切国家机关和武装力量、各政党和各社会团体、各企业事业组织，都必须以宪法为根本的活动准则，并且负有维护宪法尊严、保证宪法实施的职责。任何组织或者个人，都不得有超越宪法和法律的特权。一切违反宪法

和法律的行为，都必须予以追究。”[①] 这一论述继承和发展了马克思主义的宪法观，将对宪法之性质与地位的认识提升到了一个新的高度。

毛泽东同志最早给出宪法是国家的“总章程”“根本法”的定义，他指出：“一个团体要有一个章程，一个国家也要有一个章程，宪法就是一个总章程，是根本大法。”[②] 这样一种定义从此成为我国主流话语体系中关于宪法之性质与地位的经典表达方式。习近平总书记赋予“总章程”和“根本法”以新的时代内涵，将“总章程”前加入了“治国安邦”这样的定语，凸显了宪法在确立国家政治秩序、为国家治理提供基本依据方面的特殊重要性。对于宪法的根本法地位，习近平总书记也给予了全新的阐释，大大丰富了“根本法”概念的内涵，即宪法的根本法特性体现在其具有最高的法律地位、法律权威与法律效力。宪法的总章程与根本法地位不能仅仅停留在理念的宣示层面，还需要以具体的保障措施来维护这一地位的稳定，因此“全国各族人民、一切国家机关和武装力量……负有维护宪法尊严、保证宪法实施的职责”[③]。此外，相应的责任追究机制应成为维护宪法的总章程和根本法地位的配套措施。

（二）宪法的根本政治原则：坚持党的领导

在我国，作为执政党的中国共产党与西方发达国家的政党有着本质的区别。执政党在治国理政中的特殊地位是由宪法明确规定的：“中国共产党领导是中国特色社会主义最本质的特征。”[④] 也就是说，依宪治国与坚持党的领导是一体两面，依宪治国的前提是坚持党的领导，否则，依宪治国的主体就无法获得结构的稳定性。

从近代早期世界范围的宪法实践来看，政党并不是宪法所关注的对

---

① 习近平．论坚持全面依法治国．北京：中央文献出版社，2020：10-11．

② 毛泽东文集：第 6 卷．北京：人民出版社，1999：328．

③ 《宪法》序言．

④ 《宪法》第 1 条．

象，在美法革命后所制定的宪法中，政党或者党派反而是宪法所要密切防范的对象，因为在制宪者眼中，政党或党派构成了社会的不稳定因素。在当时，现代西方政党政治尚未产生，政党作为执政的主体参与治国理政这一现代现象更是无从发生。而在现代宪法的语境之下，政党虽然在政治生活中具有了特殊的重要性，但由于政党并非国家政府机关，而主要是组织选举、形成国家政府机关并维持其运转的重要工具，所以现代宪法一般也不会明确规定政党的地位。德国基本法虽然规定了政党问题，但主要是把政党当作一种特殊的、政治性的社会组织来规定的。其主要目的是防止纳粹党这样的极端政党再度产生政治影响，破坏德国基本法所建立的现代民主秩序。从这个角度来看，中国宪法对中国共产党执政党地位的规定是宪法制度的一大创新，同时也是我们应当坚持的一项根本的政治原则。

（三）宪法的人民属性：一切权力属于人民

习近平总书记指出："我们党领导人民制定的宪法，是中国历史上第一部真正意义上的人民宪法。宪法是统治阶级意志的产物。我国是工人阶级领导的、以工农联盟为基础的人民民主专政的国家，我们党是中国工人阶级的先锋队，同时是中国人民和中华民族的先锋队，因而能够制定真正意义上的人民宪法。"① 宪法的合法性最终来源于人民，因此宪法才会得到人民的真心拥护，而宪法本身的制度构建，又是在回馈人民对它的拥护，这种回馈的主要方式，就是建立了一套完善的公民权利保障机制。

"公民的基本权利和义务是宪法的核心内容，宪法是每个公民享有权利、履行义务的根本保证。宪法的根基在于人民发自内心的拥护，宪法的伟力在于人民出自真诚的信仰。只有保证公民在法律面前一律平等，尊重和保障人权，保证人民依法享有广泛的权利和自由，宪法才能深入人

① 习近平．论坚持全面依法治国．北京：中央文献出版社，2020：214-215．

心，走入人民群众，宪法实施才能真正成为全体人民的自觉行动。”① 可以说，这一论断直指现代宪法的真正内核，道尽了中国共产党领导人民艰苦奋斗、不断抗争，最终实现解放的最终价值追求。坚持依宪治国、依宪执政，最终的目的也就是在不断发展的基础上保障并促进人民的权利。中国共产党作为执政党之所以能够得到人民的衷心拥护，原因正在于作为其治国依据的宪法的良好实施对人民福祉的保证。

（四）宪法的重大作用：治国理政的基本依据

习近平总书记指出：“我国宪法以国家根本法的形式，确立了中国特色社会主义道路、中国特色社会主义理论体系、中国特色社会主义制度的发展成果，反映了我国各族人民的共同意志和根本利益，成为历史新时期党和国家的中心工作、基本原则、重大方针、重要政策在国家法制上的最高体现。”② 习近平总书记还指出：“中国特色社会主义进入了新时代，对我们党推进全面依法治国特别是依宪治国、依宪执政提出了新的更高要求。我们要决胜全面建成小康社会、开启全面建设社会主义现代化国家新征程、实现中华民族伟大复兴的中国梦，我们要推进国家治理体系和治理能力现代化、提高党长期执政能力，必须更加注重发挥宪法的重要作用。”③ 为什么在新时代坚持和发展中国特色社会主义需要更加注重发挥宪法的重要作用？原因就在于“宪法规定的是国家的重大制度和重大事项，在国家和社会生活中具有总括性、原则性、纲领性、方向性”④。

除关于国家根本任务的规定之外，宪法的其他规定几乎同样事关我国重要政治制度的所有领域，因此可以说，宪法本身就是中国共产党领导中国人民进行中国特色社会主义事业建设的根本依据。只有时刻从宪法出

① 习近平．论坚持全面依法治国．北京：中央文献出版社，2020：13-14.
② 习近平．论坚持全面依法治国．北京：中央文献出版社，2020：8-9.
③ 习近平．论坚持全面依法治国．北京：中央文献出版社，2020：216-217.
④ 习近平．论坚持全面依法治国．北京：中央文献出版社，2020：218.

发，时刻遵守宪法的规定，时刻注意与违反宪法规定的现象作斗争，我国的根本发展方向才不会受到干扰，社会主义建设事业才能稳步推进，宪法所规定的国家权力的配置才能有效运作，宪法所保障的公民基本权利才能最大限度地实现。坚持依宪治国、依宪执政的过程，就是实现宪法所规划的蓝图的过程。实施好宪法，维护好宪法，才能为新时代坚持和发展中国特色社会主义、实现“两个一百年”奋斗目标和中华民族伟大复兴的中国梦提供有力的宪法保障。

二、依宪治国、依宪执政的特殊范畴

（一）主体价值：依宪治国的中国内涵

1. 依宪治国的主体：中国共产党领导下的中国人民

在实质上看，中国的依宪治国与其他国家的“依宪治国”的本质区别首先在于主体的不同。从语法上讲，“依宪治国”并非一个完整的句子，其主语被约定俗成地隐藏起来，而这一被隐藏的主语正是依宪治国的主体。这一主体是一个最具中国特色的复合结构，即中国共产党领导下的中国人民。这一复合结构是内生于“一切权力属于人民”的人民民主专政的社会主义国家形成的历史过程中的，因此其不同于西方形式意义上的人民主权的制宪主体结构，而是以人民主权为基础所产生的社会主义类型的制宪主体结构。宪法上对这一结构的历史作用及任务的规定非常明确：“中国各族人民将继续在中国共产党领导下……把我国建设成为富强民主文明和谐美丽的社会主义现代化强国，实现中华民族伟大复兴。”①

作为这一结构中的领导主体的中国共产党，依靠在革命、建设和改革的历史进程中积累的政治凝聚力来不断获取执政的合法性。这种方式既是历史的，也是现实的，而且处于不断的发展过程中。作为执政党政治合法

① 《宪法》序言.

性来源的中国人民，并不是通过选票的形式，而是在历史与现实中受中国共产党的政治向心力的吸引，深度认同其执政的合法性。因此，这样的复合型主体，既具有民主的基础又具有稳定性，并且与我们的宪制结构具有一种“共命运”的关系。

2. 人民民主专政和人民代表大会制度

如果我们接受现代宪法的一个基本理论预设，即在宪法的基本结构中，政治组织是实现权利保障这一目的的基本手段的话，那么中国宪法在实现这一目的的过程中有着显著独特的路径选择。这主要表现在我们所选择的政治制度上：首先，我们的国体是社会主义性质的；其次，在社会主义国体的基础上，人民代表大会制度是对人民民主专政这一在历史中形成的政治类型的制度落实。这是正面的描述。事实上，从另一面进行反推更能说明这一政治体制的必要性：如果我国选择的具体宪法制度是西方式的议会内阁制或者“三权分立”制度，那么将意味着在政治体制运转的原动力上必须引入多党竞争的权力分配模式。只有这样，不同国家机关之间的制约关系才会形成有效的平衡。但这样一来，我们在一百多年的革命、建设与改革过程中所形成的特殊政治共同体结构将彻底消解掉。因此，从这个方面也可以证立：我们的依宪治国，必须以人民民主专政和人民代表大会制度为最基本的体制基础。

（二）基本依据：我国宪法的文本结构

1. 序言和总纲：我国宪法秩序的合法性来源

对于我国宪法的性质，特别是其产生的根源与表现形式，习近平总书记有着十分深刻的认识：“我国宪法同党和人民进行的艰苦奋斗和创造的辉煌成就紧密相连，同党和人民开辟的前进道路和积累的宝贵经验紧密相连。”[①]“宪法集中体现了党和人民的统一意志和共同愿望，是国家意志的最

① 习近平．论坚持全面依法治国．北京：中央文献出版社，2020：7.

高表现形式。‘法者，国家所以布大信于天下。’可以说，宪法是国家布最大的公信于天下。”① 我国现行宪法的序言及总纲，主要的任务就是以明确的宪法文本宣示我国宪法产生的独特路径以及制宪权主体的特殊表现形式。

宪法作为一国法律体系金字塔的塔尖，享受的尊崇地位和权威是与其发挥的作用成正比例的。宪法的主要作用在于为整个法律体系提供根本的合法性来源，也就是说，一种法律规范，只要符合宪法的规定，有宪法的依据，就足以证明其效力，对其所进行的合法性追问到宪法为止。宪法的特殊性在于，宪法本身无法从包括其本身在内的现行法律体系中获得合法性证明，因此宪法的合法性问题就成为一个理论上的难题。其原因在于，宪法是位于政治与法律的分界线上的特殊法律，是法律体系内部的合法性边界，关于其自身的合法性只能到政治的领域中去寻找。任何一套法律体系的建立与稳定实施都必须奠基于稳定的政治，而我国宪法的序言与总纲，正是对从政治到法律这一重要过渡所进行的合法性建构。

2. 国家机构及其权力配置：依宪治国、依宪执政的制度基础

习近平总书记对我国所应坚持的独特的政治与法治道路有着明确的指示，他指出：“全面推进依法治国必须走对路。要从中国国情和实际出发，走适合自己的法治道路，决不能照搬别国模式和做法，决不能走西方‘宪政’、‘三权鼎立’、‘司法独立’的路子。”②。

我们国家的制度构造决定了坚持依宪治国、依宪执政也要切实保障宪法获得有效实施：首先，我国的政体是人民代表大会制度，全国人民代表大会是我国的最高权力机关，地方各级人民代表大会是地方各级权力机关。国务院、国家监察委员会、最高人民检察院及最高人民法院，都由全

① 习近平谈治国理政：第 3 卷. 北京：外文出版社，2020：281.

② 习近平. 论坚持全面依法治国. 北京：中央文献出版社，2020：229.

国人民代表大会产生并对其负责。它们之间既不是“三权分立”模式，也不同于“责任内阁”模式。其次，我国的司法机关依法独立行使职权，不受行政机关、社会团体和个人的干涉，并对同级人民代表大会负责。最后，这样一种权力的组织与配置模式所遵循的基本原则是民主集中制，目的是在民主和效率之间实现某种平衡，最终体现社会主义人民民主专政的优越性。

（三）政治保障：执政党主导修宪的宪法惯例

在宪法学理论上，宪法的保障机制具有特殊重要性；在学术研究和政治实践中，这一重要性往往体现在特定宪法审查制度的确立中，如美国式的普通法院司法审查模式以及欧洲大陆国家的宪法法院审查模式。我国的全国人大常委会保障宪法实施模式是各种不同的保障模式中的一种。这种保障模式将宪法作为行为判断的准据。但从广义来讲，根据时代的发展状况不断地更新宪法的文本，使宪法对于变动中的社会现状更加具有解释力与控制力，也是宪法保障的题中应有之义。这种保障可以被称为政治的保障，体现的是制宪权主体运用制宪权的能动性对宪法的维护。

在我国，这种保障模式也具有独特性，即执政党是重要的宪法保障主体。在我国，执政党的地位不仅在文本上得到宪法的明确规定，而且在实践中还以主导修宪的方式体现出来。我国宪法针对自身的修改规定了一套较为明确的程序，主要包括修正案的提出程序和特殊的表决程序。这些程序本身是宪法在社会主义法律体系中居于最高地位的体现。但这样一套程序规定在实践中并不是自发运行的，根据我国现行宪法的 5 次修正来看，于每一次的宪法修正，执政党都起到了主导作用。综合来讲，这一模式主要指的就是：执政党在充分的政治现实需求的基础上，起草并通过宪法修正案建议案，之后将这一建议案提交全国人大常委会，由全国人大常委会作为宪法明确规定的修正案提出主体提交全国人大，最后由全国人大以全体代表的三分之二以上的赞成票通过。

三、加强宪法实施和监督的基本路径

习近平总书记多次强调，宪法的生命在于实施。坚持依宪治国、依宪执政的前提也在于切实保障宪法的实施，使宪法真正成为调整我国政治生活的最高准则。然而，徒法不足以自行，要想实施宪法，必须建立健全配套的宪法实施机制。在理论上说，宪法的实施机制大体上可以被划分为两大类别：一类是柔性的宪法文化培育机制，另一类是刚性的制度化宪法实施机制。自党的十八大以来，习近平总书记关于宪法的论述及党领导人民学习宪法、尊崇宪法、宣传宪法、促进宪法发展、保障宪法实施的工作，主要是围绕这些方面展开的。

（一）宪法文化的仪式化塑造："国家宪法日"、宪法宣誓制度

"国家宪法日"由第十二届全国人大常委会第十一次会议于 2014 年 11 月 1 日通过的《全国人民代表大会常务委员会关于设立国家宪法日的决定》设立，该决定指出："为了增强全社会的宪法意识，弘扬宪法精神，加强宪法实施，全面推进依法治国……将 12 月 4 日设立为国家宪法日。国家通过多种形式开展宪法宣传教育活动。"

"国家宪法日"这样一个具有高度仪式化色彩的节日，虽然并不是一种实施宪法的刚性的制度建构，但这种柔性的宪法文化的制度化培育对于宪法的顺利实施来说有着不可估量的意义：通过这样的节日性纪念，依宪治国、依宪执政的重要理念在全国范围内获得了广泛的传播，宪法意识、宪法思维深入人心，举国上下尊崇宪法、维护宪法、用宪法保障人民权益的社会氛围形成。更为重要的是，设立"国家宪法日"，也是为了让宪法思维内化于所有国家公职人员心中，让他们能够时刻谨记：自己手中掌握的一切权力都来源于人民。国家公职人员只有为人民服务的义务，没

有凌驾于人民之上的特权。一切违反宪法和法律的行为都必须受到追究和纠正。

宪法宣誓制度与“国家宪法日”类似，同样是一种柔性的宪法实施机制，虽然名为“制度”，但其内核是一种高度仪式化的文化培育机制。这一制度由党的十八届四中全会决定提出设立。该决定指出，要“建立宪法宣誓制度，凡经人大及其常委会选举或者决定任命的国家工作人员正式就职时公开向宪法宣誓”。习近平总书记在关于该决定的说明中指出，“这是世界上大多数有成文宪法的国家所采取的一种制度……这样做，有利于彰显宪法权威，增强公职人员宪法观念，激励公职人员忠于和维护宪法，也有利于在全社会增强宪法意识、树立宪法权威”。

为什么宪法宣誓这种表面上看来是礼仪性的、形式色彩浓厚的制度，在实践中会有如此大的作用，能够彰显并进而维护宪法的权威？这主要与应当进行宪法宣誓的主体有关。从宪法规定及全国人大常委会的决定可以看出，虽然这一主体无论从层级来看还是从机关组织的性质来看，范围非常广泛，但他们的一个本质性的共同点是均为“国家工作人员”。宪法宣誓制度突出了宪法所具有的最高的法律地位、法律权威、法律效力，有利于促进国家工作人员增强宪法意识，培养和运用宪法思维、宪法理念；有利于让国家工作人员在内心深处尊重宪法；有利于增强国家工作人员履行职务的使命感和责任感。

（二）宪法实施的制度性构建

1. 宪法解释与备案审查

习近平总书记指出：“监督宪法的实施，解释宪法，是宪法赋予全国人大及其常委会的重要职责。全国人大及其常委会和国家有关监督机关要担负起宪法监督职责，加强对宪法法律实施情况的监督检查，坚决纠正违宪违法行为。要完善人大工作机制设置，加强和改进宪法监督方面的工作。"[①] 对于我国宪法实施的监督来说，最为重要的两项制度安排是宪法解释与备案审查。宪法解释，顾名思义，就是宪法解释机关针对宪法的条文所作的解释。其主要目的是为备案审查提供依据。而备案审查指的是将按照立法程序制定或修改的法律规范提交有权机关备案，由有权机关针对该法律规范进行审查的制度。其审查依据主要是宪法及受审查法律规范的上位法律。

备案审查制度是维护宪法权威、保障宪法实施，使宪法对我国政治生活产生根本的控制力与规范力的重要制度安排，因此，习近平总书记十分重视我国备案审查制度的建设，他指出："要健全宪法监督机制，推进合宪性审查工作。有关方面拟出台的法规规章、重要政策和重大举措，凡涉及宪法有关规定如何理解、如何适用的，都应当事先经过全国人大常委会合宪性审查，确保同宪法规定、宪法精神相符合。要健全宪法解释机制，加强宪法解释工作，积极回应涉及宪法有关问题的关切，努力实现宪法的稳定性和适应性的统一。"[②]

为了贯彻党的十九大报告关于"推进合宪性审查工作"的政策要求，进一步落实习近平总书记关于加强宪法实施监督的指示，2018 年现行宪法修改时将全国人大法律委员会更名为全国人大宪法和法律委员会。党的十九届三中全会通过了《中共中央关于深化党和国家机构改革的决定》，随后《深化党和国家机构改革方案》印发，其中明确提出，全国人大宪法和法律委员会在继续承担统一审议法律草案工作的基础上，增加推动宪法实施、开展宪法解释、推进合宪性审查、加强宪法监督、配合宪法宣传等职责。

我国已经建立起了较为完备的以宪法解释与备案审查机制为核心的宪法监督机制。我国的宪法监督主体是全国人大及其常委会，这从根本上取

① 习近平．论坚持全面依法治国．北京：中央文献出版社，2020：206.
② 习近平．论坚持全面依法治国．北京：中央文献出版社，2020：206.

决于我国人民民主专政的国体及人民代表大会制度的政体。在我国，全国人民代表大会是最高国家权力机关，是我国最为主要的立法机关，同时也是宪法修改机关。全国人大常委会是其常设机关，有权监督国务院、中央军事委员会、国家监察委员会、最高人民法院和最高人民检察院的工作。因此，在我国，没有任何国家机关具有超越全国人大及其常委会的权威与地位。另外，全国人大及其常委会主要是负责立法，因此对于立法背景、现实需要、法律结构、实施方式以及所立之法与宪法之间的关系，全国人大及其常委会具有最为深入的了解，而其他任何国家机关不具有这一优势。因此由全国人大及其常委会负责监督宪法实施，有助于有效地理顺宪法与法律之间的关系，也有助于准确适用宪法来解决不同层级法律规范之间的矛盾冲突。

2. 完备的体系化实施机制

习近平总书记指出："要在党中央领导下，加快形成完备的法律规范体系、高效的法治实施体系、严密的法治监督体系、有力的法治保障体系，形成完善的党内法规体系，用科学有效、系统完备的制度体系保证宪法实施。"[①] 宪法是根本法、总章程，规定的主要是国家政治生活中最为重大的事项，因此，宪法就不免具有高度抽象性的特征，无法面面俱到地对政治、经济、社会、文化等各个不同领域的规则进行系统的规定，因此宪法实施的一条重要路径，就是通过建立完备的法律规范体系、高效的法治实施体系、严密的法治监督体系、有力的法治保障体系和完善的党内法规体系，来保障宪法的精神、原则与制度落到实处。

中国特色社会主义法律体系已经在2010年形成，并自党的十八大以来不断完善和发展。但也要看到，当前我国一些法律规范仍然存在健全完善的空间。高效的法治实施体系是构建宪法的体系化实施机制的难点，在

① 习近平．论坚持全面依法治国．北京：中央文献出版社，2020：201．

国家和社会生活各方面总体上实现有法可依的情况下，有法必依、执法必严、违法必究就显得更为重要、更加紧迫，直接关系到全面依法治国的成效。要形成严密的法治监督体系，就要抓紧完善立法、执法、司法权力运行制约和监督机制，加强党内监督、人大监督、民主监督、行政监督、司法监督、审计监督、社会监督和舆论监督制度建设，努力形成科学有效的权力运行制约和监督体系。而要形成有力的法治保障体系，就要切实加强党对全面依法治国的领导，提高党的依法执政能力和水平，为全面依法治国提供方向引领和政治保障；此外还要加强组织保障、人才保障、科技保障和理论保障。党内法规既是管党治党的重要依据，也是建设社会主义法治国家的重要保障。完善党内法规体系，有助于提高党的执政能力，协调党内法规与以宪法为核心的法律体系之间的关系，促进宪法的实施。

3.“一国两制”的生动实践

“一国两制”是中国政府为实现国家和平统一而提出的基本国策。按照邓小平的论述，“一国两制”是指在一个中国的前提下，国家的主体坚持社会主义制度，香港、澳门、台湾保持原有的资本主义制度长期不变。[①]我国现行《宪法》第 31 条规定：“国家在必要时得设立特别行政区。在特别行政区内实行的制度按照具体情况由全国人民代表大会以法律规定。”在这一基本国策及宪法规范的指引之下，香港、澳门地区相继回归并分别建立了特别行政区，使我国的宪法实践发生了重大的变化，特别行政区的制度实践成为我国宪法实施最为活跃和生动的组成部分。

2017 年 7 月 1 日，习近平总书记在庆祝香港回归祖国 20 周年大会暨香港特别行政区第五届政府就职典礼上发表重要讲话，指出：“回归完成了香港宪制秩序的巨大转变，中华人民共和国宪法和香港特别行政区基本

① 中华人民共和国国务院新闻办公室.“一国两制”在香港特别行政区的实践. 北京：人民出版社，2014：3.

法共同构成香港特别行政区的宪制基础。宪法是国家根本大法，是全国各族人民共同意志的体现，是特别行政区制度的法律渊源。基本法是根据宪法制定的基本法律，规定了在香港特别行政区实行的制度和政策，是'一国两制'方针的法律化、制度化，为'一国两制'在香港特别行政区的实践提供了法律保障。"[①] 这一论述深刻地阐明了我国宪法与特别行政区基本法之间的关系，指出特别行政区的宪制基础是由我国宪法与特别行政区基本法所共同构成的，而且宪法是根本法，特别行政区基本法的实施也不能违反宪法的规定。

2020 年 6 月 30 日，习近平签署、公布了由第十三届全国人大常委会第二十次会议通过的《中华人民共和国香港特别行政区维护国家安全法》，为香港特别行政区国家安全的维护构筑起了一道坚实的防火墙。这部法律明确规定：中央人民政府对香港特别行政区有关的国家安全事务负有根本责任；香港特别行政区负有维护国家安全的宪制责任，应当履行维护国家安全的职责。[②] 同时，这部法律还构建了一整套的维护香港特别行政区国家安全的制度体系，筑牢了在香港特别行政区防控国家安全风险的制度屏障。这部法律是继《中华人民共和国香港特别行政区基本法》之后，中央为香港专门制定的第二部重要法律，也是落实党的十九届四中全会重大部署的一个重要举措。中央充分利用宪法和特别行政区基本法所赋予的权力，以法治思维进行治港的顶层设计，牢牢地把握住了香港未来发展繁荣的方向。这对"一国两制"的实践将产生深远的影响。

① 习近平．论坚持全面依法治国．北京：中央文献出版社，2020：121．

② 《中华人民共和国香港特别行政区维护国家安全法》第 3 条第 1、2 款。

第八讲 坚持在法治轨道上推进国家治理体系和治理能力现代化

坚持和完善中国特色社会主义制度、推进国家治理体系和治理能力现代化是新时期党和国家发展的既定目标。按照党中央的部署，到我们党成立 100 年时，在各方面制度更加成熟更加定型上取得明显成效；到 2035 年，各方面制度更加完善，基本实现国家治理体系和治理能力现代化；到新中国成立 100 年时，全面实现国家治理体系和治理能力现代化，使中国特色社会主义制度更加巩固、优越性充分展现。习近平的法治与国家治理现代化思想，是习近平法治思想的有机组成部分。习近平法治思想的重要内容就是强调，要坚持在法治轨道上推进国家治理体系和治理能力现代化，适应新的伟大社会革命的时代要求，把国家治理现代化构筑在坚实的法治基础之上。[①] 习近平总书记强调，要推进全面依法治国，发挥法治在国家治理体系和治理能力现代化中的积极作用。我们要从我国实际出发，遵循法治规律，坚持顶层设计和法治实践相结合，不断完善法治建设顶层设计，把良法善治的要求贯穿到法治中国、法治政府、法治社会建设全过程和各方面，坚持不懈创新和深化依法治国实践，提升法治促进国家治理体系和治理能力现代化的效能。[②]

① 公丕祥. 习近平的法治与国家治理现代化思想. 法商研究，2021（2）.

② 中央全面依法治国委员会办公室. 推进法治中国建设 夯实中国之治的法治根基. 求是，2020（22）.

一、必须坚持在法治轨道上推进国家治理体系和治理能力现代化

自党的十八大以来，坚持和完善中国特色社会主义制度，坚持全面依法治国基本方略，推进国家治理体系和治理能力现代化的伟大实践，是国家治理领域的一场深刻革命。在中央全面依法治国工作会议上，习近平总书记指出，“坚持在法治轨道上推进国家治理体系和治理能力现代化……更好发挥法治固根本、稳预期、利长远的重要作用”①。

（一）法治是治国理政的基本方式，法治化是国家治理现代化的内在要求

法治是人类社会文明进步的重要标志，是近代社会经济、政治与社会文明发展的制度成果。习近平总书记指出，“法治是人类政治文明的重要成果，是现代社会治理的基本手段”②。“人类社会发展的事实证明，依法治理是最可靠、最稳定的治理。”③在现代社会，法治把国家与社会生活纳入依法规范的轨道，借助法律形成有序、稳定、可靠、巩固的社会秩序，实现对国家与社会生活关系的统一调整，从而达到国家治理与社会治理的预期目标，实现法治所蕴藏的内在价值。诚如习近平总书记所强调的，“法治的精髓和要旨对于各国国家治理和社会治理具有普遍意义……”④。

习近平总书记指出，全面深化改革、全面推进依法治国如鸟之两翼、车之双轮。⑤习近平总书记指出：凡属重大改革都要于法有据。在整个改

① 习近平．论坚持全面依法治国．北京：中央文献出版社，2020：3.

② 习近平．论坚持全面依法治国．北京：中央文献出版社，2020：183.

③ 习近平．在庆祝澳门回归祖国15周年大会暨澳门特别行政区第四届政府就职典礼上的讲话．新华社，2014-12-20.

④ 习近平谈治国理政：第2卷．北京：外文出版社，2017：118.

⑤ 国家主席习近平发表二〇一五年新年贺词．人民日报，2015-01-01（01）.

革过程中，都要高度重视运用法治思维和法治方式，发挥法治的引领和推动作用[①]；要坚持在法治下推进改革，在改革中完善法治。建设中国特色社会主义法治体系、建设社会主义法治国家，是实现国家治理体系和治理能力现代化的必然要求，也是全面深化改革的必然要求，有利于在法治轨道上推进国家治理体系和治理能力现代化，有利于在全面深化改革总体框架内全面推进依法治国各项工作，有利于在法治轨道上不断深化改革。由此可见，国家治理与法治密切相关，法治化是国家治理现代化的内在要求。

（二）全面推进依法治国，是中国特色社会主义国家制度和国家治理体系的显著优势

坚持全面依法治国，是中国特色社会主义国家制度和国家治理体系的显著优势。中国特色社会主义实践向前推进一步，法治建设就要跟进一步。我国社会主义法治凝聚着我们党治国理政的理论成果和实践经验，是制度之治最基本最稳定最可靠的保障。推进全面依法治国，要求发挥法治在国家治理体系和治理能力现代化中的积极作用，提高党依法治国、依法执政的能力，用法治保障人民当家作主，坚持和完善中国特色社会主义法治体系，更好发挥法治对改革发展稳定的引领、规范、保障作用，建设高素质法治工作队伍，逐步实现国家治理制度化、程序化、规范化、法治化。[②]在中央全面依法治国工作会议上，习近平总书记强调："只有全面依法治国才能有效保障国家治理体系的系统性、规范性、协调性，才能最大限度凝聚社会共识。"[③] 推进国家治理体系和治理能力现代化，其要义在于，以法治的制度优势、程序优势和法理优势，不断提高国家治理的适

① 习近平．把抓落实作为推进改革工作的重点 真抓实干蹄疾步稳务求实效．人民日报，2014-03-01（01）.

② 习近平主持召开中央全面依法治国委员会第三次会议强调 全面提高依法防控依法治理能力 为疫情防控提供有力法治保障．人民日报，2020-02-06（01）.

③ 习近平．坚定不移走中国特色社会主义法治道路 为全面建设社会主义现代化国家提供有力法治保障．求是，2021（5）.

应性、规范性、系统性、协调性。全面依法治国是国家治理领域的一场深刻革命，必须强化法治意识，加快完善与国家治理现代化相适应的法治体系，构建国家治理现代化的法治秩序，使国家治理现代化始终沿着法治轨道深入展开。

（三）法治是国家治理体系和治理能力的重要依托

作为国家上层建筑的有机组成部分，法治在社会治理中发挥着积极的作用，在促进和维护社会公平正义方面承担了重要职能，成为国家现代化建设的重要制度保障和依托。在党的十八届四中全会上，习近平总书记指出，“法律是治国之重器，法治是国家治理体系和治理能力的重要依托”[①]。这一重要论断表明了法治对于推进国家治理体系和治理能力现代化的支撑、保障作用。2020 年，面对突如其来的新冠肺炎疫情，习近平总书记强调，要从立法、执法、司法、守法各环节发力，全面提高依法防控、依法治理能力，为疫情防控工作提供有力法治保障。各级政法机关闻令而动，积极履职，依法服务、统筹推进疫情防控和经济社会发展工作。抗疫斗争有力彰显了我国国家制度和国家治理体系的优越性，也凸显了法治在推进国家治理体系和治理能力现代化中的重要作用。[②]

二、发挥法治在国家治理体系和治理能力现代化中的积极作用的基本要求

2020 年 2 月 5 日，习近平总书记在中央全面依法治国委员会第三次会议上指出，“党的十九届四中全会对坚持和完善中国特色社会主义制度、推进国家治理体系和治理能力现代化作出全面部署。我多次说过，坚持

① 习近平关于《中共中央关于全面推进依法治国若干重大问题的决定》的说明．人民日报，2014-10-29（02）.

② 白少康．坚持在法治轨道上推进国家治理体系和治理能力现代化．人民日报，2021-03-02（13）.

全面依法治国，是中国特色社会主义国家制度和国家治理体系的显著优势。中国特色社会主义实践向前推进一步，法治建设就要跟进一步。实践证明，通过宪法法律确认和巩固国家根本制度、基本制度、重要制度，并运用国家强制力保证实施，保障了国家治理体系的系统性、规范性、协调性、稳定性。我国社会主义法治凝聚着我们党治国理政的理论成果和实践经验，是制度之治最基本最稳定最可靠的保障。推进全面依法治国，发挥法治在国家治理体系和治理能力现代化中的积极作用，要着重把握以下几个方面”[①]。

第一，加强党对坚持和完善中国特色社会主义制度、推进国家治理体系和治理能力现代化的领导。坚持和完善中国特色社会主义制度、推进国家治理体系和治理能力现代化，是全党的一项重大战略任务，必须在党中央统一领导下进行，科学谋划、精心组织，远近结合、整体推进。宪法规定了党总揽全局、协调各方的领导地位。要进一步推进党的领导入法入规，善于使党的主张通过法定程序成为国家意志、转化为法律法规，推进党的领导制度化、法治化、规范化。各级党组织和党员、干部要强化依法治国、依法执政观念，提高运用法治思维和法治方式深化改革、推动发展、化解矛盾、维护稳定、应对风险的能力。[②]

第二，用法治保障人民当家作主。要坚持和完善人民当家作主制度体系，健全社会公平正义法治保障制度，保证人民在党的领导下通过各种途径和形式依法管理国家事务、管理经济和文化事业、管理社会事务，使法律及其实施有效体现人民意志、保障人民权益、激发人民创造力。[③]

---

① 习近平．推进全面依法治国，发挥法治在国家治理体系和治理能力现代化中的积极作用．求是，2020（22）．

② 习近平．推进全面依法治国，发挥法治在国家治理体系和治理能力现代化中的积极作用．求是，2020（22）．

③ 习近平．推进全面依法治国，发挥法治在国家治理体系和治理能力现代化中的积极作用．求是，2020（22）．

第三，坚持和完善中国特色社会主义法治体系。要坚持依法治国、依法执政、依法行政共同推进，坚持法治国家、法治政府、法治社会一体建设，不断完善法律规范、法治实施、法治监督、法治保障和党内法规体系，汲取中华传统法律文化精华，吸收借鉴人类法治文明有益成果，坚决抵制西方错误思潮错误观点影响，加快建设中国特色社会主义法治体系。①

第四，更好发挥法治对改革发展稳定的引领、规范、保障作用。统筹推进“五位一体”总体布局、协调推进“四个全面”战略布局，要发挥法治的引领、规范、保障作用，以深化依法治国实践检验法治建设成效，着力固根基、扬优势、补短板、强弱项，推动各方面制度更加成熟、更加定型，逐步实现国家治理制度化、程序化、规范化、法治化。②

第五，建设高素质法治工作队伍。（1）研究谋划新时代法治人才培养和法治工作队伍建设长远规划，创新法治人才培养机制，推动东中西部法治工作队伍均衡布局，提高法治工作队伍的思想政治素质、业务工作能力、职业道德水准，着力建设一支忠于党、忠于国家、忠于人民、忠于法律的社会主义法治工作队伍，为加快建设社会主义法治国家提供有力人才保障。（2）司法责任制综合配套改革是司法体制改革的重要内容，事关司法公正高效权威。要抓好改革任务落地见效，真正“让审理者裁判、由裁判者负责”，提高司法公信力，努力让人民群众在每一个司法案件中感受到公平正义。③

第六，加强制度理论研究和宣传教育。引导全党全社会充分认识中国

① 习近平．推进全面依法治国，发挥法治在国家治理体系和治理能力现代化中的积极作用．求是，2020（22）.

② 习近平．推进全面依法治国，发挥法治在国家治理体系和治理能力现代化中的积极作用．求是，2020（22）.

③ 习近平．推进全面依法治国，发挥法治在国家治理体系和治理能力现代化中的积极作用．求是，2020（22）.

特色社会主义制度的本质特征和优越性，坚定制度自信。教育引导广大干部群众认识到，中国特色社会主义制度和国家治理体系经过长期实践检验，来之不易，必须倍加珍惜；完善和发展我国国家制度和治理体系，必须坚持从国情出发、从实际出发，既把握长期形成的历史传承，又把握党和人民在我国国家制度建设和国家治理方面走过的道路、积累的经验、形成的原则，不能照抄照搬他国制度模式，既不走封闭僵化的老路，也不走改旗易帜的邪路，坚定不移走中国特色社会主义道路。①

三、坚持在法治轨道上推进国家治理体系和治理能力现代化的基本要求

习近平总书记指出：自党的十八届三中全会以来，经过努力，重要领域和关键环节改革成效显著，主要领域的基础性制度体系基本形成，为推进国家治理体系和治理能力现代化打下了坚实基础。同时，也要看到，这些改革措施举措有的尚未完成。相比过去，新时代的改革开放具有许多新的内涵和特点，其中很重要的一点就是制度建设分量更重，改革更多面对的是深层次体制机制问题，对改革顶层设计的要求更高，对改革的系统性、整体性、协同性要求更强，相应地建章立制、构建体系的任务更重。新时代谋划全面深化改革，必须以坚持和完善中国特色社会主义制度、推进国家治理体系和治理能力现代化为主轴，深刻把握我国发展要求和时代潮流，把制度建设和治理能力建设摆到更加突出的位置，继续深化各领域各方面体制机制改革，推动各方面制度更加成熟更加定型，推进国家治理体系和治理能力现代化。②

① 中共中央关于坚持和完善中国特色社会主义制度 推进国家治理体系和治理能力现代化若干重大问题的决定．新华社，2019-11-05．

② 习近平．关于《中共中央关于坚持和完善中国特色社会主义制度 推进国家治理体系和治理能力现代化若干重大问题的决定》的说明．人民日报，2019-11-06（04）．

（一）依法服务，保障经济社会持续健康发展

习近平总书记强调，我们党领导人民治国理政，很重要的一个方面就是要回答好实现什么样的发展、怎样实现发展这个重大问题。解决制约经济社会持续健康发展的种种问题，需要密织法律之网、强化法治之力，要紧紧围绕党中央关于经济社会发展的重大决策部署，深入推进社会主义法治建设，努力为经济社会高质量发展提供有力法治服务保障。

一要为重大发展战略提供法治支撑。聚焦京津冀协同发展和雄安新区建设、粤港澳大湾区建设、“长三角”一体化发展、海南全面深化改革开放等一系列重大发展战略实施，制定、修改相关法律，出台指导意见，加强执法、司法区域协作，充分发挥法治的引领、保障作用。

二要积极营造法治化营商环境。推动健全相关法律法规，加强产权保护制度建设和司法保护，依法严惩侵害市场主体合法权益的犯罪，平等保护各类市场主体合法权益。完善知识产权保护法律制度，加强知识产权司法保护，用法治手段保护和激发创新活力。完善平台企业垄断认定，数据收集、使用、管理，消费者权益保护等方面的法律规范，加强反垄断和反不正当竞争执法司法，发挥法治在强化反垄断和防止资本无序扩张方面的重要作用。

三要依法守护人民群众的美好生活。主动适应人民群众对民主、法治、公平、正义、安全、环境等方面的新需求，深入贯彻实施《民法典》，加大民生领域执法司法保障力度，持续推出户籍、交通管理、移民和出入境、法律援助、司法救助等领域的便民利民新措施，让人民群众生活得更有尊严、更加安全、更为方便。

四要依法推进重大改革。对改革涉及的立法问题，及时提出法律法规立改废的方案，依照法定程序推进立法，确保改革于法有据、依法推进；重大改革举措需要先行试点的，要按照法律程序得到法律授权。对实

践证明比较成熟的改革政策及经验，及时以法律形式加以定型；对基层的体制、机制、政策等创新成果进行系统集成，使之上升为普遍长远的制度设计。①

（二）依法应对重大风险挑战

习近平总书记强调：国际国内环境越是复杂，改革开放和社会主义现代化建设任务越是繁重，越要运用法治思维和法治手段巩固执政地位、改善执政方式、提高执政能力，保证党和国家长治久安。我们要认真贯彻习近平总书记重要指示精神，不断提升在法治轨道上应对重大风险挑战的能力水平。一要完善危机管控处置法律制度。认真总结在抗击新冠肺炎疫情的斗争中依法防控的成功经验，有针对性地修改完善突发事件应对法、传染病防治法等危机应对法律，进一步从法律上完善重大突发事件应对处置措施，推动全社会在应对处置重大突发事件时依法行动、依法行事。二要健全落实重大决策社会稳定风险评估机制。对直接关系人民群众切身利益且对社会稳定、公共安全等方面可能造成较大影响的重大决策事项，决策主体在作出决策前，应当从决策的合法性、合理性、可行性以及潜在风险可控性等方面进行社会稳定风险评估，并将评估结果作为出台相应决策的重要参考，不断提升对各类风险的预警防范化解能力。②

（三）统筹推进与国家治理现代化要求相适应的法律规范体系建设

习近平总书记指出：随着时代发展和改革推进，国家治理现代化对科学完备的法律规范体系的要求越来越迫切。我们要在坚持好、完善好已经建立起来并经过实践检验有效的根本制度、基本制度、重要制度的前提下，聚焦法律制度的空白点和冲突点，统筹谋划和整体推进立改废释各项

---

① 白少康．坚持在法治轨道上推进国家治理体系和治理能力现代化．人民日报，2021-03-02（13）．

② 白少康．坚持在法治轨道上推进国家治理体系和治理能力现代化．人民日报，2021-03-02（13）．

工作，加快建立健全国家急需、满足人民日益增长的美好生活需要必备的法律制度。①

1. 坚持和完善社会主义基本经济相关法律，推动经济高质量发展

加快完善社会主义市场经济体制。建设高标准市场体系，完善公平竞争制度，全面实施市场准入负面清单制度，改革生产许可制度，健全破产制度。强化竞争政策的基础地位，落实公平竞争审查制度，加强和改进反垄断与反不正当竞争执法。健全以公平为原则的产权保护制度，建立知识产权侵权惩罚性赔偿制度，加强企业商业秘密保护。推进要素市场制度建设，实现要素价格市场决定、流动自主有序、配置高效公平。强化消费者权益保护，探索建立集体诉讼制度。加强资本市场基础制度建设，健全具有高度适应性、竞争力、普惠性的现代金融体系，有效防范化解金融风险。优化经济治理基础数据库。健全推动发展先进制造业、振兴实体经济的体制机制。

建设更高水平开放型经济新体制。实施更大范围、更宽领域、更深层次的全面开放，推动制造业、服务业、农业扩大开放，保护外资合法权益，促进内外资企业公平竞争，拓展对外贸易多元化，稳步推进人民币国际化。健全外商投资准入前国民待遇加负面清单管理制度，推动规则、规制、管理、标准等制度型开放。健全促进对外投资政策和服务体系。加快自由贸易试验区、自由贸易港等对外开放高地建设。推动建立国际宏观经济政策协调机制。健全外商投资国家安全审查、反垄断审查、国家技术安全清单管理、不可靠实体清单等制度。完善涉外经贸法律和规则体系。

---

① 习近平．推进全面依法治国，发挥法治在国家治理体系和治理能力现代化中的积极作用．求是，2020（22）．

2. 更加重视保障粮食安全、乡村振兴、农业农村优先发展、生态文明等重要制度安排

实施乡村振兴战略，完善农业农村优先发展和保障国家粮食安全的制度政策，健全城乡融合发展体制机制。构建区域协调发展新机制，形成主体功能明显、优势互补、高质量发展的区域经济布局。

实行最严格的生态环境保护制度。加快建立健全国土空间规划和用途统筹协调管控制度，统筹划定落实生态保护红线、永久基本农田、城镇开发边界等空间管控边界，以及各类海域保护线，完善主体功能区制度。加强对重要生态系统的保护和永续利用，构建以国家公园为主体的自然保护地体系，健全国家公园保护制度。加强对长江、黄河等大江大河的生态保护和系统治理。完善绿色生产和消费的法律制度和政策。构建以排污许可制为核心的固定污染源监管制度体系，完善污染防治区域联动机制和陆海统筹的生态环境治理体系。普遍实行垃圾分类和资源化利用制度。加强农业农村环境污染防治。完善生态环境保护法律体系和执法司法制度。

3. 加快推进科技创新、公共卫生、国家安全等重要领域立法，不断提高立法质量和效率

在科技创新领域，要制定全面的信息技术、网络技术研究发展战略，下大力气解决科研成果转化问题。要出台支持企业发展的政策，让他们成为技术创新主体，成为信息产业发展主体。要抓紧制定立法规划，完善互联网信息内容管理、关键基础设施保护等法律法规，依法治理网络空间，维护公民合法权益。[①]

在公共卫生领域，要完善公共卫生法律法规，健全国家公共卫生应急管理体系，提高应对突发重大公共卫生事件的能力水平。要有针对性地推进传染病防治法、突发公共卫生事件应对法等法律的制定和修订工作，健

① 习近平．论坚持全面依法治国．北京：中央文献出版社，2020：63．

全权责明确、程序规范、执行有力的疫情防控执法机制，进一步从法律上完善重大新发突发传染病防控措施，明确中央和地方、政府和部门、行政机关和专业机构的职责。[①]要把生物安全纳入国家安全体系，系统规划国家生物安全风险防控和治理体系建设，全面提高国家生物安全治理能力，加快构建国家生物安全法律法规体系、制度保障体系。[②]

在国家安全领域，要有效防范应对各类风险挑战，制定和修改生物安全法、出口管制法、密码法、档案法、海上交通安全法，推动数据安全法、个人信息保护法、反有组织犯罪法等重要国家安全法律制度的立法工作。

完善国家安全法治体系、战略体系、政策体系、风险监测预警体系、国家应急管理体系，完善重点领域安全保障体系和重要专项协调指挥体系，强化经济、重大基础设施、金融、网络、数据、生物、资源、核、太空、海洋等安全保障体系建设。健全反制裁、反干涉、反“长臂管辖”机制。

（四）完善和发展与现代化相适应的治理能力建设

法治是以和平理性的方式实现国家治理的最佳途径。习近平总书记指出，“法律是什么？最形象的说法就是准绳。用法律的准绳去衡量、规范、引导社会生活，这就是法治”[③]。作为国家治理体系和治理能力的基本依托，法治要通过一系列具体过程体现出来。在当代中国，“……必须把依法治国摆在更加突出的位置，把党和国家工作纳入法治化轨道，坚持在法治轨道上统筹社会力量、平衡社会利益、调节社会关系、规范社会行为，依靠法治解决各种社会矛盾和问题，确保我国社会在深刻变革中既生机勃勃又

---

① 习近平．构建起强大的公共卫生体系 为维护人民健康提供有力保障．求是，2020（18）.

② 习近平．全面提高依法防控治理能力 健全国家公共卫生应急管理体系．求是，2020（05）.

③ 中共中央文献研究室．习近平关于全面依法治国论述摘编．北京：中共中央文献出版社，2015：8，9.

井然有序”[①]。

1. 坚持和完善中国特色社会主义行政体制，构建职责明确、依法行政的政府治理体系

党的十九届四中全会提出：国家行政管理承担着按照党和国家决策部署推动经济社会发展、管理社会事务、服务人民群众的重大职责。必须坚持一切行政机关为人民服务、对人民负责、受人民监督，创新行政方式，提高行政效能。首先，完善国家行政执法体制，优化政府职责，提高依法行政水平，建设人民满意的服务型政府。[②]深化行政执法体制改革，最大限度减少不必要的行政执法事项。进一步整合行政执法队伍，继续探索实行跨领域跨部门综合执法，提高行政执法能力水平。落实行政执法责任制和责任追究制度。[③]其次，优化政府职责体系，进一步完善政府经济调节、市场监管、社会管理、公共服务、生态环境保护等职能，实行政府权责清单制度，厘清政府和市场、政府和社会的关系。深入推进简政放权、放管结合、优化服务，深化行政审批制度改革，改善营商环境，激发各类市场主体活力。严格市场监管、质量监管、安全监管，加强违法惩戒。[④]

2. 坚持和完善共建共治共享的社会治理制度，保持社会稳定、维护国家安全

党的十九届四中全会指出，社会治理是国家治理的重要方面，必须加强和创新社会治理体系，建设人人有责、人人尽责、人人享有的社会治理共同体，建设更高水平的平安中国。

第一，完善正确处理新形势下人民内部矛盾的有效机制。畅通和规范

---

① 中共中央文献研究室．习近平关于全面依法治国论述摘编．北京：中共中央文献出版社，2015：11．

② 中共中央关于坚持和完善中国特色社会主义制度 推进国家治理体系和治理能力现代化若干重大问题的决定．新华社，2019-11-05．

③ 《法治中国建设规划（2020—2025 年）》．

④ 中共中央关于坚持和完善中国特色社会主义制度 推进国家治理体系和治理能力现代化若干重大问题的决定．新华社，2019-11-05．

群众诉求表达、利益协调、权益保障通道，完善信访制度，完善人民调解、行政调解、司法调解联动工作体系，健全社会心理服务体系和危机干预机制，完善社会矛盾纠纷多元预防调处化解综合机制，努力将矛盾化解在基层。

第二，完善社会治安防控体系。坚持专群结合、群防群治，提高社会治安立体化、法治化、专业化、智能化水平，形成问题联治、工作联动、平安联创的工作机制，提高预测预警预防各类风险的能力，增强社会治安防控的整体性、协同性、精准性。

第三，健全公共安全体制机制。完善和落实安全生产责任和管理制度，建立公共安全隐患排查和安全预防控制体系。优化国家应急管理能力体系建设，提高防灾减灾救灾能力。加强和改进食品药品安全监管制度，保障人民身体健康和生命安全。

第四，构建基层社会治理新格局。完善群众参与基层社会治理的制度化渠道。健全党组织领导的自治、法治、德治相结合的城乡基层治理体系，实现政府治理和社会调节、居民自治良性互动，夯实基层社会治理基础。

第五，完善国家安全体系。坚持总体国家安全观，完善集中统一、高效权威的国家安全领导体制，健全国家安全法律制度体系。建立健全国家安全风险研判、防控协同、防范化解机制。提高防范抵御国家安全风险的能力。①

3. 坚持和完善党和国家监督体系，强化对权力运行的制约和监督

党的十九届四中全会指出：坚持和完善党和国家监督体系，强化对权力运行的制约和监督。党和国家监督体系是党在长期执政条件下实现自我

---

① 中共中央关于坚持和完善中国特色社会主义制度 推进国家治理体系和治理能力现代化若干重大问题的决定．新华社，2019-11-05．

净化、自我完善、自我革新、自我提高的重要制度保障。必须健全党统一领导、全面覆盖、权威高效的监督体系，增强监督的严肃性、协同性、有效性，形成决策科学、执行坚决、监督有力的权力运行机制，确保党和人民赋予的权力始终用来为人民谋幸福。第一，健全党和国家监督制度。完善党内监督体系，重点加强对高级干部、各级主要领导干部的监督。深化纪检监察体制改革，加强上级纪委监委对下级纪委监委的领导，推进纪检监察工作规范化、法治化。第二，完善权力配置和运行制约机制。坚持权责法定，健全分事行权、分岗设权、分级授权、定期轮岗制度，明晰权力边界，规范工作流程，强化权力制约。第三，构建一体推进不敢腐、不能腐、不想腐体制机制，推进反腐败国家立法。[①]

① 中共中央关于坚持和完善中国特色社会主义制度 推进国家治理体系和治理能力现代化若干重大问题的决定. 新华社，2019-11-05.

第九讲
坚持建设中国特色社会主义法治体系

习近平总书记指出：中国特色社会主义法治体系是推进全面依法治国的总抓手。要加快形成完备的法律规范体系、高效的法治实施体系、严密的法治监督体系、有力的法治保障体系，形成完善的党内法规体系。要坚持依法治国和以德治国相结合，实现法治和德治相辅相成、相得益彰。要积极推进国家安全、科技创新、公共卫生、生物安全、生态文明、防范风险、涉外法治等重要领域立法，健全国家治理急需的法律制度、满足人民日益增长的美好生活需要必备的法律制度，以良法善治保障新业态新模式健康发展。[①]

一、坚持建设中国特色社会主义法治体系的意义

坚持建设中国特色社会主义法治体系，是习近平法治思想的重大理论创新。习近平总书记指出，法治体系是国家治理体系的骨干工程。全面推进依法治国总目标是建设中国特色社会主义法治体系，建设社会主义法治国家。[②]

（一）提出坚持建设中国特色社会主义法治体系，是习近平法治思想的重大理论创新

党的十八届四中全会首次将全面推进依法治国的总目标确定为“建设中国特色社会主义法治体系，建设社会主义法治国家”。这是一次重大的理论创新。建设中国特色社会主义法治体系，是中国共产党在以习近平同

① 2020 年 11 月 16 日至 17 日习近平总书记在中央全面依法治国工作会议上的重要讲话。

② 习近平．加快建设社会主义法治国家．求是，2015（1）．

志为核心的党中央领导下，在法治领域提出的最具有原创性、时代性的概念和理论。[①]

中国共产党历来重视民主法制建设，但在中华人民共和国成立之后，我国在很大程度上受到了苏联法学观念的影响，因而在相当长一段时间内，未能在法治体系问题上形成独立的理论话语。

以邓小平同志为核心的领导集体在总结和反思“文化大革命”经验教训的基础上，首先注意到法制建设的重要性；此后的历届领导集体，逐渐将法制建设、法治建设作为一个系统工程来看待，形成了社会主义法制体系观念。邓小平同志先是强调“民主和法制，这两个方面都应该加强……”[②]，后来则进一步强调“……要处理好法治和人治的关系……”[③]。江泽民同志首次将“法制”与“体系”结合起来：1996年，江泽民同志指出，“……要从我国的国情出发，按照社会主义市场经济发展的规律，努力建立和健全能够有效引导和规范经济活动，维护经济秩序，保障国家对经济运行的宏观调控和管理的法制体系”[④]。胡锦涛同志则在论述依法执政时进一步强调，要“以法治的理念、法治的体制、法治的程序保证党领导人民有效治理国家”[⑤]。体系化的社会主义法治，已呼之欲出。

进入新时代后，以习近平同志为核心的党中央带领中国共产党人在吸收和总结前人经验与智慧结晶的基础上，提出要坚持建设中国特色社会主

① 习近平．在哲学社会科学工作座谈会上的讲话（2016年5月17日）．北京：人民出版社，2016：21．

② 1979年，邓小平同志在会见以竹入义胜委员长为团长的日本公明党第八次访华团时谈道，“民主和法制，这两个方面都应该加强，过去我们都不足……民主要坚持下去，法制要坚持下去。这好像两只手，任何一只手削弱都不行”。邓小平文选：第2卷．2版．北京：人民出版社，1994：189．

③ 邓小平文选：第3卷．北京：人民出版社，1993：177．

④ 中共中央文献研究室．江泽民思想年编（一九八九—二〇〇八）．北京：中央文献出版社，2010：250．

⑤ 胡锦涛文选：第2卷，北京：人民出版社，2016：463．

义法治体系，并将其明确为全面推进依法治国的总目标和总抓手。这是一次重大的理论创新。从党的十五大明确提出“中国特色社会主义法律体系”，到党的十八届四中全会进一步强调要建设“中国特色社会主义法治体系”，一字之差，体现的是依法治国工作的理论高度不断提升，以及党治国理政基本思路的重大转变。这一理论创新是新时代中国特色社会主义思想的重要内容，是对自党的十八大以来国内外形势变化和我国各项事业发展的回应，从理论和实践结合上系统回答了新时代坚持和发展什么样的中国特色社会主义、怎样坚持和发展中国特色社会主义。[①] 过去我们讲建设中国特色社会主义法律体系，其实要解决的最直接和最主要的问题是“无法可依”的问题。因为在改革开放初期，我国法律制度本身不够健全，全社会的法治基础较为薄弱，因此民主立法、科学立法，实现有法可依，是当时最为迫切的需要。而进入新时代后，中国特色社会主义法律体系已经基本建成，无法可依的情况较少出现，反而是法律滞后和“打架”的情况出现得更为频繁。在这种情况下，我们面对的最直接和主要的问题就不再是缺乏法律依据的问题，而是相对静态的法律体系如何能够通过人的参与实现协调运转，最终转化为治理效能，并在国家治理和社会生活中发挥作用的问题。因此，以习近平同志为核心的领导集体在科学研判、审时度势的基础上，提出了建设中国特色社会主义法治体系的目标。这一目标以前期的民主、科学立法为基础，一方面解决既有的立法如何适应经过高速发展的经济、社会的现实问题，另一方面也解决如何在科学、民主立法的基础上凝聚法治力量，助推国家经济、社会高质量发展的问题。

① 习近平．决胜全面建成小康社会　夺取新时代中国特色社会主义伟大胜利：在中国共产党第十九次全国代表大会上的报告（2017 年 10 月 28 日）．北京：人民出版社，2017：18-26.

（二）法治体系是国家治理体系的骨干工程

在党的十八届四中全会第二次全体会议上，习近平总书记指出，“法治体系是国家治理体系的骨干工程”[①]。

在现代汉语中，“骨干”比喻在总体中起主要作用的人或事物，而“工程”则是指一种需要投入巨大人力和物力的工作。可见，“骨干工程”一方面强调全局性和关键性，即在总体中起主要作用；另一方面强调任务性和艰巨性，即它是一项在未来有待完成的任务，需要投入巨大的人力、物力。

习近平总书记最早公开使用“骨干工程”一词，是在任福建省委副书记期间（1995—2002年），在论述“加快城市化步伐”时，提到要“加快城乡基础设施建设力度，集中力量建成一批起全局性、关键性作用的重点骨干工程项目”[②]。可见，习近平总书记在当时一方面高度重视城乡基础设施在城市化进程中的全局性、关键性地位，另一方面强调未来必须集中力量投入这些骨干工程的建设。我们在理解法治体系对于国家治理体系的重要性时，也应当秉持这一基本立场。

为什么说法治体系是国家治理体系的骨干工程？我们可以这样理解：首先，国家治理体系是由治理国家的各项制度及其相关要素构成的系统，而法律是其中最重要的制度形式之一，因此，围绕法律制度及其各种相关要素（包括人员、保障等）构建起来的法治体系，也必然在国家治理体系中占据骨干位置。其次，国家治理体系和治理能力是一个紧密联系、相辅相成的有机整体，而法治体系的建设和完善，能够保障中国特色社会主义制度成熟定型，将其制度优势成功地转化为治理效能，从而实现国家治理体系和治理能力的转化，充分展示制度的优越性。实践证明，只有把党和国家工作纳入法治化轨道，使各方面制度更加科学、更加成熟、更加定

① 习近平．加快建设社会主义法治国家．求是，2015（1）.
② 习近平．加快建设海峡西岸繁荣带．中国投资，2000（3）.

型、更加完善，实现党、国家、社会各项事务治理制度化、规范化、程序化，善于运用制度和法治治理国家，才能最终实现国家治理体系和治理能力现代化。[①] 进入新时代后，面临新形势和新挑战，要想更好地把各方面制度优势转化为治理国家的总体效能，离不开中国特色社会主义法治体系的不断完善和发展。

（三）建设中国特色社会主义法治体系是全面推进依法治国的总目标和总抓手

习近平总书记多次指出，建设中国特色社会主义法治体系，是推进全面依法治国的总目标和总抓手。这一定位最主要的作用在于指出方向、明确重点、分清主次，以达到总揽全局、牵引各方的效果。

在党的十八届四中全会上，习近平总书记指出："全面推进依法治国涉及很多方面，在实际工作中必须有一个总揽全局、牵引各方的总抓手，这个总抓手就是建设中国特色社会主义法治体系。依法治国各项工作都要围绕这个总抓手来谋划、来推进。"[②] 在党的十八届四中全会第二次全体会议上，习近平总书记发表重要讲话，进一步说明，"……建设社会主义法治国家……是贯穿决定全篇的一条主线，既明确了全面推进依法治国的性质和方向，又突出了全面推进依法治国的工作重点和总抓手，对全面推进依法治国具有纲举目张的意义"[③]。2015年，在十八届中央政治局第二十次集体学习时，习近平总书记又指出，"在推进这'四个全面'过程中，我们既要注重总体谋划，又要注重牵住'牛鼻子'。比如，我们……既对全面推进依法治国作出系统部署，又强调以中国特色社会主义法治体系为总目标和总抓手……在任何工作中，我们既要讲两点论，又要讲重点论，没

① 栗战书．习近平法治思想是全面依法治国的根本遵循和行动指南．求是，2021（2）.

② 习近平．论坚持全面依法治国．北京：中央文献出版社，2020：93.

③ 习近平．加快建设社会主义法治国家．求是，2015（1）.

有主次，不加区别，眉毛胡子一把抓，是做不好工作的”①。

建设中国特色社会主义法治体系，既是全面推进依法治国的总目标，又是全面推进依法治国的总抓手。总目标解决的主要是认识论层面的问题，而总抓手解决的主要是实践层面的问题。建设中国特色社会主义法治国家、全面推进依法治国，是没有先例可循的。在实践中，如果没有一个较为明确的目标，相关干部和群众难免会产生一些认识上的困惑，甚至偏差，而认识上的偏差大概率会导致行为上的偏差。因此，有必要确定一个总目标，以统一全社会对“中国特色社会主义法治国家”这一理想图景的认识，从而汇聚法治力量，让干部、群众在实践中共同向这一确定的目标努力。

二、坚持建设中国特色社会主义法治体系的内容

（一）要加快形成完备的法律规范体系

加快形成完备的法律规范体系，主要是要推进科学立法、民主立法、依法立法，统筹立改废释纂，增强立法的系统性、整体性、协同性、时效性，提高立法质量。

习近平总书记强调，“要坚持立法先行，坚持立改废释并举，加快完善法律、行政法规、地方性法规体系，完善包括市民公约、乡规民约、行业规章、团体章程在内的社会规范体系，为全面推进依法治国提供基本遵循……推进科学立法，关键是完善立法体制，深入推进科学立法、民主立法，抓住提高立法质量这个关键。要优化立法职权配置，发挥人大及其常委会在立法工作中的主导作用，健全立法起草、论证、协调、审议机制，完善法律草案表决程序，增强法律法规的及时性、系统性、针对性、有效

① 中共中央文献研究室．习近平关于全面建成小康社会论述摘编．北京：中央文献出版社，2016：195．

性，提高法律法规的可执行性、可操作性。要明确立法权力边界，从体制机制和工作程序上有效防止部门利益和地方保护主义法律化。要加强重点领域立法，及时反映党和国家事业发展要求、人民群众关切期待，对涉及全面深化改革、推动经济发展、完善社会治理、保障人民生活、维护国家安全的法律抓紧制订、及时修改”①。

加快形成完备的法律规范体系，必须处理好立法和改革之间的关系。习近平总书记指出：“我们要加强重要领域立法，确保国家发展、重大改革于法有据，把发展改革决策同立法决策更好结合起来。要坚持问题导向，提高立法的针对性、及时性、系统性、可操作性，发挥立法引领和推动作用。要抓住提高立法质量这个关键，深入推进科学立法、民主立法，完善立法体制和程序，努力使每一项立法都符合宪法精神、反映人民意愿、得到人民拥护。”②习近平总书记指出，“建设中国特色社会主义法治体系、建设社会主义法治国家是实现国家治理体系和治理能力现代化的必然要求，也是全面深化改革的必然要求，有利于在法治轨道上推进国家治理体系和治理能力现代化，有利于在全面深化改革总体框架内全面推进依法治国各项工作，有利于在法治轨道上不断深化改革”③。“改革和法治如鸟之两翼、车之两轮。我们要坚持走中国特色社会主义法治道路，加快构建中国特色社会主义法治体系，建设社会主义法治国家。全面依法治国，核心是坚持党的领导、人民当家作主、依法治国有机统一，关键在于坚持党领导立法、保证执法、支持司法、带头守法。要在全社会牢固树立宪法法律权威，弘扬宪法精神，任何组织和个人都必须在宪法法律范围内活动，

① 习近平．加快建设社会主义法治国家．求是，2015（1）．

② 习近平．在庆祝全国人民代表大会成立六十周年大会上的讲话（2014年9月5日）．求是，2019（18）．

③ 中共中央文献研究室．习近平关于全面依法治国论述摘编．北京：中央文献出版社，2015：25-26．

都不得有超越宪法法律的特权。”[①] 因此，党中央制定的《法治中国建设规划（2020—2025年）》要求：坚持立法和改革相衔接相促进，做到重大改革于法有据，充分发挥立法的引领和推动作用。对改革急需、立法条件成熟的，抓紧出台；对立法条件还不成熟、需要先行先试的，依法及时作出授权决定或者改革决定。授权决定或者改革决定涉及的改革举措，实践证明可行的，及时按照程序制定修改相关法律法规。[②]

加快形成完备的法律规范体系，在当前主要有以下几方面的任务：一要完善立法工作格局。完善人大主导立法工作的体制机制，注重发挥政府在立法工作中的重要作用，拓宽社会各方有序参与立法的途径和方式。二要坚持立改废释并举。坚持立法和改革相衔接相促进，做到重大改革于法有据，充分发挥立法的引领和推动作用。三要健全立法工作机制。健全立法立项、起草、论证、协调、审议机制，提高立法的针对性、及时性、系统性、可操作性。四要加强地方立法工作。有立法权的地方应当紧密结合本地发展需要和实际，突出地方特色和立法的针对性、实效性，创造性地做好地方立法工作；健全地方立法工作机制，提高立法质量，确保不与上位法相抵触，切实避免越权立法、重复立法、盲目立法；建立健全区域协同立法工作机制，加强全国人大常委会对跨区域地方立法的统一指导。[③]

（二）要加快形成高效的法治实施体系

推进法律正确实施，把“纸面上的法律”变为“行动中的法律”，是推进法治体系建设的重点和难点所在。加快形成高效的法治实施体系，必须扎实推进依法行政、严格公正司法，推进全民守法。

扎实推进依法行政，加强法治政府建设，重点是解决执法不规范、不

① 习近平．在庆祝中国共产党成立95周年大会上的讲话（2016年7月1日）．求是，2021（8）．
② 《法治中国建设规划（2020—2025年）》。
③ 《法治中国建设规划（2020—2025年）》。

严格、不透明、不文明，以及不作为、乱作为等问题。法治政府建设是全面依法治国的重点任务和主体工程。加强法治政府建设，首先，必须转变政府职能，优化政府职责体系和组织结构，深化政府机构改革和事业单位改革，推进机构、职能、权限、程序、责任法定化，推进各级政府事权规范化、法律化。其次，要提高行政效率和公信力，坚持科学决策、民主决策、依法决策，全面落实重大决策程序制度，建立健全行政机关内部重大决策合法性审查机制，积极推行政府法律顾问制度。再次，要深化行政执法体制改革，完善基层综合执法体制机制，严格执法资质，完善执法程序，健全行政裁量基准，全面推进严格规范公正文明执法，加大关系群众切身利益的重点领域执法力度，确保法律公正、有效实施。最后，要强化行政执法监督机制和能力建设，要严格落实行政执法责任制和责任追究制度，全面推进政务公开，强化对行政权力的制约和监督，建立权责统一、权威高效的依法行政体制。①

严格公正司法，重点是优化司法职权配置。公正司法是维护社会公平正义的最后一道防线。严格公正司法，必须深化司法体制综合配套改革，规范司法权力运行，健全公安机关、检察机关、审判机关、司法行政机关各司其职，侦查权、检察权、审判权、执行权相互配合、相互制约的体制机制，完善公益诉讼制度。必须全面准确落实司法责任制，加快建设公正高效权威的社会主义司法制度，努力让人民群众在每一个司法案件中感受到公平正义。各级党组织领导干部都要旗帜鲜明支持司法机关依法独立行使职权，绝不容许利用职权干预司法；司法工作人员要刚正不阿、勇于担当，敢于依法排除来自司法机关内部和外部的干扰，坚守司法公正的底线。同时，必须强化对司法活动的制约监督，促进司法公正：一方面，要

---

① 习近平. 高举中国特色社会主义伟大旗帜 为全面建设社会主义现代化国家而团结奋斗：在中国共产党第二十次全国代表大会上的报告（2022 年 10 月 16 日）. 求是，2022（21）.

加强检察机关法律监督工作；另一方面，要坚持以公开促公正、树公信，构建开放、动态、透明、便民的阳光司法机制，杜绝暗箱操作，坚决遏制司法腐败。[①]

推进全民守法，必须着力增强全民法治观念。首先，要弘扬社会主义法治精神，传承中华优秀传统法律文化，引导全体人民做社会主义法治的忠实崇尚者、自觉遵守者、坚定捍卫者。其次，要建设覆盖城乡的现代公共法律服务体系，深入开展法治宣传教育，增强全民法治观念；要坚持把全民普法和守法作为依法治国的长期基础性工作，采取有力措施加强法治宣传教育，坚持法治教育从娃娃抓起，把法治教育纳入国民教育体系和精神文明创建内容，由易到难，循序渐进，不断增强青少年的规则意识。最后，要推进多层次多领域依法治理，提升社会治理法治化水平；要健全公民和组织守法信用记录，完善守法诚信褒奖机制和违法失信行为惩戒机制，形成守法光荣、违法可耻的社会氛围；要发挥领导干部示范带头作用，努力使尊法学法守法用法在全社会蔚然成风。[②]

（三）要加快形成严密的法治监督体系

加快形成严密的法治监督体系，一方面要实现监督全覆盖，把权力关进制度的笼子里；另一方面要综合运用多种监督方式，增强监督合力和实效。

加快形成严密的法治监督体系，首先要对所有公权力的行使进行全面监督。《法治中国建设规划（2020—2025年）》规定：要建设严密的法治监督体系，切实加强对立法、执法、司法工作的监督，构建党统一领导、全面覆盖、权威高效的法治监督体系。第一，加强立法监督工作。要建立

① 习近平．加快建设社会主义法治国家．求是，2015（1）．

② 习近平．加快建设社会主义法治国家．求是，2015（1）；习近平．高举中国特色社会主义伟大旗帜 为全面建设社会主义现代化国家而团结奋斗：在中国共产党第二十次全国代表大会上的报告（2022年10月16日）．求是，2022（21）．

健全立法监督工作机制，完善监督程序；推进法律法规规章起草征求人大代表、政协委员意见工作；依法处理国家机关和社会团体、企业事业组织、公民对法规规章等书面提出的审查要求或者审查建议。重点要加强备案审查制度和能力建设，实现有件必备、有备必审、有错必纠。第二，加强对执法工作的监督。要加强省市县乡四级全覆盖的行政执法协调监督工作体系建设，强化全方位、全流程监督，提高执法质量；加大对执法不作为、乱作为、选择性执法、逐利执法等有关责任人的追责力度，落实行政执法责任制和责任追究制度；完善行政执法投诉举报和处理机制。重点要加强和改进行政复议工作，强化行政复议监督功能，加大对违法和不当行政行为的纠错力度，并规范和加强行政应诉工作。第三，加强对司法活动的监督。要健全对法官、检察官办案的制约和监督制度，促进司法公正；全面推行法官、检察官办案责任制，统一规范法官、检察官办案权限；加强审判权、检察权运行监督管理，明确法院院长、庭长和检察院检察长、业务部门负责人监督管理权力和责任，健全审判人员、检察人员权责清单；完善对担任领导职务的法官、检察官办案情况的考核监督机制，配套建立内部公示、定期通报机制；健全落实司法机关内部人员过问案件记录追责、规范司法工作人员与律师和当事人等接触交往行为的制度；构建科学合理的司法责任认定和追究制度。完善司法工作人员惩戒制度，明确惩戒情形和程序。重点要完善民事、行政检察监督和检察公益诉讼案件办理机制，完善刑事立案监督和侦查监督工作机制，加强人权司法保障。

同时，加快形成严密的监督体系还要综合运用包括党内监督、人大监督、民主监督、行政监督、司法监督、审计监督、社会监督、舆论监督等多种监督方式，增强监督合力和实效。第一，要加强和改善党内监督。习近平总书记指出，“党的执政地位，决定了党内监督在党和国家各种监督形式中是最基本的、第一位的。只有以党内监督带动其他监督、完善监督体系，才能为全面从严治党提供有力制度保障”[①]。进入新时代后，建设中国特色社会主义法治体系，必须加强和改进党内监督，推动党内监督制度化、规范化、程序化，形成科学管用的防错纠错机制，不断增强党自我净化、自我完善、自我革新、自我提高的能力。要注意总结自党的十八届三中全会以来从严治党的经验教训，将经过实践检验证明是好的、必须长期坚持的理论和实践上升为制度规定，要突出抓好领导干部，特别是高级干部。[②] 第二，要加强人大监督，即加强人民代表大会对权力行使的监督。习近平总书记指出，人民代表大会制度的重要原则和制度设计的基本要求，就是任何国家机关及其工作人员的权力都要受到制约和监督。各级人大及其常委会要担负起宪法法律赋予的监督职责，维护国家法制统一、尊严、权威，加强对“一府两院”执法、司法工作的监督，确保法律法规得到有效实施，确保行政权、审判权、检察权得到正确行使。地方人大及其常委会要依法保证宪法、法律、行政法规和上级人大及其常委会决议在本行政区域内得到遵守和执行。[③] 第三，要加强民主监督。民主监督是监督方式的一种。平时我们说的民主监督，主要是指人民政协的民主监督和基层民主监督。习近平总书记指出，加强人民政协民主监督，重点监督党和国家重大方针政策和重要决策部署的贯彻落实。[④] 基层民主监督，主要是指基层人民群众对基层群众性自治组织和基层政权的监督。习近平总书记指出：巩固基层政权，完善基层民主制度，保障人民知情权、参与权、表达权、监督权；各级领导干部要增强民主意识，发扬民主

① 习近平．在党的十八届六中全会第二次全体会议上的讲话（节选）．求是，2017（1）．

② 习近平：关于《关于新形势下党内政治生活的若干准则》和《中国共产党党内监督条例》的说明．人民日报，2016-11-03（02）．

③ 习近平．在庆祝全国人民代表大会成立六十周年大会上的讲话（2014年9月5日）．求是，2019（18）．

④ 习近平谈治国理政：第3卷．北京：外文出版社，2020：30．

作风，接受人民监督，当好人民公仆。[①] 第四，要加强审计监督。审计监督主要是对财政资金使用方面的监督。习近平总书记指出，财经纪律过去都是不敢碰的高压线，加强对各项资金使用情况的管理和监督，加强审计工作特别是对重大领域、重大项目、重要资金的审计监督，防止贪污、挪用、截留等问题发生。[②] 第五，要加强社会监督。社会监督主要是指社会组织的监督和第三方机构的监督。（1）要加强社会组织的监督。习近平总书记指出，这一方面要求党政机关、领导干部自觉接受监督，加强政务信息公开、活动公开，开门接受监督；另一方面也要加强和改善党对社会组织的领导，引导社会组织在正确的轨道上进行利益表达、政治参与和社会监督。[③]（2）要加强第三方机构的监督。第三方机构的监督主要是在扶贫考核工作中新创的监督形式。[④] 习近平总书记指出，要改进第三方评估方式，缩小范围，简化程序[⑤]，强化实质评估，避免形式主义[⑥]，以增强脱贫工作绩效的可信度。[⑦] 第六，要加强舆论监督。习近平总书记对舆论监督问题有着深刻的认识和把握，也一直高度重视舆论监督的作用。习近平总书记在宁德任职时的一次讲话，基本体现了其舆论监督观念的主要内容：要加强党对新闻工作的领导，冷静分析思考，认清当前形势；要正确看待舆论引导和舆论监督的对立统一关系，重视舆论监督在党建和反腐中的作用；领导干部要欢迎舆论监督，自觉主动接受舆论监督；新闻媒体要

---

① 习近平谈治国理政：第 3 卷．北京：外文出版社，2020：29.

② 中共中央文献研究室．十八大以来重要文献选编：上．北京：中央文献出版社，2014：771.

③ 习近平．干在实处 走在前列——推进浙江新发展的思考与实践．北京：中共中央党校出版社，2006：249-250.

④ 中共中央党史和文献研究院．习近平扶贫论述摘编．北京：中央文献出版社，2018：119-120.

⑤ 中共中央党史和文献研究院．习近平扶贫论述摘编．北京：中央文献出版社，2018：52.

⑥ 习近平谈治国理政：第 3 卷．北京：外文出版社，2020：155.

⑦ 中共中央文献研究室．习近平关于社会主义经济建设论述摘编．北京：中央文献出版社，2017：224.

提高舆论监督能力。[①]

在监督问题上，最重要的是要综合运用多种监督方式，形成监督合力。习近平总书记特别重视形成监督的合力。[②] 监督合力的形成，首先要求各种监督方式的共存和发展；其次要求各种监督方式形成制度上的互补关系，实现全面监督、不留死角，同时又权责明确，不冲突不打架；最后要求多种监督方式互相协调、有效对接，以确保监督的实效。

（四）要加快形成有力的法治保障体系

建设法治中国，必须加强政治、组织、队伍、人才、科技、信息等保障，为全面依法治国提供重要支撑。首先，要加强政治和组织保障。各级党委（党组）和领导干部要支持立法、执法、司法机关开展工作，支持司法机关依法独立公正行使职权。其次，要加强队伍和人才保障。牢牢把握忠于党、忠于国家、忠于人民、忠于法律的总要求，大力提高法治工作队伍的思想政治素质、业务工作能力、职业道德水准，努力建设一支德才兼备的高素质法治工作队伍（包括革命化、正规化、专业化、职业化的法治专门队伍，以及律师、公证、司法鉴定、仲裁、调解等法律服务队伍）。为了建设这样的法治工作队伍，就必然要构建能够凸显时代特征、体现中国特色的法治人才培养体系。要完善法治人才培养体系，其一，必须加强法治理论研究和宣传，加强对我国法治的原创性概念、判断、范畴、理论的研究，推动以马克思主义为指导的法学科学科体系、学术体系、教材体系、话语体系建设。其二，要把新时代中国特色社会主义法治思想落实到各法学学科的教材编写和教学工作中，推动进教材、进课堂、进头脑，努力培养造就更多具有坚定理想信念、强烈家国情怀、扎实法学根底的法

① 习近平．摆脱贫困．福州：福建人民出版社，1992：80-89．

② “党内监督……如果不同有关国家机关监督、民主党派监督、群众监督、舆论监督等结合起来，就不能形成监督合力。各级领导干部要主动接受各方面监督，这既是一种胸怀，也是一种自信。”习近平．在党的十八届六中全会第二次全体会议上的讲话（节选）．求是，2017（1）．

治人才。[①] 最后，还要加强科技和信息化保障。充分运用大数据、云计算、人工智能等现代科技手段，全面建设“智慧法治”，推进法治中国建设的数据化、网络化、智能化。优化整合法治领域各类信息、数据、网络平台，推进全国法治信息化工程建设。加快公共法律服务实体平台、热线平台、网络平台有机融合，建设覆盖全业务、全时空的公共法律服务网络。[②]

（五）要加快形成完善的党内法规体系

习近平总书记指出：“要完善党内法规制定体制机制，注重党内法规同国家法律的衔接和协调，构建以党章为根本、若干配套党内法规为支撑的党内法规制度体系，提高党内法规执行力。”[③] 可见，加快形成完善的党内法规体系，主要有三个方面的要求：

第一，要健全党内法规体系。坚持和加强党的全面领导，坚持党要管党、全面从严治党，以党章为根本，以民主集中制为核心，不断完善党的组织法规、党的领导法规、党的自身建设法规、党的监督保障法规，构建内容科学、程序严密、配套完备、运行有效的党内法规体系。坚持立改废释并举，与时俱进做好党内法规制定、修订工作，完善清理工作机制，加大解释力度，提高党内法规质量。健全党内法规备案审查制度，坚持有件必备、有备必审、有错必纠，维护党内法规体系的统一性和权威性。注重党内法规同国家法律的衔接和协调，努力形成国家法律和党内法规相辅相成、相互促进、相互保障的格局。

第二，要抓好党内法规实施。把提高党内法规执行力摆在更加突出位置，把抓“关键少数”和管“绝大多数”统一起来，以各级领导机关和党员领导干部带头尊规学规守规用规，带动全党遵规守纪。加强学习教育，

---

① 习近平谈治国理政：第 4 卷. 北京：外文出版社，2022：301-304.

② 《法治中国建设规划（2020—2025 年）》。

③ 习近平. 加快建设社会主义法治国家. 求是，2015（1）.

把重要党内法规列为党委（党组）理论学习中心组学习的重要内容，列为党校（行政学院）、干部学院重要教学内容，列入法治宣传教育规划的重要任务。加大党内法规公开力度，提高党内法规的普及度和知晓率。落实党内法规执行责任制，做到有规必执、执规必严。开展党内法规实施评估工作，推动党内法规实施。强化监督检查和追责问责，将党内法规执行情况作为各级党委督促检查、巡视巡察的重要内容，严肃查处违反党内法规的各种行为。

第三，要强化党内法规制度建设保障。加强党内法规专门工作队伍建设，突出政治标准，加强专业化建设，充实各级党内法规工作机构人员力量。加快补齐党内法规理论研究方面短板，重点建设一批党内法规研究高端智库和研究教育基地，推动形成一批高质量研究成果，引领和聚集一批党内法规研究人才。健全后备人才培养机制，继续推进在部分高校开展党内法规研究方向的研究生教育，加强学科建设，为党内法规事业持续发展提供人才支撑。①

三、坚持建设中国特色社会主义法治体系的基本要求

（一）坚持依法治国和以德治国相结合

2016 年 12 月 9 日，中共中央政治局进行了主题为“我国历史上的法治和德治”的第三十七次集体学习，习近平总书记主持学习并发表重要讲话，深刻揭示了法治与德治的辩证关系。

依法治国和以德治国相辅相成。法律和道德的相同之处在于，二者本质上都属于上层建筑、社会规范，都能够调节社会主体的行为，调节社会关系，维护社会秩序；但二者的产生方式、实施方式、表现形式、调整范围和功能作用不同，其中，二者最大的区别在于其调整范围和调整方式

① 《法治中国建设规划（2020—2025 年）》。

同：道德的调整范围广，方式温和；法律的调整范围窄，但方式严格。习近平总书记深刻指出：法律的有效实施有赖于道德支持，道德践行也离不开法律约束。法律难以规范的领域，道德可以发挥作用，而道德无力约束的行为，法律则可以惩戒。法治，就是发挥法律的规范作用，以其权威性和强制性，用法律准绳规范社会行为、社会生活、国家治理。德治，就是发挥道德教化作用，以其说服力和劝导力提高社会成员思想道德觉悟，用道德引导规范社会成员的行为，调节社会关系。[①] 然而，无论是脱离了道德规范的说服力和感召力，仅凭法律自身强制力运作的纯粹的"法治"，还是脱离了法治的强制力，仅凭道德自身的说服力运作的纯粹的"德治"，都是不可能长期持续的。要建设法治体系，实现国家的长治久安，必须坚持依法治国和以德治国相结合，实现法律和道德相辅相成、法治和德治相得益彰。[②]

建设中国特色社会主义法治体系，必须坚持依法治国和以德治国相结合。首先，形成完备的法律规范体系，要深刻认识到道德是法律的基础，只有那些合乎道德、具有深厚道德基础的法律才能为更多人所自觉遵行；要注意把一些基本道德规范转化为法律规范，使法律法规更多体现道德理念和人文关怀，通过法律的强制力来强化道德作用、确保道德底线，推动全社会道德素质提升。[③] 其次，形成高效的法治实施体系和有力的法治保障体系，要深刻认识到法律是道德的保障，可以通过强制性规范人们的行为、惩罚违法行为来引领道德风尚；推进严格执法、公正司法和建设法治工作队伍，要注意职业道德对提升执法、司法和法律服务水平的作用；推进全民守法，发挥好道德的教化作用，必须以道德滋养法治精神，强化道

① 徐显明. 坚持依法治国和以德治国相结合：学习习近平总书记关于法治与德治关系的重要论述. 求是，2017（6）.

② 习近平. 加快建设社会主义法治国家. 求是，2015（1）.

③ 习近平. 加快建设社会主义法治国家. 求是，2015（1）.

德对法治文化的支撑作用。[①] 最后，形成严密的法治监督体系，要注意通过监督合力，构建“不敢腐、不能腐、不想腐”的有效机制。要坚持依法严厉惩治，形成不敢腐的惩戒机制和威慑力；要坚持完善法规制度，形成不能腐的防范机制和预防作用；更要坚持加强思想教育，形成不想腐的自律意识和思想道德防线，有效铲除腐败现象的生存空间和滋生土壤。[②]

（二）推进重要领域立法，健全国家治理急需的法律制度、满足人民日益增长的美好生活需要必备的法律制度

重要领域的立法、法律制度的健全，属于法治体系中的法律规范体系；良法善治，则同时包括法律规范体系和法律实施体系。习近平总书记在全面论述法治体系之后，单独点出上述内容，一方面明确了建设中国特色社会主义法治体系在当前阶段的工作重点和目标，另一方面也凸显法律制定和法律实施在建设中国特色社会主义法治体系中的基础性地位。

在当前阶段建设中国特色社会主义法治体系的重点是，推进重要领域立法，健全两类法律制度，即国家治理急需的法律制度、满足人民日益增长的美好生活需要必备的法律制度，“……填补空白点、补强薄弱点”[③]。

推进重要领域立法，主要是针对法律制度尚存在一定程度缺位或空白的领域。比如，在庆祝中国人民解放军建军 90 周年大会上，习近平总书记强调要加强涉及国家安全的国防和军事现代化领域的立法：“推进强军事业，必须坚持政治建军、改革强军、科技兴军、依法治军，全面提高国防和军队现代化水平……要增强全军法治意识，加快构建中国特色军事法治体系，加快实现治军方式根本性转变。”[④] 习近平总书记还指出：“一个现

① 习近平．加快建设社会主义法治国家．求是，2015（1）.

② 2015 年 6 月 26 日习近平在十八届中央政治局第二十四次集体学习时的讲话。

③ 习近平．坚定不移走中国特色社会主义法治道路 为全面建设社会主义现代化国家提供有力法治保障．求是，2021（5）.

④ 习近平．在庆祝中国人民解放军建军90周年大会上的讲话（2017年8月1日）．人民日报，2017-08-02（02）.

代化国家必然是法治国家，一支现代化军队必然是法治军队。深入推进依法治军、从严治军，是全面推进依法治国总体布局的重要组成部分，是实现强军目标的必然要求。”[①]“强国必须强军，军强才能国安……要紧紧扭住依法治军不放松，着力构建中国特色军事法治体系，推动实现治军方式的根本性转变，提高国防和军队建设法治化水平。”[②]

健全急需、必备的法律制度，主要针对存在既有法律制度，但尚不够健全，或未能很好地适应我国深化改革和经济社会发展需要的领域，比如金融领域。习近平总书记指出：防止发生系统性金融风险是金融工作的永恒主题。要把主动防范化解系统性金融风险放在更加重要的位置，科学防范，早识别、早预警、早发现、早处置，着力防范化解重点领域风险，着力完善金融安全防线和风险应急处置机制……要加强社会信用体系建设，健全符合我国国情的金融法治体系。[③]

其他重要立法领域，主要包括科技创新、公共卫生、生物安全、生态文明、防范风险、涉外法治等。《法治中国建设规划（2020—2025 年）》详细列出了若干重要领域，并写明了当前一段时期急需和必备的法律制度：（1）经济方面，以转变发展方式的法为重，目前急需的是供给侧结构性改革、创新、金融安全相关立法；（2）政治方面，以制约监督权力运行的法为重，目前急需的是行政程序立法；（3）文化方面，以促进文化发展的法为重，目前急需的是知识产权立法；（4）社会方面，以教育、公共卫生、社会治安为重；（5）生态方面，目前急需的是高质量发展立法；（6）其他方面，包括国家安全立法、军民融合发展制度立法、信息

① 中共中央宣传部．习近平总书记系列重要讲话读本（2016年版）．北京：学习出版社，人民出版社，2016：258．

② 习近平．在纪念红军长征胜利 80 周年大会上的讲话．北京：人民出版社，2016：18．

③ 习近平在全国金融工作会议上强调 服务实体经济防控金融风险 深化金融改革 促进经济和金融良性循环健康发展．人民日报，2017-07-16（01）．

技术领域立法、区域协调立法等。[①]

（三）以良法善治保障新业态新模式健康发展

现阶段法律制定和实施的主要目标是，以良法善治保障新业态新模式健康发展。

“新业态”“新模式”，就是相对于以往已经存在的经营活动形式和商业模式而言，出现的新的形式和模式。一般认为：“业态（commercial activities）”的本义是营业的形态，即经营活动的不同形式；在经营活动中，经营者通过对经营结构、店铺位置、店铺规模、店铺形态、价格政策、销售方式、销售服务等不同经营要素的安排和选择，形成不同的经营形式，以不同的方式为客户提供商品或服务。[②]“商业模式（business model）”，是指企业的部门之间，企业与企业、与顾客、与渠道之间存在的各种各样的交易关系和联结方式。它包含三个要素：（1）“客户价值主张”，即在一个既定价格上，企业向其客户或消费者提供服务或产品时所需要完成的任务；（2）“资源和生产过程”，即支持客户价值主张和盈利模式的具体经营模式；（3）“盈利公式”，即企业用以为股东实现经济价值的过程。[③]

习近平总书记指出，“数字经济、互联网金融、人工智能、大数据、云计算等新技术新应用快速发展，催生一系列新业态新模式，但相关法律制度还存在时间差、空白区。网络犯罪已成为危害我国国家政治安全、网络安全、社会安全、经济安全等的重要风险之一”[④]。可见，新业态、新模

① 《法治中国建设规划（2020—2025 年）》。

② 陆雄文．管理学大辞典．上海：上海辞书出版社，2013．

③ Mark W. Johnson, Clayton M. Christensen, Henning Kagermann．Reinventing Your Business Model: One secret to maintaining a thriving business is recognizing when it needs a fundamental change. Harvard Business Review 2008(12): 3.

④ 习近平．坚定不移走中国特色社会主义法治道路 为全面建设社会主义现代化国家提供有力法治保障．求是，2021（5）．

式的出现和发展，往往突破了既有的法律框架，或者给现有的法律制度提出了新的问题，从而导致法律框架中出现空白，需要以立法的方式进行填补，或者以法律实施中法律解释的方式解决。这是新业态、新模式给法律的制定和实施带来的挑战。因此，有必要以良法善治补足时间差，保障新业态、新模式健康发展。

良法善治是新业态、新模式的保障。良法善治所创造的安全、稳定的社会环境和健康有序的经济秩序，都是新业态、新模式不断涌现、发展和完善的前提与基础。习近平总书记对法治体系与市场经济的关系的论述，有助于我们理解良法善治与新业态、新模式之间的关系。习近平总书记在浙江任职时曾深刻指出："市场经济的高效率就在于价值规律、竞争规律、供求规律的作用，但发挥市场经济固有规律的作用和维护公平竞争、等价交换、诚实守信的市场经济基本法则，需要法治上的保障。如果不从法律上确认经济实体的法人资格，企业就不能成为真正的市场竞争主体。如果缺乏维护市场秩序的法治保障，市场行为就会失当，市场信息就会失真，公平竞争就会失序。如果缺乏对不正当市场行为进行惩防的法治体系，守信者利益得不到保护，违法行为得不到惩治，市场经济就不能建立起来。从这一意义上说，市场经济就是法治经济。推进法治建设的一个重要动因，就是要反映和坚持社会主义先进生产力的发展要求，坚持为社会主义市场经济服务，坚持平等、自由、正义、效率等社会主义市场经济内在价值的追求。我省要在完善社会主义市场经济体制上走在前列，首先就要在法治建设上走在前列，更多地运用法律手段来调节经济、实施监管，加强对知识产权的保护，提高自主创新能力，反对不正当竞争，维护市场秩序，保证社会主义市场经济的健康发展。"[①] 可见，市场经济呼唤创新，法

① 习近平．之江新语．杭州：浙江人民出版社，2007：203．

治之下的市场经济要求必须保护新业态、新模式中的创新。①

以良法善治保障新业态、新模式健康发展，首先，要求有“良法”，即能够合理规制新业态、新模式的法律规范体系。这就要求我们全面深入调查研究，掌握新业态、新模式的发展规律和行业特点，在充分征求行业主体和消费者意见的基础上，制定能够最大限度实现国家、社会、行业、经营者、消费者、环境等各方利益平衡的法律规范。其次，要求以“良法”为基础，实现“善治”，即形成能够对新业态、新模式进行有效规制的法治实施体系，即实现严格执法、公正司法和全民守法。其中尤其重要的是作为市场监管者的行政机关必须提高规制的专业化程度，同时又必须保持自身的独立性，不致为监管对象所俘获。

① 例如，申长雨教授就撰文指出，未来应健全大数据、人工智能、基因技术等新领域新业态知识产权保护制度，促进新业态新领域发展。申长雨．走好中国特色知识产权发展之路．求是，2021（3）．

第十讲 坚持依法治国、依法执政、依法行政共同推进，坚持法治国家、法治政府、法治社会一体建设

一、坚持共同推进、一体建设的内涵

习近平总书记强调，准确把握全面依法治国工作布局，坚持依法治国、依法执政、依法行政共同推进，坚持法治国家、法治政府、法治社会一体建设。[①] 这一重要论述体现了以洞察大势引领全盘布局、以目标愿景引领宏伟征程的大思路、大格局，对于指引我们深化全面依法治国实践具有纲举目张的重要意义。习近平总书记以马克思主义政治家、思想家的卓越智慧和非凡勇气，正式提出“全面依法治国”，并把它纳入“四个全面”战略布局，把“坚持依法治国、依法执政、依法行政共同推进，坚持法治国家、法治政府、法治社会一体建设”确定为全面依法治国的工作布局。这是在深刻把握社会主义法治建设所处历史方位、治国理政实践需要的基础上所作出的重大理论和实践创新，为我们在艰巨繁重的法治建设任务中把握整体工作格局提供了根本遵循。

“共同推进、一体建设”体现了整体部署、协同推进的系统思维。习近平总书记指出，全面依法治国是一个系统工程，必须统筹兼顾、把握重点、整体谋划，更加注重系统性、整体性、协同性。经过不懈努力，全面依法治国已经从搭建“四梁八柱”阶段迈入统筹协调推进的新阶段，法治建设各环节、各领域彼此关联、相互影响，牵一发而动全身，零敲碎打、

① 习近平. 决胜全面建成小康社会 夺取新时代中国特色社会主义伟大胜利：在中国共产党第十九次全国代表大会上的报告（2017 年 10 月 18 日）. 北京：人民出版社，2017：22.

单兵突进已经不能适应发展需要。只有在国家、政府、社会各个层面，治国、执政、行政各个方面构建系统完备、科学规范、运行有效的制度体系，才能实现法治建设各个环节相互配合、协同运转，从而最大限度将制度优势转化为治理效能。“共同推进、一体建设”凝结着习近平总书记对法治建设所处阶段和当前形势的深刻洞察，是推进全面依法治国的科学思路和有效方法。

“共同推进、一体建设”体现了目标引领和重点突破相统一的辩证思维。依法治国是社会主义民主政治的基本要求。我们党是执政党，坚持依法执政对全面推进依法治国具有重大作用。党的十九大描绘了 2035 年基本建成法治国家、法治政府、法治社会的宏伟蓝图。法治政府建设是全面依法治国的重点任务和主体工程，对法治国家、法治社会建设具有示范带动作用，要率先突破。法治社会建设是全面依法治国的基础工程，唯有绝大多数人守法才可能建成法治国家。将建设社会主义法治国家纳入全面建设社会主义现代化国家的总目标、总任务之中，为法治国家确定了更高标准，为建设社会主义法治国家、促进社会主义政治文明提出了新的目标定位和基本遵循。这一工作布局坚持两点论和重点论相统一的马克思主义唯物辩证法，既以目标为着眼点，强化统筹谋划、顶层设计，又以关键领域为着力点，以重点问题突破、引领、带动全局工作发展。“共同推进、一体建设”是深入总结社会主义法治建设独特性和规律性得出的科学结论，是立足中国实际、总结中国经验、回答中国之问的精辟论断，使我们进一步明确新时代法治中国建设的前进方向。

（一）依法治国、依法执政、依法行政共同推进，法治国家、法治政府、法治社会一体建设，是全面依法治国的工作布局

依法治国、依法执政、依法行政共同推进，法治国家、法治政府、法治社会一体建设，既是全面依法治国的工作布局，也是法治中国建设的核心要义。习近平总书记在任浙江省委书记时首次提出把“建设法治浙江”作为全面推进依法治省的纲领。党的十八大之后，习近平总书记从实现“两个一百年”奋斗目标、实现中华民族伟大复兴“中国梦”的战略出发，明确提出“建设法治中国”。“法治中国”概念的提出和建设法治中国战略布局的形成，旨在解决法治建设中“各自为政”的问题，增强法治建设的系统性、协同性。习近平总书记指出，建设法治中国，就是要“……坚持依法治国、依法执政、依法行政共同推进，坚持法治国家、法治政府、法治社会一体建设……”①。

科学把握习近平总书记的这个论断，必须深入理解他指出的“……在共同推进上着力，在一体建设上用劲”② 的内涵。坚持依法治国、依法执政、依法行政共同推进，法治国家、法治政府、法治社会一体建设，是对法治中国全方位建设的顶层设计和整体部署。法治中国、法治国家、法治政府、法治社会这四个概念在同一时空使用时，我们可以认为“法治中国”是“法治国家”“法治政府”“法治社会”的上位概念，“法治国家”“法治政府”“法治社会”是“法治中国”的基本要素。法治国家指整个国家公权力的法治化；法治政府主要指国家行政权行使的法治化；法治社会则主要指相对于国家公权力的政党和其他社会共同体行使社会公权力的法治化。

坚持“三个一体建设”是全面建成小康社会的必然要求。全面建成小康社会，难点在“全面”，重点在“小康”。就“全面”而言，我们不仅要实现物质文明的小康，而且要实现社会公平正义的小康；就“小康”而言，我们不仅要实现人民群众物质生活更加殷实，而且要实现“五位一

① 《中共中央关于全面推进依法治国若干重大问题的决定》辅导读本．北京：人民出版社，2014：4．

② 习近平．加快建设社会主义法治国家．求是，2015（1）．

体”全面进步，更好满足人民群众在民主、法治、公平、正义、安全、环境等方面日益增长的要求。只有坚持“三个一体建设”，才能使人民群众切实感受到公平正义，有更多获得感、幸福感、安全感。①

（二）全面依法治国是一个系统工程，要整体谋划，更加注重系统性、整体性、协同性，必须统筹兼顾、把握重点、整体谋划

加强党对全面依法治国的领导，是由全面依法治国的性质和任务决定的。习近平总书记多次指出：“……全面推进依法治国是一个系统工程，是国家治理领域一场广泛而深刻的革命……”②“深刻的革命”意味着许多改革事项都是难啃的“硬骨头”，迫切需要在党中央层面加强顶层设计、统筹协调，需要加强各级党委对法治工作的组织领导和政治引领。“系统工程”意味着全面依法治国具有复杂性、长期性、艰巨性，其不仅涉及经济建设、政治建设、文化建设、社会建设、生态文明建设、国防军队建设、党的建设等各领域，还涉及改革发展稳定、内政外交国防、治党治国治军等各个方面，而且意味着全面依法治国是长期历史任务，只有发挥党总揽全局、协调各方、总体设计、统一布局的领导作用，才能完成全面依法治国这一“系统工程”的总规划，才有希望实现全面依法治国、建设法治中国的总目标。

我国是一个有十四亿多人口的大国，地域辽阔，民族众多，国情复杂。我们党在这样一个大国执政，要保证国家统一、法制统一、政令统一、市场统一，要实现经济发展、政治清明、文化昌盛、社会公正、生态良好，都需要秉持法律这个准绳、用好法治这个方式。③习近平总书记指出，全面推进依法治国是一项庞大的系统工程，必须统筹兼顾、把握重

① 袁曙宏．坚持法治国家、法治政府、法治社会一体建设．人民日报，2020-04-21（09）．
② 习近平．加快建设社会主义法治国家．求是，2015（1）．
③ 中共中央文献研究室．习近平关于全面依法治国论述摘编．北京：中央文献出版社，2015：9.

点、整体谋划，在共同推进上着力，在一体建设上用劲。这项工程极为宏大，零敲碎打调整不行，碎片化修补也不行，一定要全面系统谋划、统筹协调推进。只有坚持“三个一体建设”，实现联动和集成，才能凝聚起十四亿多中国人民对法治的坚定信仰，汇聚成建设社会主义法治国家的磅礴伟力，有力推进中国特色社会主义法治体系建设，谱写新时代全面依法治国的壮丽诗篇。[①]

因此，全面依法治国，既要坚持系统论，做到整体设计和推进，又要坚持重点论，抓住主要矛盾和矛盾的主要方面，尽快取得实效。

（三）法治国家、法治政府、法治社会三者各有侧重、相辅相成

法治国家、法治政府、法治社会三者各有侧重、相辅相成：法治国家是法治建设的目标，法治政府是建设法治国家的主体，法治社会是构筑法治国家的基础。[②] 法治国家、法治政府、法治社会共同构成建设法治中国的三根支柱，缺少任何一个方面，全面依法治国的总目标就无法实现。

1. 法治国家是法治政府、法治社会建设的目标

法治国家是法治政府、法治社会建设的目标，法治政府、法治社会建设必须服从、服务于法治国家建设。党的十八届四中全会确立的全面推进依法治国的总目标是，建设中国特色社会主义法治体系，建设社会主义法治国家。这个总目标反映了我们党治国理政思想的重大创新，指明了全面依法治国的正确方向，规划了全面依法治国的总体布局，是贯穿全面依法治国工作的主线。党的十九大进一步把建设社会主义法治国家纳入全面建设社会主义现代化国家的总目标、总任务之中，为法治国家确定了更高标准，为建设社会主义法治国家、促进社会主义政治文明提出了新的目标定位和基本遵循。法治政府、法治社会建设，要紧紧围绕建设社会主义法治

① 袁曙宏．坚持法治国家、法治政府、法治社会一体建设．人民日报，2020-04-21（09）．

② 习近平．加强党对全面依法治国的领导．求是，2019（4）．

国家的目标进行顶层设计、完善体制机制、明确工作重点、作出部署安排，坚决贯彻落实实现这一目标所必须坚持的原则，即坚持中国共产党的领导、坚持人民主体地位、坚持法律面前人人平等、坚持依法治国和以德治国相结合、坚持从中国实际出发。建设社会主义法治国家的重要任务包括：坚持依宪治国、依宪执政，确保宪法全面实施，不断提高宪法实施水平。建设中国特色社会主义法治体系。全面推进科学立法、严格执法、公正司法、全民守法等。

"法治国家建设对法治社会建设具有引领和支撑作用。与西方法治文明是在市场经济和市民社会基础上自然演化不同，我国社会长期以来发育缓慢，一方面亟需以国家法治来保障社会组织的自主自治，为社会组织的发育提供良好的环境；另一方面也需要注意规范和控制社会权力的恣意，引导社会组织和社会群体遵守国家的宪法和法律。现代国家首先是一个制度共同体，因为奉共同之理、守共同之法，一个社会便有了统一性、均质性，人们被纳入一种共同的生活方式、行为理念，为'国家共同体'、'社会共同体'意识奠定基础。在法治国家的作用下，个人更变身为'公民'，拥有了共同的政治身份，从这个角度看，'四个全面'的战略布局中，全面依法治国指向的不仅是治国理政，更是在建立一整套成熟、定型制度的基础上，筑牢社会意识的底座，为法治社会建设提供引领和支撑。"①

2. 法治政府是法治国家建设的主体和重点，是法治社会建设的先导和示范

法治政府是法治国家建设的主体和重点，是法治社会建设的先导和示范。在我国，各级政府承担着经济调节、市场监管、社会管理、公共服务、生态环境保护等重要职责，是实施法律法规、制定规章的重要主体，

① 张鸣起．论一体建设法治社会．中国法学，2016（4）．

是人民群众打交道最多、感受公平正义最直接的国家机关。人民群众对法治国家的认识和评价，很多是对各级政府部门的认识和评价。因此，建设法治国家需要把建设法治政府作为主体工程和重点任务，法治政府基本建成是法治国家基本建成的主要标志。建设法治政府对建设法治社会具有重要引领和带动作用：各级政府是否依宪施政、依法行政，各级领导干部和政府工作人员能不能带头尊法学法守法用法，直接影响人民群众的法治信仰和行为选择，直接决定法治社会建设的速度和成效。

“法治政府建设对法治社会建设具有推进和保障作用。政府是由社会产生并且为社会存在，建设法治政府的目的正是要为国民创建一个美好幸福的社会，这个美好幸福的社会就是法治社会、小康社会。一是因为政府是社会的管理者，社会建成什么样子，政府起关键作用，甚至决定性的作用。二是因为政府是社会的表率，社会的法治化有赖于政府行为法治化的引导与推进。只有政府依法行政，才有可能带动全社会民众事事讲法、讲理，处处讲公正、讲诚信，逐步培植起法治社会的环境。三是因为政府是法治社会的指导者和推动者。法治社会的形成是各种因素促成的结果，其中一个非常重要的因素即是政府的指导和推动：政府通过制定行政法规、规章和规范性文件为社会组织、团体和个人提供行为规则（作为法律的具体化和补充），通过行政执法（行政许可、行政监管、行政处罚、行政强制等）为社会提供秩序，通过行政复议、裁决、调解、仲裁为社会提供解纷机制，通过行政指导为社会提供咨询、建议和选择性行为方案。没有政府立规、执法、解纷、指导，法治社会是不可能运作的。而政府要通过这些行为指导和推进法治社会建设，就必须首先使自己的这些行为法治化。四是因为政府是社会公平正义的保障。社会公平正义是法治社会的基本要素，而社会的公平正义必须通过政府提供相应的‘公共物品’而实现。作为法治政府，提供保障社会公平正义的‘公共物品’是其最重要的职责。”[①]

3. 法治社会是法治政府、法治国家建设的基础

法治社会建设对于法治政府目标实现具有基础性作用，法治社会是构筑法治国家的基础。[②]习近平总书记指出，和谐社会应该是法治社会[③]，“要加快实现社会治理法治化，依法防范风险、化解矛盾、维护权益，营造公平、透明、可预期的法治环境”[④]。法治社会建设也是一个社会自治规则不断发展完善、社会自治主体不断成熟的过程，在这个过程中，社会主体参与社会公共事务，社会自治规则成为制约国家权力的武器，成为法治国家建设的基础。参与治理、共同治理的前提是政府职能调整、行政法制革新。这是法治政府建设和法治社会建设的连接点。要充分发挥群团组织、社会组织、行业协会商会的作用，鼓励和支持它们参与社会治理和公共服务，加强政府与它们的分工协作。公众参与，就是引领和推动社会力量参与社会治理，建设人人有责、人人尽责、人人享有的社会治理共同体，确保社会治理过程人民参与、成效人民评判、成果人民共享。

党的二十大报告对加快建设法治社会作出战略部署，要求“弘扬社会主义法治精神，传承中华优秀传统法律文化，引导全体人民做社会主义法治的忠实崇尚者、自觉遵守者、坚定捍卫者。建设覆盖城乡的现代公共法律服务体系，深入开展法治宣传教育，增强全民法治观念。推进多层次多领域依法治理，提升社会治理法治化水平。发挥领导干部示范带头作用，努力使尊法学法守法用法在全社会蔚然成风。”[⑤]

---

① 张鸣起. 论一体建设法治社会. 中国法学，2016（4）.

② 习近平. 高举中国特色社会主义伟大旗帜 为全面建设社会主义现代化国家而团结奋斗：在中国共产党第二十次全国代表大会上的报告（2022 年 10 月 16 日）. 求是，2022（21）.

③ 习近平. 论坚持全面依法治国. 北京：中央文献出版社，2020：103.

④ 习近平. 论坚持全面依法治国. 北京：中央文献出版社，2020：234.

⑤ 习近平. 高举中国特色社会主义伟大旗帜 为全面建设社会主义现代化国家而团结奋斗：在中国共产党第二十次全国代表大会上的报告（2022 年 10 月 16 日）. 求是，2022（21）.

具体而言，要创新社会治理模式，坚持系统治理、依法治理、综合治理、源头治理的社会治理模式，并不断深化和拓展。健全社会领域制度规范，推进全民普法，促进全民守法，发挥市民公约、乡规民约、行业规章、团体章程等社会规范在社会治理中的积极作用。推动多层次、多领域依法治理，提高社会治理法治化水平，充分调动全社会推进中国特色社会主义法治建设的积极性、主动性、创造性，努力为法治国家、法治政府建设奠定更加坚实的社会基础。加强和创新基层社会治理，推动更多法治力量向引导和疏导端用力，将矛盾纠纷化解在基层。

二、坚持依法治国、依法执政、依法行政共同推进的基本要求

（一）关键在于党要坚持依法执政、各级政府要坚持依法行政

习近平总书记对“共同推进”和“一体建设”作出了精要阐释，指出：“依法治国、依法执政、依法行政是一个有机整体，关键在于党要坚持依法执政、各级政府要坚持依法行政。”[①]

依法执政是我们党领导人民长期探索治国之道、不断深化对共产党执政规律认识的重大战略抉择。在党的十一届三中全会后，我们党在理论和实践的探索中逐步确立和形成了依法执政这一基本执政理念和执政方式。

作为执政党的中国共产党是否依法执政，直接影响依法治国基本方略能否得到贯彻，影响社会主义法治建设的成败。党依法执政是关键，要增强依法执政意识，善于运用制度和法律治理国家，以法治的理念、法治的体制、法治的程序开展工作，改进党的领导方式和执政方式，推进依法执政制度化、规范化、程序化，提高党科学执政、民主执政、依法执政水平。“我们要增强依法执政意识，坚持以法治的理念、法治的体制、法治的程序开展工作，改进党的领导方式和执政方式，推进依法执政制度化、

① 习近平．加强党对全面依法治国的领导．求是，2019（4）．

规范化、程序化。执法是行政机关履行政府职能、管理经济社会事务的主要方式，各级政府必须依法全面履行职能，坚持法定职责必须为、法无授权不可为，健全依法决策机制，完善执法程序，严格执法责任，做到严格规范公正文明执法。”[①]

要压紧压实党政主要负责人推进法治建设第一责任人责任。领导干部是全面依法治国的“关键少数”，要严格执行《党政主要负责人履行推进法治建设第一责任人职责规定》，强化考核评价和督促检查，逐级传导压力、层层落实责任。把能不能遵守法律、依法办事作为考察干部的重要内容，在相同条件下，优先提拔使用法治素养好、依法办事能力强的干部。对不认真履行第一责任人职责的党政主要负责人，及时进行约谈诫勉，严肃批评、严肃问责。

依法行政是切实维护广大人民群众切身利益、落实依法治国基本方略的必然要求，习近平总书记强调，各级政府一定要严格依法行政，切实履行职责，该管的事一定要管好、管到位。[②]政府依法行政是重点，要规范行政决策程序，加快转变政府职能，坚持法定职责必须为、法无授权不可为，健全依法决策机制，完善执法程序，严格执法责任，用法治给行政权力定规矩、划界限，做到严格规范公正文明执法。

依法执政和依法行政这两个方面构筑了全面依法治国的支点，确保了全面依法治国有方向、有力量、有效能。

（二）普法工作要在针对性和实效性上下功夫，特别是要加强对青少年的法治教育，不断提升全体公民的法治意识和法治素养

法治观念是思想层面的问题，因而其养成是一项长期性的工作，非朝

---

① 习近平．加快建设社会主义法治国家．求是，2015（1）．

② 熊选国．坚持依法治国、依法执政、依法行政共同推进，法治国家、法治政府、法治社会一体建设．中国司法，2021（4）．

夕之功可成。我国在漫长的封建社会中逐渐形成了重礼轻法的文化传统，人们的法治意识相对薄弱。新中国的全民普法工作开展了三十多年，取得了较大的成绩，但有些公民的法治意识仍较为淡薄，法治精神仍未形成。小部分群众“信访不信法、信官不信法、信闹不信法”；仍存在攀关系、找熟人的心态，爱钻法律空子，提起虚假诉讼、恶意诉讼；在“法不责众”心态下，突破法律底线，甚至有“违法成本低、守法成本高”的错误认识。[①] 因此，我们对法治观念培育的艰巨性、复杂性，必须有清醒的认识。

《法治社会建设实施纲要（2020—2025 年）》（以下简称《纲要》）在健全普法责任制时指出：“认真落实‘谁执法谁普法’普法责任制，2020 年年底前基本实现国家机关普法责任制清单全覆盖，把案（事）件依法处理的过程变成普法公开课。完善法官、检察官、行政复议人员、行政执法人员、律师等以案释法制度，注重加强对诉讼参与人、行政相对人、利害关系人等的法律法规和政策宣讲。引导社会各方面广泛参与立法，把立法过程变为宣传法律法规的过程。创新运用多种形式，加强对新出台法律法规规章的解读。充分发挥法律服务队伍在普法宣传教育中的重要作用，为人民群众提供专业、精准、高效的法治宣传。健全媒体公益普法制度，引导报社、电台、电视台、网站、融媒体中心等媒体自觉履行普法责任。培育壮大普法志愿者队伍，形成人民群众广泛参与普法活动的实践格局。”《纲要》强调要推动全社会增强法治观念，指出：“全民守法是法治社会的基础工程。树立宪法法律至上、法律面前人人平等的法治理念，培育全社会法治信仰，增强法治宣传教育针对性和实效性，引导全体人民做社会主义法治的忠实崇尚者、自觉遵守者、坚定捍卫者，使法治成为社会共识和基本原则”。要广泛开展《中华人民共和国民法典》普法工作，让民法典

① 张鸣起．论一体建设法治社会．中国法学，2016（4）.

走到群众身边、走进群众心里。要积极组织疫病防治、野生动物保护、公共卫生安全等方面法律法规和相关知识的宣传教育活动。针对青少年法治教育，《纲要》重点指出：要“全面落实《青少年法治教育大纲》，把法治教育纳入国民教育体系”，“健全青少年参与法治实践机制”。要利用重大纪念日、传统节日等契机开展群众性法治文化活动，组织各地青年普法志愿者、法治文艺团体开展法治文化基层行活动，例如，持续开展全国学生“学宪法讲宪法”活动，推动“12·4”国家宪法日和“宪法宣传周”集中宣传活动制度化，推动法治文化深入人心，实现宪法宣传教育常态化。

建设法治社会，必须大力推进社会主义法治文化建设，培育和践行社会主义核心价值观，深入开展法治宣传教育，在全社会弘扬法治精神、增强法治观念、厚植法治信仰，使尊法信法学法守法用法成为全体人民的共同追求和自觉行动。加强法制宣传教育，提高公民法律素质，要贯彻依法治国和以德治国相结合方略，把法治建设与道德建设紧密结合起来，认真贯彻公民道德建设实施纲要，加强社会公德、职业道德和家庭美德教育，特别要加强青少年的思想道德建设，引导人们在遵守基本行为准则的基础上，追求更高的思想道德目标，以实现公民法律素质与思想道德素质、科学文化素质的同步提高。

三、坚持法治国家、法治政府、法治社会一体建设的基本要求

（一）用法治给行政权力定规矩、划界限

推进全面依法治国，要坚持法治国家、法治政府、法治社会一体建设，法治政府建设是重点任务，对法治国家、法治社会建设具有示范带动作用。[①] 就功能定位而言，法治政府建设立足于解决政府与法律的关系，

① 习近平：完善法治建设规划提高立法工作质量效率 为推进改革发展稳定工作营造良好法治环境. 人民日报，2019-02-26（01）.

其目的在于通过行政权合法合理的配置和运作，实现“严格规范公正文明执法”。因而，法治政府建设直接作用于公共权力的场域，意在用法律来约束和限制行政权这一最主要的公共权力形态，建设人民满意的服务型政府。

用法治给行政权力定规矩、划界限，要求依法全面履行政府职能，完善行政组织和行政程序法律制度，推进职能、权限、程序等法定化，推行政府权力清单制度；规范行政决策程序，严格落实重大行政决策程序制度，建立健全重大行政决策跟踪反馈和评估制度；强化对行政权力的制约和监督，加强对政府内部权力的制约，完善政府内部层级监督和专门监督，建立常态化监督机制。全面推进政务公开，坚持以公开为常态、以不公开为例外。

（二）推进全面依法治国，法治政府建设要率先突破

习近平总书记多次强调：推进全面依法治国，法治政府建设是重点任务和主体工程，对法治国家、法治社会建设具有示范带动作用，要率先突破。各级政府必须坚持在党的领导下、在法治轨道上开展工作，加快建设职能科学、权责法定、执法严明、公开公正、廉洁高效、守法诚信的法治政府。[①] 现代法治是目标和手段的统一体，是人们共同选择的治国理政的基本价值理念和重要调控工具，推进依法行政、建设法治政府则是贯彻法治中国建设战略方针的“投入产出较高”且“政治风险较低”的关键举措。因此，通过法治政府建设理论创新与实践探索，可对国家治理现代化的内涵、源流、目标及系统构成和运行机制等进行系统、深入的探索。简言之，深入推进依法行政、加快建设法治政府，是全面推进依法治国的主要环节。

---

① 习近平. 关于《中共中央关于全面推进依法治国若干重大问题的决定》的说明. 人民日报，2014-10-29（02）.

现在，法治政府建设还有一些难啃的硬骨头，依法行政观念不牢固、行政决策合法性审查走形式等问题没有根本解决。各级政府必须坚持在党的领导下、在法治轨道上开展工作，创新执法体制，建立权责统一、权威高效的行政执法体制，加快建设法治政府，构建职责明确、依法行政的政府治理体系。

（三）加快转变政府职能

自改革开放以来，我国在推进依法行政、建设法治政府方面取得重大进展，为推进依法治国、建设法治国家打下了基础。但是，依法行政的现状与经济社会发展的要求还不相适应，与人民群众的期待还有差距。要依法全面履行政府职能，着力厘清政府和市场、政府和社会的关系，用法律和制度遏制一些政府部门不当干预经济的惯性和冲动，解决好政府职能越位、缺位、错位的问题。要根据新发展阶段的特点，围绕推动高质量发展、构建新发展格局，加快转变政府职能，加快打造市场化、法治化、国际化营商环境，打破行业垄断和地方保护，推动形成全国统一、公平竞争、规范有序的市场体系，坚决纠正滥用行政权力排除、限制竞争的行为。

第十一讲
坚持全面推进科学立法、严格执法、公正司法、全民守法

全面依法治国必须准确把握关键环节和重点任务，着力解决好立法、执法、司法、守法等领域的突出矛盾和问题。习近平总书记将“坚持全面推进科学立法、严格执法、公正司法、全民守法”作为全面依法治国的重点任务，结合我国实情，深刻阐述了其学理内涵和具体要求，实现了从“有法可依、有法必依、执法必严、违法必究”到“全面推进科学立法、严格执法、公正司法、全民守法”的转型。其中，“科学立法、严格执法、公正司法、全民守法”又常被称为依法治国的“新十六字方针”，涵盖了我国法治建设过程的各关键环节[①]，全面覆盖了立法、执法、司法、守法等四个法治建设指标，是对法治工作和法治规律的科学总结与提炼。[②]

一、坚持全面推进科学立法、严格执法、公正司法、全民守法的内涵和意义

（一）全面推进科学立法、严格执法、公正司法、全民守法的内涵在实践中不断丰富

“科学立法、严格执法、公正司法、全民守法”在党的十八大报告中首次被提出。[③] 自党的十八大以来，党中央高度重视依法治国，全面推进

① 施新洲．如何充分认识“坚持全面推进科学立法、严格执法、公正司法、全民守法”．党课参考，2021（1）．

② 叶青．坚持全面推进科学立法、严格执法、公正司法、全民守法．法治现代化研究，2021（2）．

③ 胡锦涛在中国共产党第十八次全国代表大会上的报告中指出：“（四）全面推进依法治国……要推进科学立法、严格执法、公正司法、全民守法，坚持法律面前人人平等，保证有法必依、执法必严、违法必究。”

科学立法、严格执法、公正司法、全民守法的内涵在中国特色社会主义法治实践中不断丰富，总体而言可以分为以下三个阶段。

第一阶段，是在党的十八大之后、党的十八届四中全会之前，依据全面建成小康社会对法治提出的新要求，“全面推进科学立法、严格执法、公正司法、全民守法”被提出。

2013 年 2 月 23 日下午，十八届中央政治局就全面推进依法治国进行第四次集体学习时，习近平总书记强调，全面建成小康社会对依法治国提出了更高要求，我们要全面贯彻落实党的十八大精神，以邓小平理论、“三个代表”重要思想、科学发展观为指导，全面推进科学立法、严格执法、公正司法、全民守法，坚持依法治国、依法执政、依法行政共同推进，坚持法治国家、法治政府、法治社会一体建设，不断开创依法治国新局面。①

第二阶段，是党的十八届四中全会至党的十九大之前，将实现科学立法、严格执法、公正司法、全民守法纳入全面推进依法治国的总目标，并将其确定为全面推进依法治国的重点任务。②

2014 年 10 月 23 日，党的十八届四中全会决定强调：全面推进依法治国，总目标是建设中国特色社会主义法治体系，建设社会主义法治国家。这就是，在中国共产党领导下，坚持中国特色社会主义制度，贯彻中国特色社会主义法治理论，形成完备的法律规范体系、高效的法治实施体系、严密的法治监督体系、有力的法治保障体系，形成完善的党内法规体系，坚持依法治国、依法执政、依法行政共同推进，坚持法治国家、法治政府、法治社会一体建设，实现科学立法、严格执法、公正司法、全民守法，促进国家治理体系和治理能力现代化。这次全会制定了推进全面依法治国的顶层设计、路线图、施工图。全会所作决定第二部分至第五部分构

① 习近平．论坚持全面依法治国．北京：中央文献出版社，2020：18-25.

② 习近平．论坚持全面依法治国．北京：中央文献出版社，2020：113-114.

成第二板块，从目前法治工作基本格局出发，对科学立法、严格执法、公正司法、全民守法进行论述和部署，共二十个方面。①

自此之后，在习近平总书记相关重要讲话和论述中，推进科学立法、严格执法、公正司法、全民守法的内容不断丰富。

一是明确党政主要负责人要履行推进法治建设第一责任人职责，统筹推进科学立法、严格执法、公正司法、全民守法。用人导向最重要、最根本，也最管用。法治素养是干部德才的重要内容，要把能不能遵守法律、依法办事作为考察干部的重要内容。② 2015 年 2 月 27 日，习近平总书记在主持召开中央全面深化改革领导小组第十次会议时强调：要强化领导落实责任，建立领导干部干预司法活动、插手具体案件处理的记录、通报和责任追究制度，制约领导干部违法违规干预司法活动、妨碍司法公正的行为，要为领导干部干预司法划出“红线”，建立防止司法干预的“防火墙”和“隔离带”，为司法机关依法独立公正行使职权提供制度保障。各级领导干部在推进依法治国方面肩负着重要责任，要牢固树立法律红线不能触碰、法律底线不能逾越的观念，不能违法干预司法活动、插手具体案件处理，不能对司法机关工作进行不当干预。③

二是将社会主义核心价值观融入科学立法、严格执法、公正司法、全民守法各环节。2016 年 10 月 11 日，习近平总书记在主持召开中央全面深化改革领导小组第二十八次会议时强调：把社会主义核心价值观融入法治建设，是坚持依法治国和以德治国相结合的必然要求。要将社会主义核心价值观融入法治国家、法治政府、法治社会建设全过程，融入科学立

① 习近平关于《中共中央关于全面推进依法治国若干重大问题的决定》的说明．人民日报，2014-10-29（02）．

② 习近平：领导干部要做尊法学法守法用法的模范 带动全党全国共同全面推进依法治国．人民日报，2015-02-03（01）．

③ 习近平：让人民对改革有更多获得感．新华网，2015-02-27．

法、严格执法、公正司法、全民守法各环节，把社会主义核心价值观的要求体现到宪法、法律、行政法规、部门规章和公共政策中，以法治体现道德理念，强化法律对道德建设的促进作用，推动社会主义核心价值观更加深入人心。①

第三阶段是党的十九大决定成立中央全面依法治国委员会至今，坚持全面推进科学立法、严格执法、公正司法、全民守法成为习近平法治思想的核心要义之一，成为党中央统筹协调法治领域改革的关键环节。

2017 年 10 月 18 日，中国共产党第十九次全国代表大会决定成立中央全面依法治国领导小组，健全党领导全面依法治国的制度和工作机制，强化党中央在科学立法、严格执法、公正司法、全民守法等方面的领导。2018 年 1 月 19 日《中国共产党第十九届中央委员会第二次全体会议公报》指出：党的十八大以来，以习近平同志为核心的党中央以前所未有的力度推进全面依法治国进程，坚持依法治国、依法执政、依法行政共同推进，坚持法治国家、法治政府、法治社会一体建设，坚持依法治国和以德治国相结合，坚持依法治国和依规治党有机统一，抓住科学立法、严格执法、公正司法、全民守法关键环节，加快推进中国特色社会主义法治体系建设，法律规范体系、法治实施体系、法治监督体系、法治保障体系和党内法规体系建设相互促进、共同发展，社会主义法治国家建设取得了历史性成就。

坚持全面推进科学立法、严格执法、公正司法、全民守法的具体内容，在习近平总书记的相关论述中各有侧重地不断丰富，具体表现为如下方面：

2018 年 8 月 24 日，习近平总书记在中央全面依法治国委员会第一次会议上的讲话侧重从改革的角度强调解决好立法、执法、司法、守法等领

① 习近平：以自我革命精神推进改革．人民日报，2016-10-12（01）．

域的突出矛盾和问题，必须坚定不移推进法治领域改革：要紧紧抓住全面依法治国的关键环节，完善立法体制，提高立法质量。要推进严格执法，理顺执法体制，完善行政执法程序，全面落实行政执法责任制。要支持司法机关依法独立行使职权，健全司法权力分工负责、相互配合、相互制约的制度安排。要加大全民普法力度，培育全社会办事依法、遇事找法、解决问题用法、化解矛盾靠法的法治环境。①

2019 年 2 月 25 日，习近平总书记主持召开中央全面依法治国委员会第二次会议，侧重从立法的角度强调发展要高质量，立法也要高质量：要积极推进重点领域立法，深入推进科学立法、民主立法、依法立法，提高立法质量和效率，不断完善以宪法为核心的中国特色社会主义法律体系，推动形成比较完善的党内法规制度体系。②

2020 年 2 月 5 日，习近平总书记在中央全面依法治国委员会第三次会议上侧重从处置重大突发事件的角度强调：疫情防控越是到最吃劲的时候，越要坚持依法防控，在法治轨道上统筹推进各项防控工作，全面提高依法防控、依法治理能力，保障疫情防控工作顺利开展，维护社会大局稳定。要始终把人民群众生命安全和身体健康放在第一位，从立法、执法、司法、守法各环节发力，切实推进依法防控、科学防控、联防联控。③

于 2020 年 11 月 16 日至 17 日召开的中央全面依法治国工作会议上习近平总书记侧重从公正司法的角度强调：近年来，司法腐败案件集中暴露出权力制约监督不到位问题。要加快构建规范高效的制约监督体系，坚决破除“关系网”、斩断“利益链”，让“猫腻”“暗门”无处遁形。2018 年 1 月起，为期三年的“扫黑除恶”专项斗争在全国展开。“扫黑除恶”

---

① 习近平．加强党对全面依法治国的领导．求是，2019（4）．
② 习近平．论坚持全面依法治国．北京：中央文献出版社，2020：251-256．
③ 习近平．论坚持全面依法治国．北京：中央文献出版社，2020：269-271．

专项斗争把打击黑恶势力和“打伞破网”一体推进，清除了一批害群之马。近三年来打掉的涉黑组织相当于前10年的总和，对黑恶势力形成了强大震慑。要继续依法打击破坏社会秩序的违法犯罪行为，特别是要推动扫黑除恶常态化，持之以恒、坚定不移打击黑恶势力及其保护伞，让城乡更安宁、群众更安乐。①

（二）科学立法、严格执法、公正司法、全民守法在全面依法治国的大格局中缺一不可

科学立法是全面依法治国的前提。全面推进依法治国，必须坚持科学立法。依法治国，首先要有法可依。用明确的法律规范来调节社会生活、维护社会秩序，是古今中外的通用手段。现在，我们国家和社会生活各方面总体上实现了有法可依，这是我们取得的重大成就。同时，我们也要看到，实践是法律的基础，法律要随着实践发展而发展。转变经济发展方式，扩大社会主义民主，推进行政体制改革，保障和改善民生，加强和创新社会管理，保护生态环境，都会给立法提出新的要求。②

严格执法是全面依法治国的重点。法律的生命力在于实施，法律的权威也在于实施。“天下之事，不难于立法，而难于法之必行。”如果有了法律而不实施、束之高阁，或者实施不力、做表面文章，那制定再多法律也无济于事。全面推进依法治国的重点应该是保证法律严格实施，做到“法立，有犯而必施；令出，唯行而不返”③。

公正司法是全面依法治国的重要保障。全面依法治国，必须紧紧围绕保障和促进社会公平正义来进行。公平正义是我们党追求的一个非常崇高

① 习近平．坚定不移走中国特色社会主义法治道路 为全面建设社会主义现代化国家提供有力法治保障．求是，2021（5）.

② 习近平．论坚持全面依法治国．北京：中央文献出版社，2020：18.

③ 习近平关于《中共中央关于全面推进依法治国若干重大问题的决定》的说明．人民日报，2014-10-29（02）.

的价值，全心全意为人民服务的宗旨决定了我们必须追求公平正义、保护人民权益、伸张正义。[①] 公正司法，就是受到侵害的权利一定会得到保护和救济，违法犯罪活动一定要受到制裁和惩罚。如果人民群众通过司法程序不能保证自己的合法权利，那司法就没有公信力，人民群众也不会相信司法。法律本来应该具有定分止争的功能，司法审判本来应该具有终局性的作用，如果司法不公、人心不服，这些功能就难以实现。[②]

全民守法是全面依法治国的基础。全民守法解决了守法主体的范围问题，体现了法律的普适性原则，强调了社会主义法律平等适用的要求。它是科学立法、严格执法、公正司法价值目标实现后的最优状态，又为科学立法、严格执法、公正司法更好地实现提供了价值共识、文化土壤。[③] 因此，要坚持把全民普法和守法作为依法治国的长期基础性工作，采取有力措施加强法制宣传教育。[④] 全民守法，就是任何组织或者个人都必须在宪法和法律范围内活动，任何公民、社会组织和国家机关都要以宪法和法律为行为准则，依照宪法和法律行使权利或权力、履行义务或职责。

因此，全面依法治国要坚持全面推进科学立法、严格执法、公正司法、全民守法。科学立法保证良法善治，严格执法维护法律权威，公正司法确保公平正义，全民守法提振社会文明。

全面依法治国既是一项长期而重大的历史任务，也是一场深刻的社会变革。当前，立法、执法、司法、守法等方面都存在不少薄弱环节，法治领域改革面临许多难啃的硬骨头，迫切需要在党中央层面加强统筹协调。

---

① 习近平：领导干部要做尊法学法守法用法的模范 带动全党全国共同全面推进依法治国．人民日报，2015-02-03（01）.

② 中共中央宣传部．习近平总书记系列重要讲话读本（2016年版）．北京：学习出版社，人民出版社，2016：94.

③ 叶青．坚持全面推进科学立法、严格执法、公正司法、全民守法．法治现代化研究，2021（2）.

④ 习近平．加快建设社会主义法治国家．求是，2015（1）.

二、坚持全面推进科学立法

（一）立法领域的突出矛盾和问题

立法是社会主义法治建设的首要环节，是全面依法治国的起点。经过长期努力，我国形成了中国特色社会主义法律体系，国家和社会生活各方面总体上实现了有法可依。同时也要看到，实践发展永无止境，立法工作也永无止境，我国立法已经开启了从“有没有”向“好不好”的重大转变。[①] 与新时代改革发展稳定的实际需要和良法善治的要求相比，习近平总书记认为，当前立法领域还面临以下突出问题。

1. 立法质量需要进一步提高

人民群众对立法的期盼，已经不是有没有，而是好不好、管用不管用、能不能解决实际问题；不是什么法都能治国，不是什么法都能治好国；越是强调法治，越是要提高立法质量。[②] 立法质量需要进一步提高，有的法律法规全面反映客观规律和人民意愿不够，解决实际问题有效性不足，针对性、可操作性不强。[③]

2. 立法效率不高，部门化倾向、争权诿责现象较为突出

有些部门和地方反映，立法工作和改革发展不同步，慢半拍甚至拖后腿问题比较突出……其中一个主要原因是，相关部门形不成一致意见，就不能审议、没法通过。意见不一致有认识问题，但更多是守着自己的“一亩三分地”、抱着部门利益不放[④]，或者都想避重就轻、拈易怕难，不仅实践需要的法律不能及时制定和修改，就是弄出来了，也可能不那么科学适

---

① 刘炤．坚持全面推进科学立法、严格执法、公正司法、全民守法．人民日报，2021-03-18（16）．

② 习近平．论坚持全面依法治国．北京：中央文献出版社，2020：20．

③ 习近平．关于《中共中央关于全面推进依法治国若干重大问题的决定》的说明．人民日报，2014-10-29（02）．

④ 习近平．论坚持全面依法治国．北京：中央文献出版社，2020：254．

用，还可能造成相互推诿扯皮甚至“依法打架”[①]。

立法工作中部门化倾向、争权诿责现象较为突出，有的立法实际上成了一种利益博弈，不是久拖不决，就是制定的法律法规不大管用，一些地方利用法规实行地方保护主义，对全国形成统一开放、竞争有序的市场秩序造成障碍，损害国家法治统一。[②]

3. 对发展和法治的认识不清，地方立法“放水”

贯彻新发展理念，实现经济从高速增长转向高质量发展，必须坚持以法治为引领。在发展和法治的关系上，一些地方还存在“发展要上、法治要让”的误区。

党中央处理了甘肃祁连山国家级自然保护区生态环境问题，一批党政干部受到处分。《甘肃祁连山国家级自然保护区管理条例》历经三次修正，部分规定始终同《中华人民共和国自然保护区条例》不一致，立法上“放水”，执法上“放弃”，才导致了祁连山生态系统遭到严重破坏的结果。这样的教训必须深刻汲取。[③]

（二）坚持全面推进科学立法的具体要求

1. 完善立法体制，提高立法质量

推进科学立法、民主立法，是提高立法质量的根本途径。科学立法的核心在于尊重和体现客观规律，民主立法的核心在于为了人民、依靠人民。

一要优化立法职权配置，发挥人大及其常委会在立法工作中的主导作用，健全立法起草、论证、协调、审议机制，完善法律草案表决程序，增强法律法规的及时性、系统性、针对性、有效性，提高法律法规的可执行

---

① 习近平．论坚持全面依法治国：北京：中央文献出版社，2020：20.

② 习近平关于《中共中央关于全面推进依法治国若干重大问题的决定》的说明．人民日报，2014-10-29（02）.

③ 习近平．加强党对全面依法治国的领导．求是，2019（4）.

性、可操作性。要明确立法权力边界，从体制机制和工作程序上有效防止部门利益和地方保护主义法律化。[①] 要建立由全国人大相关专门委员会、全国人大常委会法制工作委员会组织有关部门参与起草综合性、全局性、基础性等重要法律草案制度；增加有法治实践经验的专职常委比例；依法建立健全专门委员会、工作委员会立法专家顾问制度。[②]

二要实现立法和改革决策相衔接，做到重大改革于法有据、立法主动适应改革发展需要。在研究改革方案和改革措施时，要同步考虑改革涉及的立法问题，及时提出立法需求和立法建议。实践证明行之有效的，要及时上升为法律。实践条件还不成熟、需要先行先试的，要按照法定程序作出授权。对不适应改革要求的法律法规，要及时修改和废止。要加强法律解释工作，及时明确法律规定含义和适用法律依据。[③]

三要创新公众参与立法方式，广泛听取各方面意见和建议。[④] 多年来，我们坚持科学立法、民主立法，不断健全工作机制，充分发扬立法民主，扩大公民对立法工作的参与，如：立法项目公开征集公民意见；完善法规起草和审议制度，建立部门、专家和实际工作者联合起草工作机制；重要法规草案登报公开征求意见，并进行专家论证；建立和完善立法听证制度，对涉及多数公民利益、分歧意见较大的法规草案举行听证会。这些行之有效的立法工作制度，拓宽了社情民意表达渠道，使制定的法规较好地体现了人民群众的意愿和要求，也有效地防止和克服了“利益部门化”和“部门利益法制化”的倾向，对防止滥用公共权力、保护公民合法权利起

① 习近平．加快建设社会主义法治国家．求是，2015（1）．

② 习近平关于《中共中央关于全面推进依法治国若干重大问题的决定》的说明．人民日报，2014-10-29（02）．

③ 习近平：运用法治思维和法治方式推进改革．人民日报，2014-10-28（01）．

④ 习近平关于《中共中央关于全面推进依法治国若干重大问题的决定》的说明．人民日报，2014-10-29（02）．

到了积极作用。[①]

四要加强和改进政府立法制度建设，完善行政法规、规章制定程序，完善公众参与政府立法机制；重要行政管理法律法规由政府法制机构组织起草；对部门间争议较大的重要立法事项，由决策机关引入第三方评估，不能久拖不决。[②]

五是依法治国委员会和各部门要勇于担当，协调立法分歧。彭真同志说立法就是在矛盾的焦点上“砍一刀”，实际上就是要统筹协调利益关系。[③] 今后有不同意见，下面协调不下来的，可以拿到会上讨论。立法既要广泛发扬民主，又要敢于在矛盾焦点上“切一刀”，不能因个别意见不一致导致立法项目久拖不决。依法治国委员会各协调小组、中央全国依法治国委员会办公室和有关部门要勇于担当，协调解决立法分歧和突出问题，重大问题及时报告委员会。[④]

2. 维护国家法治统一，兼顾地方特色

维护国家法治统一，是一个严肃的政治问题。我国是单一制国家，维护国家法治统一至关重要。2015 年立法法修改，赋予设区的市地方立法权。[⑤] 虽然地方立法工作有了积极进展，总体情况是好的，但有的地方也存在违背上位法规定、立法“放水”等问题，影响很不好。要加强宪法实施和监督，推进合宪性审查工作，对一切违反宪法法律的法规、规范性文件必须坚决予以纠正和撤销。同时，地方立法要有地方特色，需要几条就定几条，能用三五条解决问题就不要搞“鸿篇巨制”，关键是吃透党中央

① 习近平．加强地方立法工作，推进和谐社会建设．中国人大，2006-12-10（8-9）.

② 习近平关于《中共中央关于全面推进依法治国若干重大问题的决定》的说明．人民日报，2014-10-29（02）.

③ 习近平．论坚持全面依法治国．北京：中央文献出版社，2020：20.

④ 习近平．论坚持全面依法治国．北京：中央文献出版社，2020：254.

⑤《十八大以来治国理政新成就》编写组．十八大以来治国理政新成就：下．北京：人民出版社，2017：989.

精神，从地方实际出发，解决突出问题。“治国无其法则乱，守法而不变则衰。”①

3. 加快完善中国特色社会主义法律体系，使其更加科学完备、统一权威

一要研究丰富立法形式，可以搞一些“大块头”，也要搞一些“小快灵”，增强立法的针对性、适用性、可操作性。②

二要完善立法规划。随着社会主义市场经济体制的建立和逐步完善，在经济活动和社会活动中，会出现许多新情况、新问题。它们既互相联系，又互相制约，需要一个健全的法律体系来调整和规范。因此，我们应对立法工作有一个通盘的考虑和宏观上的规划，正确处理好急与缓、需要与可能的关系，使地方立法工作有计划、有步骤、有目的地进行，从而减少或避免盲目性。我们应当把立法工作作为一个系统工程，在调查研究的基础上，做好预测和规划，在宏观上把握地方立法的趋势和发展。立法规划和计划也不是一成不变的，如果客观情况发生了变化，就要及时地对立法规划和计划进行调整。③要统筹立改废释纂，增强立法系统性、整体性、协同性、时效性。④

三要完善重要领域立法。要在坚持好、完善好已经建立起来并经过实践检验有效的根本制度、基本制度、重要制度的前提下，聚焦法律制度的空白点和冲突点，统筹谋划和整体推进立改废释各项工作，加快建立健全

① 习近平．坚定不移走中国特色社会主义法治道路 为全面建设社会主义现代化国家提供有力法治保障．求是，2021（5）.

② 习近平．坚定不移走中国特色社会主义法治道路 为全面建设社会主义现代化国家提供有力法治保障．求是，2021（5）.

③ 习近平．发挥人大职能作用，加强地方立法，促进社会主义市场经济体制的建立和完善．福建人大月刊．1994（S1）：24-25.（《福建人大月刊》于1995年更名为《人民政坛》。——编辑注）

④ 习近平．高举中国特色社会主义伟大旗帜为全面建设社会主义现代化国家而团结奋斗：在中国共产党第二十次全国代表大会上的报告（2022年10月16日）．求是，2022（21）.

国家治理急需、满足人民日益增长的美好生活需要必备的法律制度。[①]要及时反映党和国家事业发展要求、人民群众关切期待，对涉及全面深化改革、推动经济发展、完善社会治理、保障人民生活、维护国家安全的法律抓紧制定、及时修改。[②]

四要加强重点领域、新兴领域、涉外领域立法，统筹推进国内法治和涉外法治，以良法促进发展、保障善治。[③]重点领域如：国家安全、科技创新、公共卫生、生物安全、生态文明、防范风险、涉外法治、数字经济、互联网金融、人工智能、大数据、云计算等。对新技术新应用催生的一系列新业态新模式、网络犯罪、知识产权保护、土地制度改革、生态文明建设等方面，改革开放先行先试地区相关立法授权工作要及早作出安排。

三、坚持全面推进严格执法

（一）执法领域的突出矛盾和问题

（1）有法不依、执法不严、违法不究，甚至以权压法、权钱交易、徇私枉法等；执法不规范、不严格、不透明、不文明，以及不作为、乱作为。[④]执法随意性大、粗放执法、变通执法、越权执法比较突出；滥用强制措施，侵犯公民合法权益；办关系案、人情案、金钱案，甚至徇私舞弊、贪赃枉法。[⑤]

（2）在环境保护、食品安全、劳动保障等领域，行政执法和刑事司法

① 习近平．推进全国依法治国，发挥法治在国家治理体系和治理能力现代化中的积极作用．求是，2020（22）．

② 中共中央宣传部．习近平总书记系列重要讲话读本（2016年版）．北京：学习出版社，人民出版社，2016：92．

③ 习近平．高举中国特色社会主义伟大旗帜 为全面建设社会主义现代化国家而团结奋斗：在中国共产党第二十次全国代表大会上的报告（2022 年 10 月 16 日）．求是，2022（21）．

④ 习近平．论坚持全面依法治国．北京：中央文献出版社，2020：220．

⑤ 习近平．论坚持全面依法治国．北京：中央文献出版社，2020：45．

存在某种脱节，一些涉嫌犯罪的案件止步于行政执法环节，法律威慑力不够，健康的经济秩序难以真正建立起来。①

（3）对公共利益保护力度不足。在现实生活中，对一些行政机关违法行使职权或者不作为造成对国家和社会公共利益侵害或者有侵害危险的案件，如国有资产保护、国有土地使用权转让、生态环境和资源保护等，由于与公民、法人和其他社会组织没有直接利害关系，使其没有也无法提起公益诉讼，导致违法行政行为缺乏有效司法监督，不利于促进依法行政、严格执法，加强对公共利益的保护。②

（二）坚持全面推进严格执法的具体要求

1. 加快建设法治政府，扎实推进依法行政

“法立，有犯而必施；令出，唯行而不返”。各级政府必须坚持在党的领导下、在法治轨道上开展工作，全面建设职能科学、权责法定、执法严明、公开公正、智能高效、廉洁诚信、人民满意的法治政府。③

一是推进政府机构、职能、权限、程序、责任法定化。行政机关是实施法律法规的重要主体，要带头严格执法，维护公共利益、人民权益和社会秩序。执法者必须忠实于法律，既不能以权压法、以身试法，也不能法外开恩、徇情枉法。④ 行政机关不得法外设定权力，没有法律法规依据不得作出减损公民、法人和其他组织合法权益或者增加其义务的决定；推行政府权力清单制度，坚决消除权力设租寻租空间。⑤ 推进各级政府事权规范化、法律化；完善不同层级政府，特别是中央和地方政府

① 习近平．论坚持全面依法治国．北京：中央文献出版社，2020：52.

② 习近平关于《中共中央关于全面推进依法治国若干重大问题的决定》的说明．人民日报，2014-10-29（02）.

③《法治政府建设实施纲要（2021—2025 年）》。

④ 2013 年 2 月 23 日习近平在第十八届中央政治局第四次集体学习时的讲话。

⑤ 习近平关于《中共中央关于全面推进依法治国若干重大问题的决定》的说明．人民日报，2014-10-29（02）.

事权法律制度；强化中央政府宏观管理、制度设定职责和必要的执法权；强化省级政府统筹推进区域内基本公共服务均等化职责，强化市县政府执行职责。[①]

二是建立行政机关内部重大决策合法性审查机制，坚持科学决策、民主决策、依法决策，全面落实重大决策程序制度。[②]未经合法性审查或经审查不合法的，不得提交讨论。把公众参与、专家论证、风险评估、合法性审查、集体讨论决定确定为重大行政决策法定程序，确保决策制度科学、程序正当、过程公开、责任明确。积极推行政府法律顾问制度，建立以政府法制机构人员为主体、吸收专家和律师参加的法律顾问队伍，保证法律顾问在制定重大行政决策、推进依法行政中发挥积极作用。建立重大决策终身责任追究制度及责任倒查机制，对决策严重失误或者依法应该及时作出决策但久拖不决造成重大损失、恶劣影响的，严格追究行政首长、负有责任的其他领导人员和相关责任人员的法律责任。[③]

三是深化行政执法体制改革。根据不同层级政府的事权和职能，按照减少层次、整合队伍、提高效率的原则，合理配置执法力量。推进综合执法，大幅减少市县两级政府执法队伍种类。完善市县两级政府行政执法管理，加强统一领导和协调。理顺行政强制执行体制。理顺城管执法体制，加强城市管理综合执法机构建设，提高执法和服务水平。严格实行行政执法人员持证上岗和资格管理制度，未经执法资格考试合格，不得授予执法资格，不得从事执法活动。严格执行罚缴分离和收支两条线管理制度，严禁收费、罚没收入同部门利益直接或者变相挂钩。[④]

---

① 中共中央关于全面推进依法治国若干重大问题的决定．人民日报，2014-10-29（01）．

② 习近平．高举中国特色社会主义伟大旗帜　为全面建设社会主义现代化国家而团结奋斗：在中国共产党第二十次全国代表大会上的报告（2022 年 10 月 16 日）．求是，2022（21）．

③ 中共中央关于全面推进依法治国若干重大问题的决定．人民日报，2014-10-29（01）．

④ 中共中央关于全面推进依法治国若干重大问题的决定．人民日报，2014-10-29（01）．

四是加强对政府内部权力的制约，对财政资金分配使用、国有资产监管、政府投资、政府采购、公共资源转让、公共工程建设等权力集中的部门和岗位实行分事行权、分岗设权、分级授权，定期轮岗，强化内部流程控制，防止权力滥用；完善政府内部层级监督和专门监督；保障依法独立行使审计监督权。①

五是全面推进政务公开，推进决策公开、执行公开、管理公开、服务公开、结果公开，重点推进财政预算、公共资源配置、重大建设项目批准和实施、社会公益事业建设等领域的政府信息公开②，强化对行政权力的制约和监督。③

六是建立健全行政纠纷解决体系，推动构建行政调解、行政裁决、行政复议、行政诉讼有机衔接的纠纷解决机制。④

七是继续完善检察机关提起行政公益诉讼制度。检察机关对行政违法行为的监督，主要是依法查办行政机关工作人员涉嫌贪污贿赂、渎职侵权等职务犯罪案件，范围相对比较窄。而实际情况是，行政违法行为构成刑事犯罪的毕竟是少数，更多的是乱作为、不作为。检察机关在执法办案时发现行政机关有违法行使职权或者不行使职权的行为的，应及时提出建议并督促其纠正。由检察机关提起行政公益诉讼，有利于优化司法职权配置、完善行政诉讼制度，也有利于推进法治政府建设。⑤

2. 严格规范公正文明执法

一要正确理解严格规范公正文明执法之间的关系。严格规范公正文

① 习近平关于《中共中央关于全面推进依法治国若干重大问题的决定》的说明. 人民日报，2014-10-29（02）.

② 习近平关于《中共中央关于全面推进依法治国若干重大问题的决定》的说明. 人民日报，2014-10-29（02）.

③ 习近平. 加快建设社会主义法治国家. 求是，2015（1）.

④ 习近平. 论坚持全面依法治国. 北京：中央文献出版社，2020：234.

⑤ 习近平关于《中共中央关于全面推进依法治国若干重大问题的决定》的说明. 人民日报，2014-10-29（02）.

明执法是一个整体，要准确把握、全面贯彻，文明执法、公正执法要强调，严格执法也要强调，不能畸轻畸重、顾此失彼。如果不严格执法，执法的公信力也难建立起来。现实生活中出现的很多问题，往往同执法失之于宽、失之于松有很大关系。涉及群众的问题，要准确把握社会心态和群众情绪，充分考虑执法对象的切身感受，规范执法言行，推行人性化执法、柔性执法、阳光执法，不要搞粗暴执法、“委托暴力”那一套。但是，不论怎么做，对违法行为一定要严格尺度、依法处理。的确，严格执法有时候比较难。比如，出现了群体性事件，群众在情绪激动的状态下可能发生众多人员违法的问题，也有些无关群众夹杂在其中作出违法的行为。在这种情况下，当时要执法是有困难的，但不能就此算了，事后对违法行为必须进行处理。① 要树立正确法治理念，把打击犯罪同保障人权、追求效率同实现公正、执法目的同执法形式有机统一起来，坚持以法为据、以理服人、以情感人，努力实现最佳的法律效果、政治效果、社会效果。②

二要完善执法程序，建立健全行政裁量权基准制度。建立执法全过程记录制度，严格执行重大执法决定法制审核制度，全面落实行政执法责任制。③ 明确具体操作流程，重点规范行政许可、行政处罚、行政强制、行政征收、行政收费、行政检查等执法行为。④ 要靠制度来保障，在执法办案各个环节都设置隔离墙、通上高压线，谁违反制度就要给予最严厉的处罚，构成犯罪的，要依法追究刑事责任。⑤ 加强行政执法信息化建设和信

① 习近平．论坚持全面依法治国．北京：中央文献出版社，2020：51-52．

② 习近平．论坚持全面依法治国．北京：中央文献出版社，2020：260．

③ 习近平关于《中共中央关于全面推进依法治国若干重大问题的决定》的说明．人民日报，2014-10-29（02）．

④ 中共中央关于全面推进依法治国若干重大问题的决定．人民日报，2014-10-29（01）．

⑤ 习近平出席中央政法工作会议并发表重要讲话．人民日报，2014-01-09（01）．

息共享，提高执法效率和规范化水平。[①] 细化、量化行政裁量标准，规范裁量范围、种类、幅度，确保法律公正、有效实施[②]，防止和避免执行规定时简单地“走上限”、在裁量幅度内就高不就低的懒政惰政行为。[③]

三要加强对执法活动的监督，坚决排除对执法活动的非法干预，坚决防止和克服地方保护主义和部门保护主义，坚决惩治腐败现象，做到有权必有责、用权受监督、违法必追究。[④]

四要重点解决好损害群众权益的突出问题，决不允许对群众的报警求助置之不理，决不允许滥用权力侵犯群众合法权益，决不允许执法犯法造成冤假错案。[⑤] 要做到对群众深恶痛绝的事零容忍，对群众急需急盼的事零懈怠。[⑥] 加大关系群众切身利益的重点领域执法力度。[⑦]

3. 各级党委和政府要敢于担当，支持执法机关严格执法

执法是把纸面上的法律变为现实生活中活的法律的关键环节，执法人员必须忠于法律、捍卫法律，严格执法、敢于担当。[⑧] 对执法机关严格执法，只要符合法律和程序的，各级党委和政府都要给予支持和保护，不要认为执法机关给自己找了麻烦，也不要担心会给自己的形象和政绩带来什么不利影响。我们说要敢于担当，严格执法就是很重要的担当。党委和政府不给撑腰，干警怎么做啊？如果都抱着多一事不如少一事的心态，谁还会去严格执法？该严格执法的没有严格执法，该支持和保护严格执法的没

① 中共中央关于全面推进依法治国若干重大问题的决定. 人民日报，2014-10-29（01）.

② 习近平. 加快建设社会主义法治国家. 求是，2015（1）.

③ 刘炤. 坚持全面推进科学立法、严格执法、公正司法、全民守法. 人民日报，2021-03-18（16）.

④ 习近平主持中共中央政治局第四次集体学习. 人民日报，2013-02-25.

⑤ 习近平出席中央政法工作会议并发表重要讲话. 人民日报，2014-01-09（01）.

⑥ 刘炤. 坚持全面推进科学立法、严格执法、公正司法、全民守法. 人民日报，2021-03-18（16）.

⑦ 习近平. 高举中国特色社会主义伟大旗帜 为全面建设社会主义现代化国家而团结奋斗：在中国共产党第二十次全国代表大会上的报告（2022年10月16日）. 求是，2022（21）.

⑧ 习近平谈治国理政：第2卷. 北京：外文出版社，2017：122.

有支持和保护，就是失职，那也是要追究责任的。[①]

四、坚持全面推进公正司法

（一）司法领域的突出矛盾和问题

（1）司法不公正，司法公信力不高。“一次不公正的审判，其恶果甚至超过十次犯罪。因为犯罪虽是无视法律——好比污染了水流，而不公正的审判则毁坏法律——好比污染了水源。”[②]

（2）冤假错案、司法腐败以及金钱案、权力案、人情案等问题。[③] 司法腐败案件集中暴露出权力制约监督不到位问题。一些人通过金钱开路，几乎成了法外之人，背后有政法系统几十名干部为其“打招呼”“开路条”，监督形同虚设。[④] 一些司法工作人员作风不正、办案不廉，办金钱案、关系案、人情案，“吃了原告吃被告”[⑤]，要么有案不立、有罪不究，要么违规立案、越权管辖，甚至徇私舞弊、贪赃枉法。[⑥]

（3）办案人员责任意识不强。办案人员对法庭审判重视不够，常常出现一些关键证据没有收集或者没有依法收集，进入庭审的案件没有达到“案件事实清楚、证据确实充分”的法定要求，使审判无法顺利进行。[⑦]

---

① 中共中央文献研究室．习近平关于全面依法治国论述摘编．北京：中央文献出版社，2015：59．

② 习近平关于《中共中央关于全面推进依法治国若干重大问题的决定》的说明．人民日报，2014-10-29（02）．

③ 习近平：以提高司法公信力为根本尺度 坚定不移深化司法体制改革．人民日报，2015-03-26（01）．

④ 习近平．坚定不移走中国特色社会主义法治道路 为全面建设社会主义现代化国家提供有力法治保障．求是，2021（5）．

⑤ 习近平关于《中共中央关于全面推进依法治国若干重大问题的决定》的说明．人民日报，2014-10-29（02）．

⑥ 习近平．论坚持全面依法治国．北京：中央文献出版社，2020：45．

⑦ 习近平关于《中共中央关于全面推进依法治国若干重大问题的决定》的说明．人民日报，2014-10-29（02）．

（二）坚持全面推进公正司法的具体要求

1. 深化司法体制综合配套改革，加快建设公正高效权威的社会主义司法制度

司法体制改革必须同我国根本政治制度、基本政治制度和经济社会发展水平相适应，保持我们自己的特色和优势。我们要借鉴国外法治有益成果，但不能照搬照抄国外司法制度。完善司法制度、深化司法体制改革，要遵循司法活动的客观规律，体现权责统一、权力制约、公开公正、尊重程序的要求。司法体制改革事关全局，要加强顶层设计，自上而下有序推进。要坚持从实际出发，结合不同地区、不同层级司法机关实际情况积极实践，推动制度创新[①]，着力解决影响司法公正、制约司法能力的深层次问题。[②]

一是牵住司法责任制这个“牛鼻子”，深入研究司法责任制综合配套改革方案，加快构建权责一致的司法权运行新机制。[③]司法责任制综合配套改革是司法体制改革的重要内容，事关司法公正高效权威。要抓好改革任务落地见效，真正“让审理者裁判、由裁判者负责”，提高司法公信力，努力让人民群众在每一个司法案件中感受到公平正义。[④]凡是进入法官、检察官员额的，要在司法一线办案，对案件质量终身负责。[⑤]要全面落实司法责任制，让司法工作人员集中精力尽好责、办好案，提高司法质量、效率、公信力。要聚焦人民群众反映强烈的突出问题，抓紧完善权力运行监

① 习近平：以提高司法公信力为根本尺度 坚定不移深化司法体制改革．人民日报，2015-03-26（01）.

② 习近平主持召开中央全面深化改革领导小组第九次会议．人民日报，2015-01-31（01）.

③ 习近平：加强党对全面依法治国的集中统一领导 更好发挥法治固根本稳预期利长远的保障作用．人民日报，2018-08-25（01）.

④ 习近平．推进全面依法治国，发挥法治在国家治理体系和治理能力现代化中的积极作用．求是，2020（22）.

⑤ 习近平：以提高司法公信力为根本尺度 坚定不移深化司法体制改革．人民日报，2015-03-26（01）.

督和制约机制，坚决防止执法不严、司法不公甚至执法犯法、司法腐败。[①]

二是支持司法机关依法独立行使职权。建立领导干部干预司法活动、插手具体案件处理的记录、通报和责任追究制度；健全行政机关依法出庭应诉、支持法院受理行政案件、尊重并执行法院生效裁判的制度；建立健全司法人员履行法定职责保护机制。[②]非因法定事由，非经法定程序，不得将法官、检察官调离、辞退或者作出免职、降级等处分。各级党组织和领导干部都要旗帜鲜明支持司法机关依法独立行使职权，绝不容许利用职权干预司法。[③]对干预司法机关办案的，给予党纪政纪处分；造成冤假错案或者其他严重后果的，依法追究刑事责任。[④]各级党委政法委要把工作着力点放在把握政治方向、协调各方职能、统筹政法工作、建设政法队伍、督促依法履职、创造公正司法环境上，健全完善政治督察、综治督导、执法监督、纪律作风督查巡查等制度机制。[⑤]

三是以优化司法职权配置为重点，规范司法权力运行。为优化司法职权配置，推动实行审判权和执行权相分离的体制改革试点；统一刑罚执行体制；探索实行法院、检察院司法行政事务管理权和审判权、检察权相分离。[⑥]健全公安机关、检察机关、审判机关、司法行政机关各司其职、相互配合、相互制约的体制机制。强化对司法活动的制约监督，促进司法公正。[⑦]

四是持续推进以审判为中心的诉讼制度改革，公正审判。充分发挥审

① 习近平：全面深入做好新时代政法各项工作 促进社会公平正义保障人民安居乐业．人民日报，2019-01-17（01）.

② 习近平关于《中共中央关于全面推进依法治国若干重大问题的决定》的说明．人民日报，2014-10-29（02）.

③ 习近平谈治国理政：第2卷．北京：外文出版社，2017：121.

④ 中共中央关于全面推进依法治国若干重大问题的决定．人民日报，2014-10-29（01）.

⑤ 习近平：全面深入做好新时代政法各项工作 促进社会公平正义保障人民安居乐业．人民日报，2019-01-17（01）.

⑥ 习近平关于《中共中央关于全面推进依法治国若干重大问题的决定》的说明．人民日报，2014-10-29（02）.

⑦ 习近平：高举中国特色社会主义伟大旗帜 为全面建设社会主义现代化国家而团结奋斗：在中国共产党第二十次全国代表大会上的报告（2022年10月16日）．求是，2022（21）.

判，特别是庭审的作用，是确保案件处理质量和司法公正的重要环节。推进以审判为中心的诉讼制度改革，目的是促使办案人员树立办案必须经得起法律检验的理念，确保侦查、审查起诉的案件事实、证据经得起法律检验，保证庭审在查明事实、认定证据、保护诉权、公正裁判中发挥决定性作用。这项改革有利于促使办案人员增强责任意识，通过法庭审判的程序公正实现案件裁判的实体公正，有效防范冤假错案产生。① 针对“类案不同判”的问题，进一步健全法律统一适用机制，积极运用大数据推送类似案例等措施，让法官以同类案件同样处理方式办案。②

五是提高司法公信力，加强对司法活动的监督。要加强民事检察工作，加强对司法活动的监督，畅通司法救济渠道，保护公民、法人和其他组织合法权益，坚决防止以刑事案件名义插手民事纠纷、经济纠纷。③

2.“扫黑除恶”常态化，坚决打击黑恶势力及其“保护伞”

黑恶势力是社会毒瘤，严重破坏经济社会秩序，侵蚀党的执政根基。一些黑恶势力长期进行聚众滋事、垄断经营、敲诈勒索、开设赌场等违法活动，老百姓敢怒不敢言。黑恶势力怎么就能在我们眼皮子底下从小到大发展起来？背后就存在执法者听之任之、不作为的情况，一些地方执法部门甚至同黑恶势力沆瀣一气，充当保护伞。执法部门代表的是人民利益，决不能成为家族势力、黑恶势力的保护伞。④

一是以“扫黑除恶”专项斗争为切入点，把维护国家政治安全放在第一位，着力提高政法工作现代化水平，努力建设更高水平的平安中国、法

① 习近平关于《中共中央关于全面推进依法治国若干重大问题的决定》的说明. 人民日报，2014-10-29（02）.

② 刘炤. 坚持全面推进科学立法、严格执法、公正司法、全民守法. 人民日报，2021-03-18（16）.

③ 习近平：充分认识颁布实施民法典重大意义 依法更好保障人民合法权益. 人民日报，2020-05-30（01）.

④ 习近平. 加强党对全面依法治国的领导. 求是，2019（4）.

治中国，为实现“两个一百年”奋斗目标创造安全的政治环境、稳定的社会环境、公正的法治环境、优质的服务环境。①

二是将“扫黑除恶”斗争常态化开展，持续保持对黑恶势力违法犯罪的高压态势，形成有效震慑。建立健全源头治理的防范整治机制、智能公开的举报奖励机制、打早打小的依法惩处机制、精准有效的督导督办机制、激励约束的考核评价机制、持续推进的组织领导机制。中央成立全国扫黑除恶斗争领导小组及其办公室，各级党委和有关部门保留相应领导和办事机构，把“扫黑除恶”斗争纳入经济社会发展全局谋划推进，加强综合保障，强化专业队伍，加强正面宣传，增强人民群众运用法律与黑恶势力作斗争的信心和能力。②

3. 加强平安建设，保障人民安居乐业

我们提出的“平安”不是仅指社会治安或安全生产的狭义“平安”，而是涵盖了经济、政治、文化和社会各方面，宽领域、大范围、多层面的广义“平安”③。要把防控风险、服务发展摆在更加突出位置，为经济社会发展提供有力保障。要下大气力破解难题、补齐短板，提高维护国家安全和社会稳定的能力水平，增强人民群众安全感。④

一要处理好维稳和维权的关系，把群众合理合法的利益诉求解决好，完善对维护群众切身利益具有重大作用的制度，强化法律在化解矛盾中的权威地位，使群众由衷感到权益受到了公平对待、利益得到了有效维护。要处理好活力和秩序的关系，坚持系统治理、依法治理、综合治理、源头

---

① 习近平对政法工作作出重要指示强调 着力提高政法工作现代化水平 建设更高水平的平安中国法治中国. 人民日报，2020-01-18（01）.

② 中共中央办公厅、国务院办公厅《关于常态化开展扫黑除恶斗争巩固专项斗争成果的意见》.

③ 把人民生命安全和身体健康放在心里：习近平同志2003年领导浙江省抗击非典斗争纪事. 人民日报，2020-06-15（01）.

④ 习近平就政法工作作出重要指示强调：防控风险服务发展 破解难题补齐短板. 人民日报，2016-01-23（01）.

治理，发动全社会一起来做好维护社会稳定工作。[①]

二要善于把党的领导和我国社会主义制度优势转化为社会治理效能。统筹推进公安改革、国家安全机关改革、司法行政改革，提高维护社会大局稳定、促进社会公平正义、保障人民安居乐业的能力。[②]创新完善平安建设工作协调机制，统筹好政法系统和相关部门的资源力量，形成问题联治、工作联动、平安联创的良好局面。[③]创新组织群众、发动群众的机制，创新为民谋利、为民办事、为民解忧的机制，让群众的聪明才智成为社会治理创新的不竭源泉。[④]

五、坚持全面推进全民守法

（一）守法领域的突出矛盾和问题

我国是个人情社会，人们的社会联系广泛，上下级、亲戚朋友、老战友、老同事、老同学关系比较融洽，逢事喜欢讲个熟门熟道，但如果人情介入了法律和权力领域，就会带来问题，甚至带来严重问题。[⑤]

（二）坚持全面推进全民守法的具体要求

1. 全体人民信仰法治

卢梭说，一切法律中最重要的法律，既不是刻在大理石上，也不是刻在铜表上，而是铭刻在公民的内心里。[⑥]法治建设需要全社会共同参与，只有全体人民信仰法治、厉行法治，国家和社会生活才能真正实现在法治

① 习近平出席中央政法工作会议并发表重要讲话．人民日报，2014-01-09（01）．

② 习近平：坚定不移推进司法体制改革 坚定不移走中国特色社会主义法治道路．人民日报，2017-07-11（01）．

③ 习近平．全面深入做好新时代政法各项工作 促进社会公平正义保障人民安居乐业．人民日报，2019-01-17（01）．

④ 习近平．全面深入做好新时代政法各项工作 促进社会公平正义保障人民安居乐业．人民日报，2019-01-17（01）．

⑤ 中共中央文献研究室．习近平关于全面依法治国论述摘编．北京：中央文献出版社，2015：89．

⑥ 中共中央文献研究室．习近平关于全面依法治国论述摘编．北京：中央文献出版社，2015：88-89．

轨道上运行。①

2. 加大全民普法力度，建设社会主义法治文化，树立宪法法律至上、法律面前人人平等的法治理念

学法懂法是守法用法的前提，要加大全民普法力度，培育全社会办事依法、遇事找法、解决问题用法、化解矛盾靠法的法治环境。② 要把全民普法和守法作为依法治国的长期基础性工作，采取有力措施加强法制宣传教育。在针对性和实效性上下功夫，落实"谁执法谁普法"的普法责任制，加强以案普法、以案释法，发挥典型案例引领法治风尚、塑造社会主义核心价值观的积极作用，不断提升全体公民的法治意识和法治素养。

一要弘扬社会主义法治精神。③ 要不断深化乡村、社区、企业、学校等基层依法治理，推进"……法律进机关、进乡村、进社区、进学校、进企业、进单位……"④。要坚持法治教育从娃娃抓起，把法治教育纳入国民教育体系和精神文明创建内容，由易到难、循序渐进，不断增强青少年的规则意识。⑤

二要在法治实践中持续提升公民法治素养。注重公民法治习惯的实践养成，促进人民群众广泛参与法治，坚持全民守法，让依法工作生活真正成为一种习惯，任何组织和个人都不得有超越宪法法律的特权。⑥

三是各级党组织和全体党员要带头尊法学法守法用法，任何组织和个人都不得有超越宪法法律的特权，绝不允许以言代法、以权压法、逐利违

---

① 习近平. 推进全面依法治国，发挥法治在国家治理体系和治理能力现代化中的积极作用. 求是，2020（22）.

② 习近平. 加强党对全面依法治国的领导. 求是，2019（4）.

③ 习近平. 推进全面依法治国，发挥法治在国家治理体系和治理能力现代化中的积极作用. 求是，2020（22）.

④ 中共中央文献研究室. 十六大以来重要文献选编：下. 北京：中央文献出版社，2008：777.

⑤ 习近平谈治国理政：第 2 卷. 北京：外文出版社，2017：122.

⑥ 关于加强社会主义法治文化建设的意见. 北京：人民出版社，2021：8.

法、徇私枉法。[①] 发挥领导干部示范带头作用，努力使尊法学法守法用法在全社会蔚然成风。[②]

3. 全体人民厉行法治，使尊法守法成为全体人民的共同追求和自觉行动

一要引导全体人民遵守法律，有问题依靠法律来解决，决不能让那种大闹大解决、小闹小解决、不闹不解决现象蔓延开来，否则还有什么法治可言呢？要坚决改变违法成本低、守法成本高的现象，谁违法就要付出比守法更大的代价，甚至是几倍、十几倍、几十倍的代价。[③]

二要健全公民和组织守法信用记录，完善守法诚信褒奖机制和违法失信行为惩戒机制，形成守法光荣、违法可耻的社会氛围，使尊法守法成为全体人民共同追求和自觉行动。[④] 要坚持依法治国和以德治国相结合，把社会主义核心价值观融入法治建设，完善诚信建设长效机制，加大对公德失范、诚信缺失等行为的惩处力度，努力形成良好的社会风尚和社会秩序。[⑤]

① 习近平在中国共产党第十九次全国代表大会上的报告. 人民日报，2017-10-28.

② 习近平. 高举中国特色社会主义伟大旗帜 为全面建设社会主义现代化国家而团结奋斗：在中国共产党第二十次全国代表大会上的报告（2022 年 10 月 16 日）. 求是，2022（21）.

③ 2013 年 2 月 23 日习近平在十八届中央政治局第四次集体学习时的讲话。

④ 习近平谈治国理政：第 2 卷. 北京：外文出版社，2017：122.

⑤ 习近平. 推进全面依法治国，发挥法治在国家治理体系和治理能力现代化中的积极作用. 求是，2020（22）.

第十二讲
坚持统筹推进国内法治和涉外法治

统筹国内和国际两个大局是以习近平同志为核心的党中央治国理政的基本理念和基本方略。当前，世界百年未有之大变局加速演变，和平与发展仍然是时代主题，但国际环境不稳定性、不确定性明显上升，新冠肺炎疫情大流行影响广泛深远，全球治理体系正在发生深刻变革。当今，制度竞争成为核心竞争，而法治是国家核心竞争力的重要内容。在这个关键时刻，习近平总书记审时度势，及时提出要“坚持统筹推进国内法治和涉外法治”[①]，“协调推进国内治理和国际治理”[②]，使国内法治和涉外法治、国家治理和全球治理相互促进、相得益彰，坚定不移依法维护国家主权、安全、尊严、发展等核心利益，坚定不移维护世界和平、促进共同发展。

一、坚持统筹推进国内法治和涉外法治的提出及意义

（一）坚持统筹推进国内法治和涉外法治的提出

坚持统筹推进国内法治和涉外法治的提出，是统筹两个大局、推进国家治理现代化和全球治理现代化的客观要求，是社会主义法治不断推进和认识不断深化的结果。

早在 2010 年 3 月 23 日，作为中央政治局常委、国家副主席出席中俄执政党对话机制第二次会议时，习近平同志就明确提出要“……坚持统筹国内国际两个大局……”[③]。具体来讲，“……国内大局就是‘两个一百年’

① 习近平谈治国理政：第 4 卷. 北京：外文出版社，2022：296.
② 习近平谈治国理政：第 4 卷. 北京：外文出版社，2022：296.
③ 习近平. 在中俄执政党对话机制第二次会议开幕式上的讲话. 经济日报，2010-03-24（03）.

奋斗目标，实现中华民族伟大复兴的中国梦；国际大局就是为我国改革发展稳定争取良好外部条件，维护国家主权、安全、发展利益，维护世界和平稳定、促进共同发展”①。

自党的十八大以来，习近平总书记更加强调统筹“两个大局”，注重“统筹外部安全和内部安全……”②，要求“加强海外安全保障能力建设，维护我国公民、法人在海外合法权益，维护海洋权益，坚定捍卫国家主权、安全、发展利益”③。2013 年 1 月 28 日，在主持十八届中央政治局第三次集体学习时，习近平总书记指出：要“……加强战略思维，增强战略定力，更好统筹国内国际两个大局……”④。

2014 年 11 月 28 日，在中央外事工作会议上，习近平总书记富有针对性地再次强调：“我国已经进入了实现中华民族伟大复兴的关键阶段。中国与世界的关系在发生深刻变化，我国同国际社会的互联互动也已变得空前紧密，我国对世界的依靠、对国际事务的参与在不断加深，世界对我国的依靠、对我国的影响也在不断加深。我们观察和规划改革发展，必须统筹考虑和综合运用国际国内两个市场、国际国内两种资源、国际国内两类规则。”⑤

2014 年 10 月 20 日至 23 日，党的十八届四中全会在北京召开。本次会议首次专题讨论依法治国问题。10 月 23 日，本次会议通过了《中共中央关于全面推进依法治国若干重大问题的决定》，其中第一次以党的文件形式明确提出要“加强涉外法律工作”。

---

① 习近平谈治国理政. 北京：外文出版社，2014：299.

② 习近平. 高举中国特色社会主义伟大旗帜 为全面建设社会主义现代化国家而团结奋斗：在中国共产党第二十次全国代表大会上的报告（2022 年 10 月 16 日）. 求是，2022（21）.

③ 习近平. 高举中国特色社会主义伟大旗帜 为全面建设社会主义现代化国家而团结奋斗：在中国共产党第二十次全国代表大会上的报告（2022 年 10 月 16 日）. 求是，2022（21）.

④ 习近平谈治国理政. 北京：外文出版社，2014：247.

⑤ 习近平谈治国理政：第 2 卷. 北京：外文出版社，2017：442-443.

2018 年 8 月 24 日，习近平总书记主持召开中央全面依法治国委员会第一次会议，在谈到成立该委员会的重大意义时强调指出："中国走向世界，以负责任大国参与国际事务，必须善于运用法治。在对外斗争中，我们要拿起法律武器，占领法治制高点，敢于向破坏者、搅局者说不。全球治理体系正处于调整变革的关键时期，我们要积极参与国际规则制定，做全球治理变革进程的参与者、推动者、引领者。"[①] 我们要善于在国际规则制定中发出更多中国声音、注入更多中国元素，努力在经济全球化中抢占先机、赢得主动。

2019 年 2 月 25 日，习近平总书记主持召开中央全面依法治国委员会第二次会议，明确要求"加快涉外法治工作战略布局"[②]，"要把法治应对摆在更加突出位置，用规则说话，靠规则行事，维护我国政治安全、经济安全，维护我国企业和公民合法权益"[③]。

2020 年 11 月 16 日至 17 日，中央全面依法治国工作会议召开。在会上，习近平总书记对当前和今后一个时期推进全面依法治国要重点抓好的工作提出了十一个方面的要求，明确强调"坚持统筹推进国内法治和涉外法治"[④]。

（二）坚持统筹推进国内法治和涉外法治的意义

坚持统筹推进国内法治和涉外法治是全面依法治国的必定方向，是推进国家治理现代化的必然要求。法治，既是国家治理体系和治理能力的重要依托，也是维护世界和平与发展的重要保障。全面依法治国，要求统筹推进国内法治和涉外法治，统筹运用国内法和国际法，推进国际法治领域合作。要加快涉外法治工作战略布局，加强国际法研究和运用，更好地维

① 习近平．加强党对全面依法治国的领导．求是，2019（4）．
② 习近平．论坚持全面依法治国．北京：中央文献出版社，2020：256．
③ 习近平．论坚持全面依法治国．北京：中央文献出版社，2020：256-257．
④ 习近平谈治国理政：第 4 卷．北京：外文出版社，2022：296．

护国家主权、安全、发展利益。面对当今世界百年未有之大变局，国内治理和国际治理不是相互割裂的，而是相辅相成、互为补充、协同发展的：国内治理是国际治理的基础和前提，国际治理是国内治理的延伸和保障。在法治轨道上推进国家治理体系和治理能力现代化，要求协调推进国内治理和国际治理，统筹推进国内法治和涉外法治，提高我国依据国际法参与国际治理的能力，尤其要着力增强规则制定能力、议程设置能力、舆论宣传能力和统筹协调能力。

坚持统筹推进国内法治和涉外法治是中国高质量发展的重要条件。当今世界不确定不稳定因素增多，我国发展面临的机遇和挑战并存。目前我国处在“更多逆风逆水的外部环境”，我们要坚持底线思维，做好较长时间应对外部环境变化的思想准备和工作准备。“法治是人类政治文明的重要成果，是现代社会治理的基本手段。”① 我们要强化法治思维，综合运用立法、执法和司法等法治手段，统筹推进国内法治和涉外法治，发扬斗争精神，敢于亮剑，运用法律武器反制国外“长臂管辖”等有损中国主权和利益的行径，提高防控能力，着力防范化解重大风险，保证我国在新时代各个方面的高质量发展。

坚持统筹推进国内法治和涉外法治是更好地助力国家在对外交往中运用法治思维和方式解决疑难、重大、复杂问题的重要基础。“涉外法治”从根本上讲是指，我们国家如何以法治的思维和法治的方式来处理我们国家的涉外事务，包括立法、执法、司法、法律服务等方方面面。自2013 年秋天我们提出共建“一带一路”倡议以来，越来越多国家热烈响应，共建“一带一路”正在成为我国参与全球开放合作、改善全球经济治理体系、促进全球共同发展繁荣、推动构建人类命运共同体的中国方

① 中共中央党史和文献研究院．习近平关于总体国家安全观论述摘编．北京：中央文献出版社，2018：251．

案。[①] 2019年11月10日，国家主席习近平在致中国法治国际论坛（2019）的贺信中表示：推动共建“一带一路”需要法治进行保障。中国愿同各国一道，营造良好法治环境，构建公正、合理、透明的国际经贸规则体系，推动共建“一带一路”高质量发展，更好造福各国人民。[②] 2020年11月13日，国家主席习近平致信中国法治国际论坛（2020），再次强调：共建“一带一路”需要良好法治营商环境。中国坚持开放包容、互利互赢，愿同各方一道，积极开展国际法治合作，为建设开放型经济、促进世界经济复苏提供法治支持。[③]

坚持统筹推进国内法治和涉外法治是推进国际关系民主化、法治化、公正化的迫切需要。“现行国际秩序并不完美，但只要它以规则为基础，以公平为导向，以共赢为目标，就不能随意被舍弃，更容不得推倒重来。”[④] 在推进国际关系民主化、法治化、公正化的进程中，“我国对外工作要坚持以新时代中国特色社会主义外交思想为指导，统筹国内国际两个大局，牢牢把握服务民族复兴、促进人类进步这条主线，推动构建人类命运共同体，坚定维护国家主权、安全、发展利益，积极参与引领全球治理体系改革，打造更加完善的全球伙伴关系网络，努力开创中国特色大国外交新局面……”[⑤]。

坚持统筹推进国内法治和涉外法治是推动全球治理变革、构建人类命运共同体的必要保障。“放眼世界，我们面对的是百年未有之大变局。新世纪以来一大批新兴市场国家和发展中国家快速发展，世界多极化加速发展，国际格局日趋均衡，国际潮流大势不可逆转。”[⑥] “我们人类居住的这个

① 习近平谈治国理政：第3卷. 北京：外文出版社，2020：486.
② 习近平. 论坚持全面依法治国. 北京：中央文献出版社，2020：268.
③ 习近平致信中国法治国际论坛（2020）. 人民日报，2020-11-14（01）.
④ 习近平谈治国理政：第3卷. 北京：外文出版社，2020：447.
⑤ 习近平谈治国理政：第3卷. 北京：外文出版社，2020：426.
⑥ 习近平谈治国理政：第3卷. 北京：外文出版社，2020：421.

蓝色星球，不是被海洋分割成了各个孤岛，而是被海洋连结成了命运共同体，各国人民安危与共。”[①] 我们要善于运用法治，“要统筹国内国际两个大局，树立更宽广的世界眼光、更宏大的战略抱负，胸怀祖国，兼济天下，推动构建新型国际关系，推动构建人类命运共同体”[②]。

二、坚持统筹推进国内法治和涉外法治的实现路径

（一）依法维护国家核心利益，加快涉外法治工作战略布局

“经济全球化是历史潮流。长江、尼罗河、亚马孙河、多瑙河昼夜不息、奔腾向前，尽管会出现一些回头浪，尽管会遇到很多险滩暗礁，但大江大河奔腾向前的势头是谁也阻挡不了的。”[③] 面对经济全球化的潮流，中国开放的大门不会关闭，只会越开越大！[④] 关于如何保障和服务高水平对外开放，习近平总书记在中央全面依法治国委员会第二次会议、中央全面依法治国工作会议和中国共产党第二十次全国代表大会上分别作出了重要部署，强调“要加快推进我国法域外适用的法律体系建设，为我国涉外执法、司法活动提供法律依据”[⑤]，“加强重点领域、新兴领域、涉外领域立法，统筹推进国内法治和涉外法治”[⑥]，“要加快形成系统完备的涉外法律法规体系，提升涉外执法司法效能”[⑦]，“要加大涉外法学教育力度，重点做好涉外执法司法和法律服务人才培养、国际组织法律人才培养推送工作，更好服务对外工作大局”[⑧]，“专业人才培养要跟上”[⑨]。

① 习近平谈治国理政：第3卷．北京：外文出版社，2020：463．

② 习近平谈治国理政：第3卷．北京：外文出版社，2020：422．

③ 习近平谈治国理政：第3卷．北京：外文出版社，2020：209．

④ 习近平谈治国理政：第3卷．北京：外文出版社，2020：194．

⑤ 习近平．论坚持全面依法治国．北京：中央文献出版社，2020：257．

⑥ 习近平．高举中国特色社会主义伟大旗帜 为全面建设社会主义现代化国家而团结奋斗：在中国共产党第二十次全国代表大会上的报告（2022年10月16日）．求是，2022（21）．

⑦ 习近平谈治国理政：第4卷．北京：外文出版社，2022：296．

⑧ 习近平谈治国理政：第4卷．北京：外文出版社，2022：298．

⑨ 习近平．论坚持全面依法治国．北京：中央文献出版社，2020：257．

1. 加快形成系统完备的涉外法律法规体系

充分发挥我国法在解决涉外法律纠纷方面的重要作用，运用法律武器反制国外“长臂管辖”、贸易歧视等有损中国主权和利益的行径。近年来，一些发达国家针对中国的产品与投资采取不正当限制，利用所谓“市场经济地位”问题责难中国产品进口，扩大“国家安全审查”适用范围以限制中国投资。对此，我们一方面应充分运用世界贸易组织规则及国际投资规则予以反制；另一方面应强化企业自身的法律意识，做好贸易摩擦应对及运用国际投资仲裁机制维护中国企业合法权益工作。2021 年 1 月，商务部公布《阻断外国法律与措施不当域外适用办法》，聚焦阻断不当禁止或者限制中国公民、法人或者其他组织与第三国（地区）及其公民、法人或者其他组织进行正常的经贸及相关活动的外国法律与措施，为拒绝承认、执行和遵守有关外国法律与措施提供了法律依据。这是我国涉外法治领域的一项重要举措。

改变对外投资、对外援助、口岸、开发区、领事保护等领域无法可依或法规层级较低的现状，逐渐细化对外贸易、知识产权保护、国籍、外国人服务管理、涉外民商事争端解决等领域的法律法规。例如，“吸引和利用外资方面的立法，大多是改革开放初期制定的，发挥了重要作用，但难以适应新时代构建开放型经济新体制的需要，亟需制定统一的外资基础性法律”[①]，全国人民代表大会及其常务委员会应尽早出台对外投资法律法规，理顺对外投资管理体制，确立企业和个人对外投资的主体地位，健全权益保护、投资促进、风险预警等服务保障。与此同时，应根据国际投资法的新发展，商签、修订中国与他国之间的投资保护协定，为中国对外投资建立更加牢固的法律屏障。[②] 又如，为适应对外投资的新形势，应尽快制定

① 习近平．论坚持全面依法治国．北京：中央文献出版社，2020：253-254．

② 刘敬东．全面开放新格局的国际法治内涵与路径．经贸法律评论，2019（1）．

"国家豁免法"，改变绝对豁免的传统立场及对《纽约公约》的商事保留；出台与《纽约公约》相衔接的执行国际仲裁裁决的最新司法解释，为中外企业执行国际投资仲裁裁决扫清国内法律障碍。

探索建设中国特色的自由贸易港，总结国内自由贸易区建设的法治经验，在此基础上，制定国家层面的"自由贸易区促进法"，为自由贸易港建设提供法治基础。2021 年 6 月 10 日，《中华人民共和国海南自由贸易港法》经十三届全国人大常委会第二十九次会议顺利表决通过，颁布实施。根据该法，国家在海南岛全岛设立海南自由贸易港，分步骤、分阶段建立自由贸易港政策和制度体系，实现贸易、投资、跨境资金流动、人员进出、运输来往自由便利和数据安全有序流动。该法的颁布，"充分彰显了我国进一步扩大对外开放的决心，有利于推动海南自由贸易港打造法治化、国际化、便利化的一流营商环境"[①]，有利于发挥法治对海南自由贸易港建设的引导、推动、规范和保障作用。此后两年来，海南运用自由贸易港法规制定权，紧贴自由贸易港建设急需，先后制定《海南自由贸易港优化营商环境条例》《海南自由贸易港反消费欺诈规定》《海南自由贸易港公平竞争条例》《海南自由贸易港社会信用条例》《海南自由贸易港企业破产程序条例》《海南自由贸易港知识产权保护条例》《海南自由贸易港安居房建设和管理若干规定》《海南自由贸易港免税购物失信惩戒若干规定》等 24 件自由贸易港法规，加快构建自由贸易港法规体系。中国的自由贸易区建设在经贸投资规则方面已作出大胆探索，形成了许多可推广复制的经验，未来的自由贸易港建设也必将成为国际先进规则的重要实验田。这就为中国提升参与国际治理的话语权、以中国的经验和智慧促进国际法治创造了条件。[②]

① 欧英才.《中华人民共和国海南自由贸易港法》颁布实施. 海南日报，2021-12-31（30）.

② 刘敬东. 全面开放新格局的国际法治内涵与路径. 经贸法律评论，2019（1）.

积极推动国内法律与多边框架公约之间的衔接，完善涉腐资产追回制度。加强反腐败国际合作，加大海外追赃追逃、遣返引渡力度。在加强双边合作的同时，我们要继续依托《联合国反腐败公约》《联合国打击跨国有组织犯罪公约》等多边框架，综合运用公约设定的刑事定罪与执法、国际合作、资产追回等机制，积极推动国内法律与公约的衔接，积极开展反腐败国际合作。

2. 提升涉外执法司法效能

大力规范涉外行政执法。在“三非”（非法居留、非法入境、非法就业）问题日益突出的形势下，要将涉外执法程序加以完善，针对行政许可、行政处罚、行政强制、行政征收、反垄断调查、行政检查等执法行为，都要制定具体执法细则、裁量标准和操作流程，切实做到步骤清楚、要求具体、期限明确、程序公正。要健全行政执法调查取证、告知、听证、罚没收入管理、执法争议协调等制度，充分保证外国企业的知情权、表达权、参与权、监督权、救济权。要“强化行政执法监督机制和能力建设，严格落实行政执法责任制和责任追究制度”①，坚决惩治涉外执法中的腐败现象。

深化涉外审判方式改革，推行听证、证人出庭作证等制度，严格依法开展涉外案件文书送达、调查取证等工作。提高涉外司法工作透明度，全面实现办案过程公开，办案结果、理由和文书公开。强化程序意识和权利保障意识，确保涉外案件当事人诉讼地位平等、程序合法正当、结果公正有理。司法工作人员要刚正不阿，勇于担当，敢于依法排除来自司法机关内部和外部的干扰，坚守公正司法的底线。要坚持以公开促公正、树公信，构建开放、动态、透明、便民的阳光司法机制，杜绝暗箱操作，坚决

① 习近平. 高举中国特色社会主义伟大旗帜 为全面建设社会主义现代化国家而团结奋斗：在中国共产党第二十次全国代表大会上的报告（2022 年 10 月 16 日）. 求是，2022（21）.

遏制司法腐败。[①] 公正司法是维护社会公平正义的最后一道防线，要“强化对司法活动的制约监督，促进司法公正”[②]。

3. 积极发展涉外法律服务

维护我国公民、法人在海外合法权益。“对在重点国家和地区使领馆设立法务参赞制度的问题，有关部门要研究论证。”[③] 要“构建海外利益保护和风险预警防范体系，完善领事保护工作机制，维护海外同胞安全和正当权益，保障重大项目和人员机构安全”[④]。继续完善领事保护、投资保护、知识产权保护机制，做好各类涉外突发事件应对预案，进一步健全中央、地方、驻外使领馆、企业和个人“五位一体”的领事保护联动机制，努力做到中国公民和企业走到哪里，涉外法律服务就跟进到哪里，维护我国公民和法人、其他组织在海外的合法权益。[⑤]

依法保障外国人在华合法权益。根据我国缔结或参加的条约或按照对等原则，依法保护在华外国人的正当权利。积极为外国人在华依法获得司法救济、律师服务、翻译服务等提供必要的便利。因为中国“必须接受更复杂和多元的人口构成，并面对可能产生的文化冲突和身份政治”[⑥]，所以需要完善外国人服务管理法律法规，抓紧研究制定外国人在中国居留和工作的管理法规，制定规范在华境外非政府组织管理的法律。

要注重培育一批国际一流的仲裁机构、律师事务所，把涉外法治保障和服务工作做得更有成效。积极推进中国律师“走出去”，鼓励和支持法律服务机构和人员参与中国企业和公民“走出去”法律事务，参与企业涉

① 习近平谈治国理政：第2卷. 北京：外文出版社，2017：121.

② 习近平. 高举中国特色社会主义伟大旗帜 为全面建设社会主义现代化国家而团结奋斗：在中国共产党第二十次全国代表大会上的报告（2022年10月16日）. 求是，2022（21）.

③ 习近平. 论坚持全面依法治国. 北京：中央文献出版社，2020：257.

④ 中央中央党史和文献研究院. 十九大以来重要文献选编：中. 北京：中央文献出版社，2021：294.

⑤ 汪洋. 加强涉外法律工作 学习贯彻党的十八届四中全会精神. 人民日报，2014-11-06（06）.

⑥ 田方萌. 开放转型背景下的中国移民政策与身份焦虑. 文化纵横，2021（2）.

外商事交易的尽职调查，开展风险评估、防范与控制，协助中国企业建立健全境外投融资风险防范和维护权益机制，防范法律风险；拓展涉外知识产权法律服务，做好涉外诉讼、仲裁代理工作，维护我国公民、法人在海外及外国公民、法人在我国的正当权益，依法维护海外侨胞权益；推动与"一带一路"沿线有关国家和地区在相关领域开展务实交流与合作；在执业活动中开展对外法治宣传，向有关国家和地区宣传我国法律制度，增进国际社会对我国法律制度的了解和认知。①

4. 加强涉外法治专业人才培养

"法律的生命力在于实施，法律的实施在于人。"②习近平总书记在中央全面依法治国委员会第二次会议上特别强调，要加强涉外法治人才培养，涉外法治"专业人才培养要跟上"③。"参与全球治理需要一大批熟悉党和国家方针政策、了解我国国情、具有全球视野、熟练运用外语、通晓国际规则、精通国际谈判的专业人才。"④涉外法治人才，即国际法治人才，就是德才兼备、具有家国情怀和世界眼光、通晓国际法律规则、善于处理国际法律事务的高素质的法治人才。我国涉外法治人才培养是一个系统工程。

办好法学教育，必须坚持中国特色社会主义法治道路，坚持以马克思主义法学思想和中国特色社会主义法治理论为指导。2022 年 4 月 25 日，习近平在中国人民大学考察时指出：高校是我国哲学社会科学"五路大军"中的重要力量。当前，坚持和发展中国特色社会主义理论和实践提出了大量亟待解决的新问题，世界百年未有之大变局加速演进，世界进入新

① 张晨．努力提升涉外法律服务能力和水平 我国涉外法律服务工作迈出新步伐．法治日报，2021-10-25（01）．

② 习近平．论坚持全面依法治国．北京：中央文献出版社，2020：174．

③ 习近平．论坚持全面依法治国．北京：中央文献出版社，2020：257．

④ 习近平谈治国理政：第 2 卷．北京：外文出版社，2017：450．

的动荡变革期，迫切需要回答好“世界怎么了”“人类向何处去”的时代之题。要坚持把马克思主义基本原理同中国具体实际相结合、同中华优秀传统文化相结合，立足中华民族伟大复兴战略全局和世界百年未有之大变局，不断推进马克思主义中国化时代化。习近平强调：“为谁培养人、培养什么人、怎样培养人”始终是教育的根本问题。要坚持党的领导，坚持马克思主义指导地位，坚持为党和人民事业服务，落实立德树人根本任务，传承红色基因，扎根中国大地办大学，走出一条建设中国特色、世界一流大学的新路。习近平总书记指出：我国有独特的历史、独特的文化、独特的国情，建设中国特色、世界一流大学不能跟在别人后面依样画葫芦，简单以国外大学作为标准和模式，而是要扎根中国大地，走出一条建设中国特色、世界一流大学的新路。[①] 习近平总书记在中国政法大学座谈会上指示：要充分利用学科齐全、人才密集的优势，加强法治及其相关领域基础性问题的研究，对复杂现实进行深入分析、作出科学总结，提炼规律性认识，为完善中国特色社会主义法治体系、建设社会主义法治国家，提供理论支撑。[②]

尽快建立我国的法学学科体系和教材体系。习近平总书记指出，要加快构建中国特色哲学社会科学学科体系和教材体系。[③] 总的来说，要按照立足中国、借鉴国外，挖掘历史、把握当代，关怀人类、面向未来的思路，体现继承性、民族性、原创性、时代性、系统性、专业性，在学科体系、学术体系、话语体系等方面体现中国特色、中国风格、中国气派。而我国法学学科体系和教材体系建设，要按照这些精神深入研究为谁教、教什么、教给谁、怎样教的问题。我们要打造具有中国特色和国际视

① 习近平在中国人民大学考察时强调 坚持党的领导传承红色基因扎根中国大地 走出一条建设中国特色世界一流大学新路．人民日报，2022-04-26（01）.

② 习近平．论坚持全面依法治国．北京：中央文献出版社，2020：175.

③ 习近平．论坚持全面依法治国．北京：中央文献出版社，2020：175.

野的学术话语体系，尽快把我国法学学科体系和教材体系建立起来。[①]习近平总书记指示："加强法学学科建设，要以我为主、兼收并蓄、突出特色"，"……不能妄自菲薄，也不能数典忘祖"[②]，"在这个问题上，我们要有底气、有自信，要努力以中国智慧、中国实践为世界法治文明建设作出贡献"[③]。习近平在中国人民大学考察时强调，要以中国为观照、以时代为观照，立足中国实际，解决中国问题，不断推动中华优秀传统文化创造性转化、创新性发展，不断推进知识创新、理论创新、方法创新，使中国特色哲学社会科学真正屹立于世界学术之林。加快构建中国特色哲学社会科学，归根结底是建构中国自主的知识体系。[④]

抓紧完善涉外法治人才培养体系。在课程设置、教材建设、教师资源、教学方法、实践实习等方面，均要设计与一般法治人才培养不同的制度，要更加注重外向型、复合型，将国际化融入人才培养的全过程，将培养目标落到实处，实现从国家需要到目标预设，再到目标达成的高度一致。[⑤]在课程体系和教学内容的架构设计上，要强调体系性与专题性相结合，既基本涵盖对应课程的全部教学内容，符合体系要求，又突出个别重点专题，为法治人才培养提供理论与学术滋养，进而确保法治人才培养的政治方向，培养熟悉和坚持中国特色社会主义法治体系的法治人才。[⑥]此外，要强化学生对外语、国际政治、国际关系、国际经济贸易、世界历史、跨文化交流等课程的学习。具体到英语，因为它已经成为全球化中的工作语言，"不使用英语就无法实现同世界的自如交流，也无法走到世界

① 习近平．论坚持全面依法治国．北京：中央文献出版社，2020：176．

② 习近平．论坚持全面依法治国．北京：中央文献出版社，2020：176．

③ 习近平．论坚持全面依法治国．北京：中央文献出版社，2020：177．

④ 习近平在中国人民大学考察时强调 坚持党的领导传承红色基因扎根中国大地 走出一条建设中国特色世界一流大学新路．人民日报，2022-04-26（01）．

⑤ 刘晓红．以习近平法治思想为引领 加强涉外法治人才培养．法治日报，2021-01-20（09）．

⑥ 黄进．志存高远 培养卓越法治人才．光明日报，2017-05-26（11）．

前列”，所以我们“不能低估语言的经济力量，需要下大气力，争取把英语作为一种工作语言。这将是一本万利的投资”[①]。

处理好法学知识教学和实践教学的关系，重视选派学生赴国际组织或境外机构实习。习近平总书记指出：“学生要养成良好法学素养，首先要打牢法学基础知识，同时要强化法学实践教学。”[②]具体到涉外法治专业人才培养的实践环节，要让学生直接融入各类国际组织，尤其是国际立法机构、司法机构、仲裁机构、调解机构、法律服务组织、法学学术组织的工作环境，熟悉相关流程和程序，了解、掌握实务操作技术和方法，做到涉外法律知识与国际法律实践的无缝衔接，切实提高学生的涉外法律事务应用能力。“要积极推荐更多优秀涉外法律人才到国际经济贸易组织、国际仲裁机构任职，主动参与并努力引领国际规则制定，推动形成公正合理透明的国际规则体系，提高我国在全球治理体系变革中的话语权和影响力。”[③]

坚持依法治国和以德治国相结合，培养又红又专的新时代法治人才。习近平总书记在中国政法大学座谈会上殷切地讲道，“法律是成文的道德，道德是内心的法律。法安天下，德润人心”[④]，并明确地指示：“……我们的法学教育要坚持立德树人，不仅要提高学生的法学知识水平，而且要培养学生的思想道德素养”[⑤]，“青年从现在起就应该形成良好的思想政治素质、道德素质、法治素质”[⑥]。在中国人民大学考察时，习近平总书记希望全国广大青年牢记党的教诲，立志民族复兴，不负韶华，不负时代，不负

① 钱颖一．语言的经济力量//钱颖一．大学的改革：第1卷·学校篇．北京：中信出版集团，2016：371.

② 习近平．论坚持全面依法治国．北京：中央文献出版社，2020：177.

③ 习近平．论坚持全面依法治国．北京：中央文献出版社，2020：257-258.

④ 习近平．论坚持全面依法治国．北京：中央文献出版社，2020：178.

⑤ 习近平．论坚持全面依法治国．北京：中央文献出版社，2020：179.

⑥ 习近平．论坚持全面依法治国．北京：中央文献出版社，2020：180.

人民，在青春的赛道上奋力奔跑，争取跑出当代青年的最好成绩！习近平总书记指出，广大青年要做社会主义核心价值观的坚定信仰者、积极传播者、模范践行者，向英雄学习、向前辈学习、向榜样学习，争做堪当民族复兴重任的时代新人，在实现中华民族伟大复兴的时代洪流中踔厉奋发、勇毅前进。[①]

（二）秉持共商共建共享的全球治理观，推进国际关系民主化、法治化、公正化

国际关系民主化是各国的普遍愿望，也符合历史发展潮流。2014 年 6 月 28 日，在和平共处五项原则发表 60 周年纪念大会的主旨演讲中，国家主席习近平首次在国际场合提出“国际关系法治化”的概念，时任外交部部长王毅呼吁：要坚定维护国际法的权威性，立国际法治之信。凡法事者，操持不可以不正。各国和国际司法机构，都应防止越权解释和适用国际法，更不能罔顾客观公正，借“法治”之名，行侵害他国权益之实。[②]

1. 积极参与国际规则制定，有效引导国际立法

国际规则的制定是国际博弈的结果，是各国政治、经济、外交综合实力的反映。要促进各国，特别是发展中国家平等参与规则制定。国际立法要均衡反映各国关切，不能把个别国家的规则当作“国际规则”，也不能把个别国家的标准当作“国际标准”[③]。“要坚定支持多边贸易体制，继续推进全球经济治理改革，提高新兴市场国家和发展中国家代表性和发言权。”[④]

① 习近平在中国人民大学考察时强调 坚持党的领导传承红色基因扎根中国大地 走出一条建设中国特色世界一流大学新路．人民日报，2022-04-26（01）．

② 王毅．中国是国际法治的坚定维护者和建设者．光明日报，2014-10-24（02）．

③ 王毅．中国是国际法治的坚定维护者和建设者．光明日报，2014-10-24（02）．

④ 习近平谈治国理政：第 3 卷．北京：外文出版社，2020：448．

在讨论制定贸易和投资、知识产权保护、网络、数字经济、人工智能、大数据、量子信息、生物技术创新等各领域的政策和规则时，中国应该有明确的发展视角，为各国营造共同的发展机遇和空间，为世界经济增长提供强劲动力和稳定环境。例如，在互联网领域，中国已成为名副其实的互联网强国，互联网交易、互联网金融等走在世界前列，为该领域的国际规制提出中国的规则方案，我们责无旁贷、大有可为。[①]

在共同制定有关国际反恐、禁毒、核不扩散、应对气候变化、网络安全、海洋、外空、极地、公共卫生安全、人权、生物安全等全球治理问题的政策和规则时，中国应该积极参与其间，促进世界和平与共同发展。例如，"国际网络空间治理应该坚持多边参与、多方参与，发挥政府、国际组织、互联网企业、技术社群、民间机构、公民个人等各种主体作用。既要推动联合国框架内的网络治理，也要更好发挥各类非国家行为体的积极作用"[②]。中国各种主体在推进全球互联网治理体系变革、保障网络安全方面皆应该各有所为。

2. 积极开展国际司法和执法合作

深化司法领域国际合作，完善我国司法协助体制，扩大国际司法协助覆盖面。"一带一路"建设把中国和中东欧国家更加紧密地联系在一起，贸易和人员往来更加密切，司法合作需求不断增加。早在 2016 年 5 月 4 日，在致中国—中东欧国家最高法院院长会议的贺信中，国家主席习近平就希望中国和中东欧国家以这次会议为契机，深化司法交流合作，加强沟通互鉴，携手应对挑战，更加有效地打击犯罪、化解纠纷，共同营造规范有序的法治环境，为推进"一带一路"建设，实现中国与中东欧国家共同

---

① 黄志雄．网络空间国际法强国论纲．江国青．中国国际法年刊（2016）．北京：法律出版社，2017：134-135 // 刘敬东．全面开放新格局的国际法治内涵与路径．经贸法律评论，2019（1）．

② 习近平谈治国理政：第 3 卷．北京：外文出版社，2020：308．

发展提供有力司法服务和保障。[1]

大力规范涉外行政执法；继续积极参与执法安全国际合作，共同打击“三股势力”（宗教极端势力、民族分裂势力和国际恐怖势力）；针对疫病疫情防控、“洋垃圾”处置等情况，针对贩毒、走私、洗钱、电信诈骗、拐卖人口等跨国犯罪，深化执法国际合作。

3. 主动参与国际法律服务，积极开展法律外交

提升法治工作队伍的涉外法律服务能力，依法维护自身合法权益。随着我国全方位对外开放的不断推进和共建“一带一路”的深入实施，我国企业和公民“走出去”的步伐加快，对外投资合作领域逐步拓展，对外投资规模不断扩大，海外利益几乎遍布全球所有国家和地区。为了维护国家经济安全和发展利益、加强对企业、公民权益的保护，我国要提高涉外法律服务保障水平，不断提升企业和公民的风险防范、合规意识和能力，加大域外法查明平台和涉外投资风险预警平台建设，完善境外投资风险防控体系。[2]

根据国际法，通过谈判和协商解决有关争议。“中国一贯致力于通过和平方式处理同有关国家的领土主权和海洋权益争端，已经通过友好协商同 14 个邻国中的 12 个国家彻底解决了陆地边界问题。”[3] 推动建立驻外法务参赞制度：我国向国外派驻法务参赞，由法务参赞代表我国政府与派驻国政府的司法、法务官员开展司法交流合作，就涉我国的重点案件进行法律交涉[4]，开展法律外交。

涉外律师要积极加入国际性的权威贸易争端解决机构或参选国际仲裁机构成员，提高参与国际争议和争端解决的能力与影响力，协助国家依法

① 罗书臻，孙若丰．探讨全球信息化时代的司法 中国—中东欧国家最高法院院长会议通过《苏州共识》．人民司法（案例），2016（14）．

② 张晓君．坚持统筹推进国内法治和涉外法治．重庆日报，2020-12-08（14）．

③ 习近平谈治国理政．北京：外文出版社，2014：357-358．

④ 王俊峰．加强涉外法治工作 服务全面开放新格局．中国司法，2019（4）．

处理国际事务；应结合近年来遇到的各类涉华诉讼案件，细致分析原委和应对经验，在此基础上帮助完善我国涉外法律体系。

（三）承继和发展人类法治文明精髓，推动构建人类命运共同体

法治是全人类共同的语言和信仰，国际法治是国际社会和平发展的基石，是全球治理的核心原则。习近平总书记统筹国内国际两个大局，统筹国内法治和涉外法治，立足全人类立场，高举开放合作、互利共赢的旗帜，提出构建人类命运共同体理念，为推动全球治理变革贡献了中国智慧、中国方案，具有世界的影响力，标志着人类法治文明的时代性进步。“构建人类命运共同体是世界各国人民前途所在。”[①]

1. 构建人类命运共同体是中华法治文明的时代标识

坚持国际法治是中国基于自身经历作出的郑重选择。在鸦片战争后的一百多年里，殖民主义、帝国主义给中国带来了深重灾难，中国长期被列强无端剥夺了平等适用国际法的权利。中国人民为维护国家主权、独立和领土完整进行了不屈不挠的斗争，终于成立了新中国。新中国坚定选择以国际法为基础，根据和平共处五项原则与各国建立新型国家关系，冲破了帝国主义、霸权主义的孤立、封锁和军事威胁，恢复了在联合国的合法席位，实行了改革开放，全面融入国际体系，取得了令世人瞩目的发展成就。抚今追昔，中国人民深知主权、独立与和平之珍贵，中国比任何国家都更希望在国际关系中以法治反对霸权强权、以规则维护公平正义，不愿看到我们经历过的屈辱和苦难在其他国家重演。

中国对外开放四十多年取得的辉煌成就得益于国际法治。自改革开放以来，中国积极参与国际规则制定和国际治理变革，广泛参与国际条约和国际机制。迄今，中国参加了几乎所有普遍性政府间国际组织，缔结了

---

① 习近平．高举中国特色社会主义伟大旗帜 为全面建设社会主义现代化国家而团结奋斗：在中国共产党第二十次全国代表大会上的报告（2022 年 10 月 16 日）．求是，2022（21）．

27 000多项双边条约，加入了600余项多边国际公约（含公约修正案），运用法律和条约搭建广泛领域的合作平台，促进中国与世界交融发展、共同进步。中国积极为国际法治贡献中国智慧、树立中国榜样。

“我们所处的是一个风云变幻的时代，面对的是一个日新月异的世界。”“……这个世界，各国相互联系、相互依存的程度空前加深，人类生活在同一个地球村里，生活在历史和现实交汇的同一个时空里，越来越成为你中有我、我中有你的命运共同体。”① 在2013年春天，习近平总书记首次提出构建人类命运共同体的倡议：人类命运共同体，顾名思义，就是每个民族、每个国家的前途命运都紧紧联系在一起，应该风雨同舟，荣辱与共，努力把我们生于斯、长于斯的这个星球建成一个和睦的大家庭，把世界各国人民对美好生活的向往变成现实。② 我们高兴地看到，中国同世界各国的友好合作不断拓展，人类命运共同体理念得到越来越多人的支持和赞同，这一倡议正在从理念转化为行动。“当今世界，人类生活在不同文化、种族、肤色、宗教和不同社会制度所组成的世界里，各国人民形成了你中有我、我中有你的命运共同体。”③

2017年1月18日，国家主席习近平在联合国日内瓦总部的演讲中向全世界提出了这样一个时代之问：“世界怎么了？我们怎么办？”“这是整个世界都在思考的问题，也是我一直在思考的问题。”④ 国家主席习近平深刻洞察世界百年未有之大变局，深入思考人类前途命运，在继承和发扬国际法基本原则和精神实质、总结提炼我国在国际法领域成功实践的基础上，创造性地提出构建人类命运共同体重要理念。其核心内涵是建设持久和平、普遍安全、共同繁荣、开放包容、清洁美丽的世界。2017年2

---

① 习近平谈治国理政．北京：外文出版社，2014：272.
② 习近平谈治国理政：第3卷．北京：外文出版社，2020：433.
③ 习近平谈治国理政．北京：外文出版社，2014：261.
④ 习近平谈治国理政：第2卷．北京：外文出版社，2017：537.

月，这一理念首次被写入联合国决议，随后又陆续被写入联合国大会、安理会、人权理事会及相关国际组织的重要文件，得到国际社会广泛认同。2018 年 3 月，这一理念被写入我国《宪法》，为我国同世界各国开展友好交往与务实合作、推进中国特色大国外交提供坚实的法律基础。

人类命运共同体理念，不仅是对《联合国宪章》的宗旨和原则的继承与发扬，更为国际法的发展开辟了新境界、指明了新方向、提供了新动力。新时代孕育新思想，新思想指导新实践。建设国际法治是构建人类命运共同体的应有之义和法治保障。这正是中华法治文明不断为人类发展贡献智慧和力量的表现。

2. 坚持以《联合国宪章》的宗旨和原则为基石的多边主义，致力于建设一个奉行法治的美好世界

"当前，世界之变、时代之变、历史之变正以前所未有的方式展开。一方面，和平、发展、合作、共赢的历史潮流不可阻挡，人心所向、大势所趋决定了人类前途终归光明。另一方面，恃强凌弱、巧取豪夺、零和博弈等霸权霸道霸凌行径危害深重，和平赤字、发展赤字、安全赤字、治理赤字加重，人类社会面临前所未有的挑战。世界又一次站在历史的十字路口，何去何从取决于各国人民的抉择。"① "中国始终坚持维护世界和平、促进共同发展的外交政策宗旨，致力于推动构建人类命运共同体。"② 在我们所处的这个既充满挑战又充满希望的时代，中国"坚定维护以联合国为核心的国际体系、以国际法为基础的国际秩序、以联合国宪章宗旨和原则为基础的国际关系基本准则，反对一切形式的单边主义，反对搞针对特定国

① 习近平．高举中国特色社会主义伟大旗帜 为全面建设社会主义现代化国家而团结奋斗：在中国共产党第二十次全国代表大会上的报告（2022 年 10 月 16 日）．求是，2022（21）．

② 习近平．高举中国特色社会主义伟大旗帜 为全面建设社会主义现代化国家而团结奋斗：在中国共产党第二十次全国代表大会上的报告（2022 年 10 月 16 日）．求是，2022（21）．

家的阵营化和排他性小圈子”[①]，“积极参与全球治理体系改革和建设，践行共商共建共享的全球治理观，坚持真正的多边主义，推进国际关系民主化，推动全球治理朝着更加公正合理的方向发展”[②]。

习近平总书记指出：“我们应该共同推动国际关系法治化。推动各方在国际关系中遵守国际法和公认的国际关系基本原则，用统一适用的规则来明是非、促和平、谋发展。‘法者，天下之准绳也。’在国际社会中，法律应该是共同的准绳，没有只适用他人、不适用自己的法律，也没有只适用自己、不适用他人的法律。适用法律不能有双重标准。我们应该共同维护国际法和国际秩序的权威性和严肃性，各国都应该依法行使权利，反对歪曲国际法，反对以‘法治’之名行侵害他国正当权益、破坏和平稳定之实。”[③]

“……我们应该创造一个奉行法治、公平正义的未来。要提高国际法在全球治理中的地位和作用，确保国际规则有效遵守和实施，坚持民主、平等、正义，建设国际法治。发达国家和发展中国家的历史责任、发展阶段、应对能力都不同，共同但有区别的责任原则不仅没有过时，而且应该得到遵守。”[④]“中国坚持国家不分大小、强弱、贫富一律平等，秉持公道、伸张正义，反对以大欺小、以强凌弱、以富压贫，反对干涉别国内政……”[⑤]

2020年9月21日，国家主席习近平在联合国成立75周年纪念峰会上的讲话中提出：“面对新形势新挑战，我们必须严肃思考：世界需要一

---

① 习近平．高举中国特色社会主义伟大旗帜 为全面建设社会主义现代化国家而团结奋斗：在中国共产党第二十次全国代表大会上的报告（2022年10月16日）．求是，2022（21）．

② 习近平．高举中国特色社会主义伟大旗帜 为全面建设社会主义现代化国家而团结奋斗：在中国共产党第二十次全国代表大会上的报告（2022年10月16日）．求是，2022（21）．

③ 中共中央党史和文献研究室．习近平关于总体国家安全观论述摘编．北京：中央文献出版社，2018：233．

④ 习近平谈治国理政：第2卷．北京：外文出版社，2017：529．

⑤ 习近平谈治国理政．北京：外文出版社，2014：306．

个什么样的联合国？在后疫情时代，联合国应该如何发挥作用？”对此，中国的建议是：主持公道、厉行法治、促进合作、聚焦行动。国家主席习近平强调：中国是第一个在《联合国宪章》上签字的国家，是联合国创始会员国，也是联合国安理会常任理事国中唯一一个发展中国家。我们将始终做多边主义的践行者，积极参与全球治理体系改革和建设，坚定维护以联合国为核心的国际体系，坚定维护以国际法为基础的国际秩序，坚定维护联合国在国际事务中的核心作用。世界正站在一个新的历史起点上，“让我们重申对多边主义的坚定承诺，推动构建人类命运共同体，在联合国旗帜下实现更大团结和进步！”①

“大道至简，实干为要。构建人类命运共同体，关键在行动。”②“中国提出了全球发展倡议、全球安全倡议，愿同国际社会一道努力落实。中国坚持对话协商，推动建设一个持久和平的世界；坚持共建共享，推动建设一个普遍安全的世界；坚持合作共赢，推动建设一个共同繁荣的世界；坚持交流互鉴，推动建设一个开放包容的世界；坚持绿色低碳，推动建设一个清洁美丽的世界。”③

“构建人类命运共同体是一个美好的目标，也是一个需要一代又一代人接力跑才能实现的目标。中国愿同广大成员国、国际组织和机构一道，共同推进构建人类命运共同体的伟大进程。”④

“世界上的问题错综复杂，解决问题的出路是维护和践行多边主义，推动构建人类命运共同体。”⑤

---

① 习近平在联合国成立 75 周年纪念峰会上发表重要讲话．人民日报，2020-09-22（01）．

② 习近平谈治国理政：第 2 卷．北京：外文出版社，2017：541．

③ 高举中国特色社会主义伟大旗帜 为全面建设社会主义现代化国家而团结奋斗：在中国共产党第二十次全国代表大会上的报告（2022 年 10 月 16 日）．求是，2022（21）．

④ 习近平谈治国理政：第 2 卷．北京：外文出版社，2017：548．

⑤ 习近平谈治国理政：第 4 卷．北京：外文出版社，2022：461．

第十三讲 坚持建设德才兼备的高素质法治工作队伍

坚持建设德才兼备的高素质法治队伍，是习近平法治思想的重要内容，是实现全面依法治国的重要保障。党的二十大报告指出，要“建设堪当民族复兴重任的高素质干部队伍。”政治工作队伍是法治中国、平安中国建设的重要力量。[①]我们要把学习贯彻习近平总书记关于法治工作队伍建设的重要论述，与习近平法治思想关于新时代全面依法治国的总体要求融会贯通起来[②]，深刻领会其内涵与精神要义，围绕法治工作队伍建设领域的突出问题，研究在新时代背景下法治工作队伍建设的新方法、新路径，确保法治工作队伍建设始终在社会主义法治道路上顺利推进。

一、坚持建设高素质法治工作队伍的意义

2015 年 1 月，习近平总书记在《求是》杂志上发表题为《加快建设社会主义法治国家》的文章，文中明确了法治工作队伍的基本内涵与组成：我国专门的法治工作队伍主要包括在人大和政府从事立法工作的人员，在行政机关从事执法工作的人员，在司法机关从事司法工作的人员。全面推进依法治国，首先要把这几支队伍建设好。习近平总书记还强调，律师队伍是依法治国的一支重要力量。[③]由此可见，法治工作队伍的内涵丰富，既包括了立法工作人员、行政执法工作人员、司法工作人员、纪检

① 景汉朝. 以党的二十大精神为指引 深入理解和推进政法队伍“四化”建设. 民主与法制周刊，2022（42）.

② 景汉朝. 坚持建设德才兼备的高素质法治工作队伍. 人民日报，2021-03-22（11）.

③ 习近平. 加快建设社会主义法治国家. 求是，2015（1）.

监察工作人员等专门从事法治工作的人员，也包括了律师等法律服务工作者和高校的法学教师、科研院所的法学学者。各类型的法治工作队伍各司其职、相辅相成，共同汇聚成推进全面依法治国的重要力量。

（1）坚持建设高素质法治工作队伍，是推进全面依法治国的需要。为政之要，惟在得人。一个国家和社会的法治，最终还是要通过人来实现。推进全面依法治国方略，建设法治国家、法治政府、法治社会，实现科学立法、严格执法、公正司法、全民守法，都离不开高素质的法治工作队伍建设。中共中央办公厅、国务院办公厅于 2015 年印发的《关于贯彻落实党的十八届四中全会决定进一步深化司法体制和社会体制改革的实施方案》所部署的 84 项改革任务中，涉及加强法治工作队伍建设的就有 18 项。① 当前，全面推进依法治国的主要任务，是要着力推进科学立法、严格执法、公正司法、全民守法，其中，立法、司法、执法的过程与法治工作人员的思想政治素质、业务工作能力、职业道德水准是密切相关的。在立法层面上看，立法工作人员必须具备很高的思想政治素质，具备遵循规律、发扬民主、加强协调、凝聚共识的能力。在执法层面上看，执法是把纸面上的法律变为现实生活中活的法律的关键环节，执法工作人员必须忠于法律、捍卫法律，严格执法、敢于担当。在司法层面上看，司法是社会公平正义的最后一道防线，司法工作人员必须牢固树立社会主义法治理念，恪守职业道德，做到忠于党、忠于国家、忠于人民、忠于法律。② 在守法层面上看，法律服务工作人员承担着普法宣传，引导和帮助公民学法知法、用法守法的责任，他们的素质和能力对人民守法尊法具有直接的影响。立法、司法、执法涉及公检法司等国家政权机关和强力部门，同时也与法律服务工作密切相关，只有不断完善立法、执法、司法领域的法治工

① 马一德．建设一支德才兼备的高素质法治队伍．红旗文稿，2016（7）．

② 习近平．加快建设社会主义法治国家．求是，2015（1）．

作队伍建设，才能真正贯彻落实全面推进依法治国的各项任务。可见，坚持建设高素质法治工作队伍，对于深化国家司法体制改革、推动国家的法治化发展具有深远的意义。

（2）坚持建设高素质法治工作队伍，是推进国家治理体系和治理能力现代化的需要。党的二十大报告指出，中国共产党的中心任务就是团结带领全国各族人民全面建成社会主义现代化强国、实现第二个百年奋斗目标，以中国式现代化全面推进中华民族伟大复兴。中国式现代化，首先要推进治理体系和治理能力的现代化。在治理过程中，健全社会主义法治是国家治理效能的基本要求，依法推进治理过程是国家治理现代化的重要举措。治理效能的全面提升，有赖于治理主体贯彻执行制度，取得相应治理效果，达到既定治理目标，展现治理效能。[①] 作为推进国家治理体系和治理能力现代化的主力军，法治工作队伍的能力与素质，直接影响着国家治理法治化的进程。坚持建设德才兼备的高素质法治工作队伍，是确保立法、执法、司法以及各项法律服务工作高质量发展的前提。如果法治工作队伍的能力与素质不高，法治人才培养跟不上，再完备的法律体系也难以成为法治实践，国家治理的法治化建设也不可能真正实现。

（3）坚持建设高素质法治工作队伍，是解决法治工作队伍自身能力和素质与新形势新任务不适应问题的需要。当前，我国正处在国际形势发生复杂深刻变化、国内经济发展进入新常态、社会结构发生新变化的新时期，国家的法治工作面临一系列新情况、新问题，法治工作队伍也面临新的历史使命和繁重任务。维护社会大局稳定、促进社会公平正义、保障人民安居乐业，始终是我国的法治工作队伍应当肩负的重大责任。从整体来看，我国的法治工作队伍是一支党和人民完全可以信赖与依靠的有战

① 张占斌. 全国建设社会主义现代化国家的逻辑进路、内涵特征与实现路径. 东南学术，2022（2）.

斗力的队伍。同时还要清醒地认识到，法治工作队伍的整体素质和能力与当前的新形势新任务还存在不适应、不符合的矛盾，比如：有的理想信念不坚定，自觉或不自觉地受到西方法学思想的影响，信奉西方政治制度和司法制度；有的把握国情不准、了解民意不深、大局观念不强，制定的法律不能反映客观规律、体现人民愿望，甚至掺杂一己利益；有的执法不严格、不规范、不透明、不文明，搞选择性执法、趋利性执法，吃拿卡要、寻租牟利、贪赃枉法，甚至充当黑恶势力的“保护伞”；有的司法不公，办案不廉，“吃了原告吃被告”，搞金钱案、关系案、人情案；有的违背职业操守，缺乏社会责任感，借帮助群众维权之名鼓动当事人闹事；等等。因此，坚持法治工作队伍全方位的建设，可以让广大法治工作人员树立法治信仰，崇尚法治力量，维护法治权威，在尊法学法守法用法方面作出表率。

二、近年来法治工作队伍建设的改革举措

新时代对法治工作队伍专业化提出了更高要求。从党的十八届三中、四中全会提出推进司法工作人员分类管理等四项基础性改革任务开始，司法工作人员分类管理改革就被视为“动自己奶酪”的一场硬仗。[①] 2014年6月，中央全面深化改革领导小组第三次会议审议通过《关于司法体制改革试点若干问题的框架意见》，确定了检察官、法官员额制改革的基本方向。司法体制改革加速推进，主体框架基本确立，司法责任制和员额制全面实施，司法职权配置不断优化。截至2017年7月，我国法官员额制改革在全国法院全面落实，检察系统员额制改革面上的改革任务基本完成。全国各级法院和检察院经过考试考核、遴选委员会把关、人大依法任命等程序，将12万多名法官、9万多名检察官遴选入额，员额法官、检

① 队伍建设：手托天平铸法魂. 人民法院报，2018-12-18（13）.

察官对办案质量终身负责。[①] 检察官、法官队伍年龄结构进一步优化，学历层次进一步提升，审判经验更加丰富。检察官、法官员额配置机制，初任检察官、法官培养机制，检察官、法官逐级遴选制度和员额交流、退出机制等逐步完善，“有进有出、能上能下”的员额动态管理机制逐步建立。2019 年 4 月 23 日，十三届全国人大常委会第十次会议表决通过新修订的《法官法》和《检察官法》，对法官、检察官的权利义务、遴选、职业保障等作出更加完善的规定。此外，为保证法律职业人员的素质，我国完善了国家统一法律职业资格考试制度，促进法律职业人才选拔、培养科学化、标准化。

习近平总书记在中央政法工作会议上强调：“政法队伍是和平年代奉献最多、牺牲最大的队伍。对这支特殊的队伍，要给予特殊的关爱，做到政治上激励、工作上鼓劲、待遇上保障、人文上关怀，千方百计帮助解决各种实际困难，让干警安身、安心、安业。”[②] 自党的十八大以来，政法队伍职业保障制度不断完善：2015 年，中央组织部、中央政法委、最高人民法院、最高人民检察院联合印发《法官、检察官单独职务序列改革试点方案》，进一步提高法官、检察官的各项待遇；最高人民法院指导地方人民法院严惩暴力抗法行为，加强干警人身安全保护；司法部完善干警人身安全风险防范制度和救济保障制度。[③] 自党的十八大以来，全国公安系统聚焦忠诚干净担当，锚定“四个铁一般”标准，扎实抓好全面从严管党治警各项措施落实工作，大力加强民警队伍能力建设，持续深化人民警察管理制度改革，加快推进辅警管理地方立法进程。

---

① 做强法治中国人才支撑（全面依法治国新成就）：打造一支忠诚担当的法治工作队伍. 人民日报，2020-11-17（01）.

② 2019 年 1 月 15 日至 16 日习近平总书记在中央政法工作会议上的讲话。

③ 向职业保障要战斗力：十八大以来政法队伍建设调研报告之四. 人民日报，2016-04-28（04）.

总体而言，法治工作队伍建设的各项改革都在稳步地向前推进。无论是健全司法工作人员分类管理制度，完善法官、检察官统招和逐级遴选机制，还是深入推进司法责任制、律师制度改革等制度安排，都深刻体现并直接反映了司法体制改革的系统性和科学性，取得了令人瞩目的改革成就，为建设一支忠于党、忠于国家、忠于人民、忠于法律的社会主义法治工作队伍，为推进社会主义法治国家建设，指明了方向。

三、坚持建设高素质法治工作队伍的基本要求

2016 年习近平总书记就加强政法队伍建设作出重要指示：新形势下，政法队伍肩负的任务更重，人民群众要求更高。要坚持把思想政治建设摆在第一位，按照政治过硬、业务过硬、责任过硬、纪律过硬、作风过硬的要求，锐意改革创新，加强正规化、专业化、职业化建设，努力建设一支信念坚定、执法为民、敢于担当、清正廉洁的政法队伍。要把能力建设作为一项重要任务，全面提高政法干警职业素养和专业水平。要坚持从严治警不动摇，努力营造风清气正、干事创业的良好生态。[①] 自党的十八大以来，习近平总书记在多次会议上从思想政治素质、业务工作能力、职业道德水准方面对法治工作队伍建设提出了新的要求和新的期待，旨在推进法治工作队伍正规化、专业化、职业化，提高职业素养和专业水平，着力建设一支忠于党、忠于国家、忠于人民、忠于法律的社会主义法治工作队伍，为加快社会主义法治国家建设提供有力人才保障。

（一）政治过硬

习近平总书记强调，坚定的理想信念是干事创业的不竭动力。理想信念是法治工作队伍精神上的“钙”，精神上“缺钙”，就会得“软骨病”，

① 习近平就政法队伍建设作出重要指示强调 坚持把思想政治建设摆在第一位 努力建设信念坚定执法为民敢于担当清正廉洁的政法队伍．人民日报，2016-04-26（01）.

就会经不起诱惑，就会在金钱、权力、关系、人情面前败下阵来。法治工作具有鲜明的政治属性，要充分认清党对法治工作绝对领导的科学性、重要性和必要性，要坚持用习近平新时代中国特色社会主义思想武装头脑、指导实践、推动工作。法治工作队伍必须具备鲜明的政治立场、坚定的理想信念和良好的政治素养，明确法律是法治的前提和基础，政治为法治提供依托、环境和方向。建设德才兼备的高素质法治工作队伍，必须把思想政治建设摆在首要位置，坚持党的事业至上、人民利益至上、宪法法律至上；要增强斗争精神，充分认清"三权分立"、"西方宪政"和"司法独立"的本质，坚决抵制西方错误思潮的干扰、冲击和侵蚀；同时，要不断加强理想信念教育，深入开展社会主义核心价值观和社会主义法治理念教育。习近平总书记多次强调，要抓好科学理论武装，教育引导广大干警学深悟透新时代中国特色社会主义思想，增强"四个意识"、坚定"四个自信"，做到"两个维护"，矢志不渝做中国特色社会主义事业的建设者、捍卫者。① 广大法治工作人员要能够自觉把讲政治和讲法治统一起来，坚定不移走中国特色社会主义法治道路。

（二）业务过硬

业务过硬强调的是法治工作队伍的专业素养与职业能力。这是对法治工作队伍的履职能力和素质的基本要求，主要是强调法治工作队伍应当接受专业法律教育和职业培训，要不断提高自身职业素养与专业水平，以适应全面依法治国目标的基本要求。习近平总书记曾深刻地指出，同面临的形势和任务相比，政法队伍的能力水平还很不适应，"追不上、打不赢、说不过、判不明"等问题还没有完全解决，面临"本领恐慌"的问题，必须大力提高业务能力。② 习近平总书记强调，要加快推进法治工作队伍革

① 习近平．论坚持全面依法治国．北京：中央文献出版社，2020：249.

② 习近平．论坚持全面依法治国．北京：中央文献出版社，2020：56.

命化、正规化、专业化、职业化建设，旗帜鲜明把政治建设放在首位，努力打造一支党中央放心、人民群众满意的高素质法治工作队伍。[①] 习近平总书记的重要讲话，为新时代法治工作队伍建设树起了新的标杆、提出了新的要求。法治工作队伍的专业化，首先是要建立健全法治工作队伍的选拔、任用、培养和交流、晋升等方面的制度、机制，通过组织体系管理的规范化和体系化实现法治工作队伍的正规化。其次是要强化教育培训。习近平总书记指出，要加强法治专门队伍教育培训，确保立法、执法、司法工作者信念过硬、政治过硬、责任过硬、能力过硬、作风过硬[②]，从而确保法治工作队伍具备系统的法律知识、丰富的社会经验。要做好立法、执法和司法工作，就要求法治工作队伍应当具备专业的法律技能和专业法律知识，切实提高法治工作队伍的职业素养和专业水平。

（三）责任过硬

习近平总书记指出：党的干部必须坚持原则、认真负责，面对大是大非敢于亮剑，面对矛盾敢于迎难而上，面对危机敢于挺身而出，面对失误敢于承担责任，面对歪风邪气敢于坚决斗争。讲不讲认真、敢不敢担当，是关系党和人民事业的大问题，是关系党的性质和宗旨的大问题。当前，我国改革已经进入攻坚期和深水区，但少部分执法、司法工作人员仍然存在一些老问题反弹回潮、新问题不断涌现的情况：有的不顾党中央的三令五申，依然不收敛、不收手；有的干事创业精气神不够，畏首畏尾，不敢拍板定事，干工作推诿拖延。“忧劳可以兴国，逸豫可以亡身”，一个国家、一个民族、一个政党，有没有居安思危的忧患意识，在某种程度上决定着其前途命运和生死存亡。自党的十八大以来，习近平总书记反复强调

① 打造一支高素质政法队伍：四论学习贯彻习近平总书记中央政法工作会议重要讲话．人民日报，2019-01-20（01）．

② 习近平．论坚持全面依法治国．北京：中央文献出版社，2020：235．

“责任”和“担当”。高素质法治工作队伍的担当精神和责任意识，说到底就是讲原则、敢负责的认真精神。面对执法、司法工作日益精细化的发展趋势，面对人民群众对公平正义的更高需求，要强化主动作为，做到守土有责、守土尽责，实化工作作风，力戒形式主义、官僚主义，细化责任分工，打造高效畅通的工作链条，深化督促指导，提升落实执行力，以更加强烈的责任意识、更加务实的工作作风、更加敏捷的执行能力，把部署变为行动、把蓝图变为成果。

（四）纪律过硬

政法队伍应当是遵纪守法的标兵，习近平总书记指出，一些有权人、有钱人花钱捞人、花钱买命、提钱出狱，之所以能得手，原因就是政法队伍中存在腐败现象。[①] 近几年，政法干警违法问题是比较突出的。对这样一支 300 多万人、手中掌握着很大权力、面临的考验诱惑多的大队伍，从严治警一刻也不能松懈。[②] 政法机关是执法之公器、司法之利器，政法队伍一直在维护社会公平正义中发挥着中流砥柱的作用。然而，个别“害群之马”依然顶风作案，执法犯法，执法违法，对政法队伍的廉洁形象产生了极为恶劣的影响。有的干警同黑恶势力串通一气、充当保护伞，胆大妄为、无法无天！一些黑恶势力杀人越货，不但没有被惩处，其头目反而平步青云，甚至戴上“红顶”，当上了人大代表、政协委员、基层干部，后面的保护伞很大啊！政法机关和政法队伍的腐败现象，还不仅仅是一个利益问题，很多都涉及人权、人命。有的人搞了腐败，自己得了一些好处，但无辜的人就要有牢狱之灾，甚至要脑袋落地！[③] 因此，被查处的腐败案件背后，暴露出执法、司法队伍中执法用权不公、不严、不义、不廉等问题。我们一定要警醒，以最坚决的一致、最坚决的行动严明纪律，坚决反

① 习近平．论坚持全面依法治国．北京：中央文献出版社，2020：57.
② 2014 年 1 月 7 日习近平总书记在中央政法工作会议上的讲话。
③ 习近平．论坚持全面依法治国．北京：中央文献出版社，2020：57-58.

对腐败，才能确保党和国家的这支队伍肌体健康，才能确保这支守护百姓平安福祉、守护社会公平正义的队伍绝对忠诚、绝对纯洁、绝对可靠。

（五）作风过硬

作风过硬，是高素质法治工作队伍建设的重要保证。习近平总书记十分重视干部队伍建设中的作风问题，并多次在会议上强调：作风问题本质上是党性问题。对我们共产党人来讲，能不能解决好作风问题，是衡量对马克思主义信仰、对社会主义和共产主义信念、对党和人民忠诚的一把十分重要的尺子。[①] 党的作风是党的形象，是观察党群干群关系、人心向背的晴雨表。党的作风正，人民的心气顺，党和人民就能同甘共苦。[②] 因此，作风问题绝不是小事，如果不坚决纠正不良风气，任其发展下去，就会像一座无形的墙把我们党和人民群众隔开，我们党就会失去根基、失去血脉、失去力量。[③] 当前，政法队伍中的不正之风，是人民群众最不满意的问题之一。人民群众对执法乱作为、不作为以及司法不公的意见比较集中：现在一些干警特权思想、霸道作风严重，粗暴执法、野蛮执法问题仍较突出；有的对有权人、有钱人、有关系人特事特办、笑脸相迎，对普通群众门难进、脸难看、事难办，以管人者自居，冷硬横推，吃拿卡要。对此，习近平总书记严厉指出：群众办事为什么难？原因就是有些同志不拿群众当回事，谁是主人谁是仆人没弄清楚。[④] 党的根基在人民、力量在人民。作为德才兼备的高素质法治工作队伍，应当切实抓好作风建设，始终坚持执法为民，贯彻以人民为中心的工作理念，切实把群众合理合法的利益诉求解决好，使群众由衷感到权益受到了公平对待、利益得到了有效维护。

---

① 习近平谈治国理政：第 2 卷. 北京：外文出版社，2017：165.

② 2016 年 7 月 1 日习近平总书记在庆祝中国共产党成立 95 周年大会上的讲话。

③ 马一德. 建设一支德才兼备的高素质法治队伍. 红旗文稿，2016（7）.

④ 习近平. 论坚持全面依法治国. 北京：中央文献出版社，2020：57.

四、坚持建设法治工作队伍的基本路径

（一）加强思想政治建设，将理想信念教育贯穿于法治工作队伍建设始终

全面推进依法治国，必须着力建设一支忠于党、忠于国家、忠于人民、忠于法律的社会主义法治工作队伍。习近平总书记在多次会议上强调了思想政治建设、理想信念教育对法治工作队伍建设的重要意义。在中央政法工作会议上，他强调：坚定的理想信念是政法队伍的政治灵魂。理想信念是共产党人的“钙”，精神上“缺钙”就会得“软骨病”。“疾风知劲草”“烈火见真金”。政法队伍是和平年代面对“疾风”“烈火”最多的一支队伍。这就决定了在理想信念问题上广大干警必须有更高标准、更严要求。必须把理想信念教育摆在政法队伍建设第一位，不断打牢高举旗帜、听党指挥、忠诚使命的思想基础，坚持党的事业至上、人民利益至上、宪法法律至上，铸就“金刚不坏之身”，永葆忠于党、忠于国家、忠于人民、忠于法律的政治本色。①

加强思想政治建设，首先就是要旗帜鲜明地坚持党的领导。这是对法治工作队伍素质的根本要求和硬性约束。② 习近平总书记在中央政法工作会议上强调：要充分认清党对政法工作绝对领导的科学性、必要性和重要性。自建党百年以来，党的干部队伍建设能够取得辉煌的历史成就，不断开拓进取，正是依靠党中央的正确领导、党员干部对党中央的路线方针政策的切实贯彻落实。习近平总书记提出，“要把拥护中国共产党领导、拥护我国社会主义法治作为法律服务人员从业的基本要求，加强教育、管理、引导，引导法律服务工作者坚持正确政治方向，依法依规诚信执业，

① 2014 年 1 月 7 日习近平总书记在中央政法工作会议上的讲话。

② 马一德．建设一支德才兼备的高素质法治队伍．红旗文稿，2016（7）．

认真履行社会责任，满腔热忱投入社会主义法治国家建设”[①]。实践证明，坚持党对政法工作的绝对领导，才能充分认清西方“三权分立”“司法独立”的本质，才能防止西方敌对势力对我国的颠覆渗透。其次，加强理想信念教育。理想信念内在地包含了党的政治立场、政治方向，是法治工作队伍能够抵御各项风险、保持政治定力的基石。要突出马克思主义理论教育在理想信念教育中的地位，运用马克思主义理论与习近平新时代中国特色社会主义思想武装头脑、指导实践和具体工作。坚持用习近平新时代中国特色社会主义思想武装头脑、指导政法工作，是不断取得新成就、赢得新发展的首要条件和根本保证。

（二）狠抓制度建设，加强对权力的监督制约

高素质的法治工作队伍建设，应当以科学、规范的制度体系为前提，强化对公权力的制约监督。制度的生命在于执行，习近平总书记曾深刻地指出，“有了好的制度如果不抓落实，只是写在纸上、贴在墙上、锁在抽屉里，制度就会成为稻草人、纸老虎。要强化制度执行，加强监督检查，确保出台一个就执行落实好一个。要坚持执行制度没有例外，对违反制度规定踩‘红线’、闯‘雷区’的，要零容忍，发现一起就坚决查处一起”[②]。公权力姓公，也必须为公。只要公权力存在，就必须有制约和监督。不关进笼子，公权力就会被滥用。[③]

自党的十八大以来，党中央坚持思想建党和制度建党同向发力、依规治党和依法治国有机统一，与时俱进地完善党内法规制度体系，制定、修订《中国共产党章程》《关于新形势下党内政治生活的若干准则》《中国共

① 习近平．坚定不移走中国特色社会主义法治道路 为全面建设社会主义现代化国家提供有力法治保障．求是，2021（05）．

② 2014年8月27日习近平总书记在听取兰考县和河南省党的群众路线教育实践活动情况汇报时的讲话。

③ 习近平．在新的起点上深化国家监察体制改革．求是，2019（5）．

产党廉洁自律准则》《中国共产党党内监督条例》《中国共产党巡视工作条例》《中国共产党纪律处分条例》《中国共产党问责条例》《中国共产党党务公开条例（试行）》等党内法规，《宪法》《监察法》《刑法》《刑事诉讼法》《行政诉讼法》等国家法律，构建起规、纪、法贯通的制度体系。党的十九届四中全会决定提出，要强化对权力运行制约监督，完善权力配置和运行制约机制。加强对权力的监督制约，是党和国家推进国家治理体系和治理能力现代化的又一重大部署，同时也是建设高素质法治工作队伍的必然要求。在制度运行层面，需要坚持完善权力配置和运行制约机制，强化对权力的监督制约，合理分解权力、科学配置权力，不同性质的权力由不同部门、单位和个人行使，形成科学的权力结构和运行机制。①

当前在政法领域，执法司法活动专业性强，自由裁量权大，但对执法司法权的监督制约制度尚不健全，执法司法乱作为、不作为以及司法不公、不廉等问题仍然存在。因此，要围绕“势在必行”的共识去推动落实，围绕“重在体系建设”的任务去推动落实，形成上下贯通、内外结合、系统完备、规范高效的执法司法制约监督体系；要健全政法部门分工负责、互相配合、互相制约机制，通过完善的监督管理机制、有效的权力制约机制、严肃的责任追究机制，加强对执法司法权的监督制约，从而让暗箱操作没有空间、司法腐败无处藏身。

（三）加强司法干部体制建设

“育才造士，为国之本”。国家的法治事业要发展，一支德才兼备的高素质法治工作队伍是关键。2018 年 7 月 24 日，全面深化司法体制改革推进会首次提出并系统阐述了构建中国特色社会主义司法制度的“七大体系”，其中之一就是“建立健全符合政法工作规律特点的职业制度体系”。对于法治工作队伍建设，司法干部体制建设关系到改革成败。自党的十九

---

① 肖培．强化对权力运行的制约和监督．人民日报，2019-12-16（09）.

大以来，习近平总书记针对司法体制改革发表了一系列重要论述，提出了一系列新理念新思想新战略，为司法干部体制建设指明了正确的改革方向。这一总体改革目标是，加强司法干部体制改革，坚持党管人才原则，重点做好干部培育、选拔、管理、使用工作，建立日常考核、分类考核、近距离考核的知事识人体系，以德为先、任人唯贤、人事相宜的选拔任用体系，管思想、管工作、管作风、管纪律的从严管理体系，崇尚实干、带动担当、加油鼓劲的正向激励体系，及时发现、培养、任用愿干事、真干事、干成事的干部，聚天下英才而用之，让各类人才的创造活力竞相迸发、聪明才智充分涌流。①

在政法领域，应当遵循司法为民、公正司法的基本要求，严格规范法官、检察官的任职制度。继续推进员额制改革，完善员额检察官、法官的使用、考核、管理机制，完善员额精准化管理和法官、检察官的绩效考核体系。进一步优化法官、检察官的逐级遴选制度，形成畅通、规范的法官、检察官晋升途径。贯彻落实司法责任制，院长、检察长必须认真履行"一岗双责"，确保"放权不放任、监督不缺位"。坚持问责和免责相结合，由省一级法官、检察官惩戒委员会负责司法惩戒制度，科学设置司法责任追究制度，明确行为标尺，强化检察官、法官的责任担当，从而督促其忠于职守、严格依法履职尽责。

经费保障体制建设是激励干部队伍的重要基础。为了树立正确的分配导向，确保基层一线办案人员，尤其是办案数量多、质量高的人员，成为最大受益者，要合理确定绩效考核奖金在工资收入中的权重，建立与办案数量、质量直接挂钩的绩效考核奖金分配办法。基层司法工作人员大多是法院、检察院的业务骨干，相当一部分具有法官、检察官资格。鉴于此，

① 中共中央宣传部．习近平新时代中国特色社会主义思想学习问答．北京：学习出版社，人民出版社，2021：206-207.

建议对法院、检察院工作人员现有的审判检察津贴、办案岗位津贴、法定工作日之外加班补贴等予以保留。

（四）全面做好法治人才培养工作

"得其法而不得其人，则法必不能济。"习近平总书记强调，建设法治国家、法治政府、法治社会，实现科学立法、严格执法、公正司法、全民守法，都离不开一支高素质的法治工作队伍。法治人才培养上不去，法治领域不能人才辈出，全面依法治国就不可能做好。[①]在法治人才培养方面，习近平总书记指出：法治人才教育培养，必须坚持以马克思主义法学思想和中国特色社会主义法治理论为指导，坚持走中国特色社会主义法治道路。[②]要加强法治思想引领，充分利用高校学科齐全、人才密集的优势，加强法治及其相关领域基础性问题的研究，对复杂现实进行深入分析[③]，总结规律，逐步形成具有中国特色、中国气派、中国风格的社会主义法学理论和法律学说。

高校作为法治人才培养的第一阵地，要推进法学院校改革发展，厚植法治人才培养的土壤，不断创新法治人才培养机制。一是加强党对法学教育工作的领导。党对法学院校的领导，主要包括政治思想领导，要确保教学工作和培训工作的基本政治方向，将习近平法治思想纳入高校法治理论的教学体系。校院党委也要切实处理好管党治党和办学治校的关系，履行主体责任，牢牢掌握法学院校政治思想意识形态工作的主动权。二是完善法学学科体系建设。习近平总书记提出，法学学科体系建设对于法治人才培养至关重要。在法学学科体系建设上要有底气、有自信，要以我为主、兼收并蓄、突出特色，深入研究和解决好为谁教、教什么、教给谁、怎样

① 习近平．论坚持全面依法治国．北京：中央文献出版社，2020：174．

② 瞭望．第一学习|习近平总书记重视法治人才培养．www. cac. gov. cn/2023-08/15/c_1693752728487105.htm.

③ 习近平在中国政法大学考察．http://jhsik. people. cn/article/29252264.

教的问题，努力以中国智慧、中国实践为世界法治文明建设作出贡献。[①]优化法学教育的课程体系、学科体系、理论体系，促进法学教育和法律职业更好衔接[②]，以提高人才培养的质量。三是处理好法学教育与实践教学的关系。要打破高校与实务部门的壁垒，引进司法机关、律师事务所、企业等实务部门中的实务专家进入课堂教学，创新实践教学模式，加强法学理论与实践工作的交流。建立以实践为导向的法治人才培养机制，推进高校与实务部门的联动，努力培养一大批专业素质高、职业技能过硬的一流法治人才。四是加快涉外法治人才队伍建设。当今世界正经历百年未有之大变局，随着人类命运共同体理念的树立和我国改革开放的不断深化，要统筹推进国内法治与涉外法治，重点加大涉外法学教育力度，重点做好涉外执法司法和法律服务人才培养、国际组织法律人才培养推送工作，更好服务对外工作大局。五是法治人才的培养，要坚持立德树人、德育为先。习近平总书记强调，法学教育要坚持立德树人，不仅要提高学生的法学知识水平，而且要培养学生的思想道德素养。[③]只有始终坚持立德树人、德法兼修，建设德才兼备的高素质法治工作队伍，才能为推进全面依法治国提供强大可靠的人才保障，才能确保法治中国建设行稳致远。[④]

---

① 习近平．论坚持全面依法治国．北京：中央文献出版社，2020：176-179.

② 坚持建设德才兼备的高素质法治工作队伍：学习贯彻习近平总书记在中央全面依法治国工作会议上重要讲话系列评论之五．法治日报，2020-11-24（01）.

③ 习近平在中国政法大学考察．http://jhsjk. people. cn/article/29252264.

④ 坚持建设德才兼备的高素质法治工作队伍：学习贯彻习近平总书记在中央全面依法治国工作会议上重要讲话系列评论之五．法治日报，2020-11-24（01）.

第十四讲 坚持抓住领导干部这个“关键少数”

要坚持抓住领导干部这个“关键少数”，是因为领导干部具体行使党的执政权和国家立法权、行政权、监察权、司法权，是全面依法治国的关键。各级领导干部要坚决贯彻落实党中央关于全面依法治国的重大决策部署，带头尊崇法治、敬畏法律，了解法律、掌握法律，不断提高运用法治思维和法治方式深化改革、推动发展、化解矛盾、维护稳定、应对风险的能力，做尊法学法守法用法的模范。要把法治素养和依法履职情况纳入考核评价干部的重要内容，让尊法学法守法用法成为领导干部的自觉行为和必备素质。

一、领导干部是全面依法治国的关键

习近平总书记指出：全面依法治国必须抓住领导干部这个“关键少数”。我们党领导立法、保证执法、支持司法、带头守法，主要是通过各级领导干部的具体行动和工作来体现、来实现的，他们的信念、决心、行动，对全面依法治国具有十分重要的意义。①

习近平总书记在省部级主要领导干部学习贯彻党的十八届四中全会精神、全面推进依法治国专题研讨班开班式上发表重要讲话，强调指出：各级领导干部作为具体行使党的执政权和国家立法权、行政权、司法权的人，在很大程度上决定着全面依法治国的方向、道路、进度。领导干部带头学法、模范守法是全社会树立法治意识的关键。在全社会弘扬法

① 中共中央宣传部．习近平总书记系列重要讲话读本（2016年版）．北京：学习出版社，人民出版社，2016：98．

治精神，实现全民守法，各级领导干部和国家公职人员以身作则是关键，立法、执法、司法等部门中的法治工作队伍严格依法办事是重点，全体公民自觉尊法学法守法用法是基础。其中，领导干部、国家公职人员、法治工作队伍等，他们既具有特殊的职业和身份，同时又是中华人民共和国公民。法治宣传教育的对象是全体公民，重点是国家公职人员。对于普通公民而言，法治宣传教育的目的不仅是让每个公民知法尊法守法，更重要的是让广大公民学会运用法律武器维护自己的合法权益；对于国家公职人员而言，法治宣传教育要求他们牢固树立法治观念，更加自觉地依法办事、依法执法、依法用权；对于全社会而言，法治宣传教育则要求弘扬社会主义法治精神，培育社会主义法治文化，形成良好的法治氛围。[①]

习近平总书记强调指出：事实证明，领导干部对法治建设既可以起到关键推动作用，也可能起到致命破坏作用。如果我们的领导干部不能尊法学法守法用法，不要说全面推进依法治国，不要说实现“两个一百年”奋斗目标、实现中华民族伟大复兴的“中国梦”，就连我们党的领导、我国社会主义制度都可能受到严重冲击和损害。还是邓小平同志说的那句话，制度好可以使坏人无法任意横行，制度不好可以使好人无法充分做好事，甚至会走向反面。所有领导干部都要警醒起来、行动起来，坚决纠正和解决法治不彰问题。[②]

自改革开放以来，特别是自党的十五大提出依法治国、建设社会主义法治国家以来，我国社会主义法治建设取得了重大成就，领导干部在推进依法治国进程中发挥了重要作用。同时，必须承认，在现实生活中，不少

① 全国干部培训教材编审指导委员会．建设社会主义法治国家．北京：党建读物出版社，人民出版社，2019：183．

② 中共中央文献研究室．习近平关于协调推进“四个全面”战略布局论述摘编．北京：中央文献出版社，2015：110．

领导干部法治意识比较淡薄，党性修养有待加强，有法不依、违法不究、知法犯法等还在一定程度上存在，特别是少数领导干部不尊崇宪法、不敬畏党纪，崇拜权力、崇拜金钱、崇拜关系，大搞权权勾结、权钱交易、权色交易，一些地方和单位被搞得乌烟瘴气，政治生态受到严重破坏。这些问题，严重影响了党和国家的形象和威信，损害了政治、经济、文化、社会、生态文明领域的正常秩序，干扰了党和国家制度体系运行，冲击了人民群众对法治的信心，给全面推进依法治国造成了很多问题，甚至是很严重的问题。问题是时代的声音。所有领导干部都要警醒起来、行动起来，自觉遵守宪法法律和党的纪律，坚决纠正和解决党纪、法治不彰的问题。[①]

二、全面推进依法治国对领导干部的要求

（一）各级领导干部要坚决贯彻落实党中央关于全面依法治国的重大决策部署

对党的十九届五中全会通过的“十四五”规划《建议》，各级领导干部，特别是高级干部，要原原本本学习、逐条逐段领悟，在整体把握的前提下，突出领会好重点和创新点，发扬理论联系实际的优良学风，立足当前、着眼长远，增强工作积极性、主动性、创造性。各级领导干部，特别是高级干部，必须立足中华民族伟大复兴战略全局和世界百年未有之大变局，心怀“国之大者”，不断提高政治判断力、政治领悟力、政治执行力，不断提高把握新发展阶段、贯彻新发展理念、构建新发展格局的政治能力、战略眼光、专业水平，敢于担当、善于作为，把党中央决策部署贯彻

① 深入开展“三严三实”专题教育编写组．深入开展“三严三实”专题教育．北京：人民出版社，2015：257-258．

落实好。[①]

习近平总书记指出：各级党组织要认真履行领导责任，特别是抓落实的职责，把党中央各项决策部署抓实抓细抓落地。各级干部，特别是领导干部，要增强必胜之心、责任之心、仁爱之心、谨慎之心，勇当先锋，敢打头阵，主动担当、积极作为。[②]

习近平总书记强调：各级党委和政府以及各级领导干部要切实强化制度意识，带头维护制度权威，做制度执行的表率，确保党和国家重大决策部署、重大工作安排都按照制度要求落到实处，切实防止各自为政、标准不一、宽严失度等问题的发生，充分发挥制度指引方向、规范行为、提高效率、维护稳定、防范化解风险的重要作用。[③]

（二）带头尊崇法治、敬畏法律，了解法律、掌握法律，做尊法学法守法用法的模范

习近平总书记指出：领导干部必须带头尊崇法治、敬畏法律，了解法律、掌握法律，遵纪守法、捍卫法治，厉行法治、依法办事[④]，要做尊法学法守法用法的模范，以实际行动带动全社会弘扬社会主义法治精神，建设社会主义法治文化，不断增强人民群众对法律的内心拥护和真诚信仰，使全体人民成为社会主义法治的忠实崇尚者、自觉遵守者、坚定捍卫者。[⑤]

---

① 习近平．在省部级主要领导干部学习贯彻党的十九届五中全会精神专题研讨班开班式上发表重要讲话强调 深入学习坚决贯彻党的十九届五中全会精神 确保全面建设社会主义现代化国家开好局．人民日报，2021-01-12（01）．

② 习近平在统筹推进新冠肺炎疫情防控和经济社会发展工作部署会议上强调 毫不放松抓紧抓实抓细防控工作 统筹做好经济社会发展各项工作．人民日报，2020-02-24（01）．

③ 习近平．坚持和完善中国特色社会主义制度推进国家治理体系和治理能力现代化．求是，2020（1）．

④ 习近平．加强党对全面依法治国的领导．求是，2019（4）．

⑤ 习近平在中共中央政治局第三十七次集体学习时强调 坚持依法治国和以德治国相结合 推进国家治理体系和治理能力现代化．人民日报，2016-12-11（01）．

法律体现国家意志，是中华人民共和国全体公民的底线，更是党员干部做人做事的红线。党员干部应当做到以下几点：第一，法定职责必须为、法无授权不可为。《中共中央关于全面推进依法治国若干重大问题的决定》指出：行政机关要坚持法定职责必须为、法无授权不可为，勇于负责、敢于担当，坚决纠正不作为、乱作为，坚决克服懒政、怠政，坚决惩处失职、渎职。[①] 一切党组织和党员干部必须服从与遵守宪法法律，不能同国家的宪法和法律相抵触，必须在宪法和法律的范围内活动，始终坚持法定职责必须为、法无授权不可为，做到法律红线不可逾越、法律底线不可触碰。第二，要学法懂法，对法律怀有敬畏之心。在改革开放以后，特别是自党的十八大以来，中国共产党在全面推进依法治国的实践中基本形成了中国特色社会主义法学理论体系及法治理论体系。其中，以宪法为统帅，以宪法相关法、民法商法等多个法律部门的法律为主干，由法律、行政法规、地方性法规等多个层次的法律规范构成的中国特色社会主义法律体系已经形成，这些都是党员干部必须自觉遵守的规矩。党员干部要系统学习中国特色社会主义法治理论，准确把握党处理法治问题的基本立场，尤其要弄明白法律规定我们怎么用权，什么事能干、什么事不能干，心中高悬法律的明镜，手中紧握法律的戒尺，知晓为官做事的尺度，做到尊崇宪法、敬畏法律、信仰法治，自觉为全社会作出表率。

（三）领导干部要把对法治的尊崇、对法律的敬畏转化成思维方式和行为方式

习近平总书记强调：领导干部要牢记法律红线不可逾越，带头遵守法律、执行法律，带头营造办事依法、遇事找法、解决问题用法、化解矛盾

① 中共中央关于全面推进依法治国若干重大问题的决定. 人民日报，2014-10-29（01）.

靠法的法治环境。[①] 党员干部必须自觉遵守国家的宪法和法律，牢固树立法律红线意识，自觉把对法治的尊崇、对法律的敬畏转化成谋划工作时的法治思维、处理问题时的法治方式，做到在法治之下，而不是在法治之外，更不是在法治之上想问题、作决策、办事情。

习近平总书记在省部级主要领导干部学习贯彻十八届四中全会精神全面推进依法治国专题研讨班开班式上发表重要讲话，强调指出：领导干部提高法治思维和依法办事能力，关键是要做到以下几点：一是要守法律、重程序。这是法治的第一位要求。二是要牢记职权法定，明白权力来自哪里、界线划在哪里，做到法定职责必须为、法无授权不可为。三是要保护人民权益。这是法治的根本目的。四是要受监督。这既是对领导干部行使权力的监督，也是对领导干部正确行使权力的制度保护。[②]

（四）不断提高运用法治思维和法治方式深化改革、推动发展、化解矛盾、维护稳定、应对风险的能力

习近平总书记指出：领导干部必须不断提高运用法治思维和法治方式深化改革、推动发展、化解矛盾、维护稳定的能力。[③] 如何回应人民群众法治新期待，推进法治建设新跨越，是法治中国建设迈向新时代所必须回答的重大现实课题。治国首在治吏，法治重在治权。树立法治思维，运用法治方式，推动国家各项工作法治化，都离不开领导干部带头依法办事、带头遵守宪法和法律，都要求领导干部必须懂法治、讲法治，不断提升法治意识和法治思维能力。[④]

① 中共中央宣传部．习近平总书记系列重要讲话读本（2016年版）．北京：学习出版社，人民出版社，2016：99．

② 中共中央文献研究室．习近平关于全面依法治国论述摘编．北京：中央文献出版社，2015：125．

③ 习近平谈治国理政：第 3 卷．北京：外文出版社，2020：287．

④ 王大发，张国祥．党性教育学新论．北京：人民出版社，2019：338．

习近平总书记十分强调用法治思维和法治方式推进改革开放，这是国家治理能力现代化的需要。《中共中央关于全面推进依法治国若干重大问题的决定》指出：党员干部“……要自觉提高运用法治思维和法治方式深化改革、推动发展、化解矛盾、维护稳定能力，高级干部尤其要以身作则、以上率下”①。

习近平总书记指出：领导干部做尊法学法守法用法的模范，是实现全面依法治国目标和任务的关键所在。每个领导干部都要牢固树立宪法法律至上、法律面前人人平等、权由法定、权依法使等基本法治观念，提高运用法治思维和法治方式深化改革、推动发展、化解矛盾、维护稳定的能力。一个人纵有天大的本事，如果没有很强的法治意识、不守规矩，也不能当领导干部，这个关首先要把住。决不能让那些法治意识不强、无法无天的人一步步升上来，这种人官当得越大，对党和国家危害也就越大。②

习近平总书记指出：各级领导干部要提高运用法治思维和法治方式的能力，努力以法治凝聚改革共识、规范发展行为、促进矛盾化解、保障社会和谐。党委、政法委要明确职能定位，善于运用法治思维和法治方式领导政法工作，在推进国家治理体系和治理能力现代化中发挥重要作用。③

三、提高领导干部的法治水平和能力的具体举措

习近平总书记强调：要以强有力的政治监督，确保党中央重大决策部署贯彻落实到位。要坚持学懂弄通做实党的创新理论，以庆祝建党

① 中共中央文献研究室．十八大以来重要文献选编：中．北京：中央文献出版社，2016：178.

② 中共中央文献研究室．习近平关于全面依法治国论述摘编．北京：中央文献出版社，2015：121-122.

③ 习近平谈治国理政：第1卷．2版．北京：外文出版社，2018：145，148.

100周年为契机，引导党员、干部加强党性锻炼、党性修养，坚定理想信念，百折不挠把自己的事办好。要健全贯彻党中央重大决策部署督查问责机制，加强对贯彻新发展理念、构建新发展格局、推动高质量发展等决策部署落实情况的监督检查。党员、干部要筑牢思想防线，时刻自重自省自警自励，慎独慎微慎始慎终，做政治信念坚定、遵规守纪的明白人。①

习近平总书记强调：要加强党对社会主义现代化建设的全面领导。贯彻落实党的十九届五中全会精神要同贯彻落实党的十九届四中全会精神紧密结合起来，不断推进国家治理体系和治理能力现代化，推动党对社会主义现代化建设的领导在职能配置上更加科学合理、在体制机制上更加完备完善、在运行管理上更加高效。

（一）党政主要负责人要履行推进法治建设第一责任人职责

习近平总书记指出：党政主要负责人要履行推进法治建设第一责任人职责，统筹推进科学立法、严格执法、公正司法、全民守法。用人导向最重要、最根本，也最管用。法治素养是干部德才的重要内容。要把能不能遵守法律、依法办事作为考察干部的重要内容。要抓紧对领导干部推进法治建设实绩的考核制度进行设计，对考核结果运用作出规定。②

各级领导干部作为具体行使党的执政权和国家立法权、行政权、司法权的人，对法治建设既可以起到关键推动作用，也可能起到致命破坏作用。自改革开放以来，党在依法治国中狠抓领导干部这个“关键少数”。自党的十八大以来，以习近平同志为核心的党中央，落实党政主要负责人履行推进法治建设第一责任人职责，要求各级领导干部带头依法办事，带

---

① 习近平在第十九届中央纪委五次全会上发表重要讲话强调 充分发挥全面从严治党引领保障作用 确保“十四五”时期目标任务落到实处．人民日报，2021-01-23（01）．

② 习近平谈治国理政：第2卷．北京：外文出版社，2017：128．

头遵守法律，对宪法和法律保持敬畏之心，牢固确立法律红线不能触碰、法律底线不能逾越的观念，提高运用法治思维和法治方式治国理政的能力，在法治轨道上深化改革、推动发展、化解矛盾、维护稳定。事实证明，只有领导干部真正成为尊法学法守法用法的模范，全面依法治国才能持续稳步向前推进。①

党政主要负责人履行推进法治建设第一责任人的职责，不仅自身要带头遵守宪法法律、带头依法办事，而且要抓好领导班子和干部队伍法治素养和能力的培养提高。

（二）要把能不能遵守法律、依法办事作为考察干部的重要内容

习近平总书记指出：我们必须认认真真讲法治、老老实实抓法治。如果在抓法治建设上喊口号、练虚功、摆花架，只是叶公好龙，并不真抓实干，短时间内可能看不出什么大的危害，一旦问题到了积重难返的地步，后果就是灾难性的。对各级领导干部，不管什么人，不管涉及谁，只要违反法律就要依法追究责任，绝不允许出现执法和司法的“空挡”。要把法治建设成效作为衡量各级领导班子和领导干部工作实绩的重要内容，把能不能遵守法律、依法办事作为考察干部重要依据。②

习近平总书记在省部级主要领导干部学习贯彻十八届四中全会精神全面推进依法治国专题研讨班开班式上发表重要讲话，强调指出：我们党选拔任用干部的标准就是德才兼备，而法治观念、法治素养是干部德才的重要内容。用人导向最重要、最根本，也最管用。如果我们不是把严守党纪、严守国法的干部用起来，而是把目无法纪、胆大妄为、飞扬跋扈的干部用起来，那就必然会造成“劣币驱逐良币”现象。要抓紧对领导干部推

① 《十八大以来治国理政新成就》编写组．十八大以来治国理政新成就：下．北京：人民出版社，2017：1029．

② 习近平谈治国理政：第2卷．北京：外文出版社，2017：116．

进法治建设实绩的考核制度进行设计，对考核结果运用作出规定；还要制定具体规定，讲清楚党政主要负责人在推进法治建设方面要履行的具体职责，让大家明白需要做什么、怎么做。[①] 党政主要负责人要履行推进法治建设第一责任人职责，统筹推进科学立法、严格执法、公正司法、全民守法；要把能不能遵守法律、依法办事作为考察干部的重要内容，相同条件下优先提拔使用法治素养好、依法办事能力强的干部。[②]

（三）对领导干部的法治素养，从其踏入干部队伍的那一天起就要开始抓

习近平总书记指出：领导干部要系统学习中国特色社会主义法治理论，准确把握我们党处理法治问题的基本立场，首要的是学习宪法，还要学习同自己所担负的领导工作密切相关的法律法规。各级领导干部尤其要弄明白法律规定我们怎么用权，什么事能干、什么事不能干，心中高悬法律的明镜，手中紧握法律的戒尺，知晓为官做事的尺度。各级党委要重视法治培训，完善学法制度。[③]

习近平总书记在省部级主要领导干部学习贯彻十八届四中全会精神全面推进依法治国专题研讨班开班式上发表重要讲话，强调指出：古人有一句话："三岁看大，七岁看老。"对领导干部的法治素养，从其踏入干部队伍的那一天起就要开始抓，教育引导他们把法治的第一粒扣子扣好。一个干部能力有高低，但在遵纪守法上必须过硬，这个不能有差别。一个人纵有天大的本事，如果没有很强的法治意识、不守规矩，也不能当领导干部，这个关首先要把住。一方面，要加强教育、培养自觉，促使领导干部

① 中共中央文献研究室．习近平关于全面依法治国论述摘编．北京：中央文献出版社，2015：127.

② 中共中央宣传部．习近平总书记系列重要讲话读本（2016年版）．北京：学习出版社，人民出版社，2016：99.

③ 习近平谈治国理政：第 2 卷．北京：外文出版社，2017：127.

不断增强法治意识，养成法治习惯。另一方面，要加强管理、强化监督，设置领导干部法治素养“门槛”，发现问题就严肃处理，不合格的就要从领导干部队伍中剔除出去。决不能让那些法治意识不强、无法无天的人一步步升上来，这种人官当得越大，对党和国家危害就越大。①

① 中共中央文献研究室．习近平关于全面依法治国论述摘编．北京：中央文献出版社，2015：122．

图书在版编目（CIP）数据

全面依法治国学习教程 / 本书编写组编 . -- 北京 : 中国人民大学出版社 , 2024. 9. -- ISBN 978-7-300-33239-0

Ⅰ. D920.0

中国国家版本馆 CIP 数据核字第 2024LT5290 号

全面依法治国学习教程

本书编写组◎编

Quanmian Yifa Zhiguo Xuexi Jiaocheng

出版发行	中国人民大学出版社		
社　　址	北京中关村大街 31 号	**邮政编码**	100080
电　　话	010-62511242（总编室）		010-62511770（质管部）
	010-82501766（邮购部）		010-62514148（门市部）
	010-62515195（发行公司）		010-62515275（盗版举报）
网　　址	http：//www.crup.com.cn		
经　　销	新华书店		
印　　刷	中煤（北京）印务有限公司		
开　　本	720mm × 1000mm　1/16	**版　　次**	2024 年 9 月第 1 版
印　　张	16.75 插页 1	**印　　次**	2024 年 9 月第 1 次印刷
字　　数	211 000	**定　　价**	58.00 元